Barbara Lichtenegger

Ge(h)fühle!

Arbeitsmaterialien
für Schule, Hort und
Jugendgruppen

Illustrationen:
Graham Wiseman

VERITAS

Bedanken möchte ich mich bei all jenen Kindern, die durch ihre Ideen und ihre aktive Mitarbeit wesentlich dazu beigetragen haben, dass dieses Buch zustande gekommen ist.

Die Deutsche Bibliothek - CIP Einheitsaufnahme

Lichtenegger, Barbara:
Ge(h)fühle! : Arbeitsmaterialien für Schule, Hort und Jugendgruppen / Barbara Lichtenegger. - Linz : Veritas, 1997
ISBN 3-7058-5110-1

1. Auflage (1997)
Gedruckt in Österreich auf umweltfreundlich hergestelltem Papier
Lektorat: Michaela Wolkerstorfer, Gutau
Herstellung, Layout: Germana Kolmhofer, Hartkirchen
Umschlaggestaltung, Illustrationen: Graham Wiseman, Salzburg
Montage, Offsetreproduktion: Eilmsteiner & Tober OEG, Freistadt
Druck, Bindung: LANDESVERLAG Druckservice Linz

ISBN 3-7058-5110-1

Inhalt

Vorwort

Michael[1] bekommt aus scheinbar geringfügigen Anlässen von Zeit zu Zeit Tobsuchtsanfälle.
Herbert schlägt oft andere Kinder, wenn er von ihnen nicht bekommt, was er will.
Wenn Gerald nicht pünktlich abgeholt wird, lässt er sofort die Schultern hängen.
Norbert verkriecht sich unter dem Tisch, „verschwindet" in einen Winkel, manchmal läuft er sogar aus dem Hort weg.
Marvin kaut Nägel, besonders in den Monaten November und Dezember.
Reinhard kratzt, haut, tritt und spuckt, Sybille zwickt und beißt.
Christa verkriecht sich manchmal in den letzten Winkel des Gruppenraumes.
An manchen Tagen verweigert Marina das Mittagessen und jausnet auch nicht, Andrea hingegen isst bei jeder möglichen Gelegenheit.
Christian umarmt die anwesenden Kinder, auch wenn denen das sichtbar unangenehm ist.
Karin umarmt mich dauernd und will mich auch dauernd küssen.

Was haben diese Kinder gemeinsam?
Sie alle drücken auf nonverbale Weise bestimmte Gefühle aus. Einige tun dies auf spektakuläre Weise, andere hingegen auf ganz stille Art, so, dass es (oft leider) fast niemandem auffällt. Viele dieser Gefühlsäußerungen entstehen aus dem Augenblick heraus, als Reaktion auf ein unmittelbar vorangegangenes Ereignis, bei anderen scheint dagegen mehr dahinterzustecken.

Aus welchem Anlass auch immer, bei all diesen Kindern ist die *Fähigkeit, Gefühle „zur Sprache" zu bringen*, gering ausgebildet. So sagen sie also nicht *„mir geht es jetzt so …"*, sondern sie *tun* etwas, um dies zum Ausdruck zu bringen und sich mitzuteilen.

Bei Markus ist das anders, wenn er wütend ist, kommt aus seinem Mund eine geballte Ladung von Schimpfwörtern und Flüchen. Zwar äußert er sich verbal, er „benützt" das Medium Sprache, trotzdem aber sagt auch er nicht, *wie* es ihm geht.

Ich sehe hier zwei Problemfelder. Zum einen fehlt es in all diesen und ähnlich gelagerten Fällen an einem „Vokabular", es fehlt die „richtige" Sprache. Man kann nicht einfach voraussetzen, dass Kinder es von sich aus beherrschen, eigene Gefühlslagen womöglich schon differenziert zu beschreiben. Damit man Auskunft geben kann, *„wie einem ist"* oder *„wie es einem geht"*, benötigt man also **Begriffe**. Damit allein ist es jedoch noch nicht getan, denn zum Zweiten benötigt man auch bestimmte **Interaktionsformen**, damit man mit den wie auch immer geäußerten Gefühlen „etwas anfangen" kann. Kinder reagieren aufeinander, und dieses Reagieren ist schon eine Interaktionsform. Ob diese mehr „aus dem Bauch" kommende Form aber in einem höheren Sinn nützlich, wünschenswert oder „zivilisiert" ist, bleibt dabei noch offen. Nicht zuletzt deshalb richten sich ja viele pädagogische Bemühungen darauf, mit allen Beteiligten geeignete Interaktionsformen zu entwickeln, zu erlernen und einzuüben, damit es z. B. zum wechselseitigen Austausch über die (benannte) Gefühlslage kommen kann.

Viele Probleme resultieren daraus, dass Kindern weder das eine, noch das andere zur Verfügung steht. Weder können sie differenziert ihre Gefühle zur Sprache bringen, noch wissen sie, „wohin damit", wem sag' ich es?, wie sag' ich es?, bei welcher Gelegenheit? usw. Es ist aber nicht nur der Umgang mit den eigenen Gefühlen schwierig, sondern auch der Umgang mit den Gefühlen der anderen. Das zeigt sich immer wieder, wenn unter Kindern Konflikte entstehen, zu deren Bearbeitung sie ohne fremde Hilfe so gut wie nicht imstande scheinen. Man kann nicht prinzipiell davon ausgehen, dass Kinder bereits um die „Bearbeitbarkeit" von Konflikten Bescheid wissen.

Nun wäre es hier verlockend, sich auf unterschiedliche Verursachungszusammenhänge einzulassen. Gerade in der Frage, was „dahintersteckt", könnte man dann alle möglichen Schwierigkeiten in den Familien in Erwägung ziehen, aus denen „auffällige" Kinder kommen. Man könnte auch zum Beispiel in den Schulen feststellen,

[1] Alle Namen der Kinder wurden geändert.

dass sich Lehrkräfte in erster Linie um ihr Unterrichtsfach kümmern und sich für „Erziehung“ einfach nicht zuständig fühlen. Selbstverständlich lassen sich auch Überforderungserscheinungen und Ratlosigkeit bei Erziehern feststellen. Für die besonders „Auffälligen“ gibt es inzwischen (schul-)psychologische Dienste, die nicht nur nützlich sind, sondern auch dazu einladen, sich bei Schwierigkeiten mit Kindern nicht „zuständig“ zu fühlen. Der Willkür scheint dabei Tür und Tor geöffnet zu sein, denn als ich in unterschiedlichen Gruppen von Lehrkräften und Erzieherkollegen versucht habe, herauszufinden, wie weit Nichtauffälligkeit geht und wo Auffälligkeit beginnt, lag die Grenze dafür bei fast allen woanders.

Im Dreieck Elternhaus, Schule und Hort lässt sich dabei häufig beobachten, dass Verantwortung und Zuständigkeiten an die jeweils anderen Institutionen weiterzugeben versucht werden. Wird dieser Kreislauf nicht unterbrochen, treten als Folge davon bei manchen Kindern, wie man früher gesagt hätte, Verwahrlosungseffekte auf, sodass man sich nicht zu wundern braucht, wenn man meint feststellen zu können, dass es unter Kindern zu immer raueren Sitten kommt und Konflikte in blanke Aggressivität ausarten.

Wie immer aber die Verursachungszusammenhänge sein mögen, man kann, so ist meine Überzeugung, „etwas machen“. „Was ein Kind nicht kennt, kann es nicht können, und was man nicht kann, kann man lernen.“ Mit dieser optimistischen Grundhaltung kann man an die beiden skizzierten Lernfelder herangehen:

1. Wie und mit welchen Mitteln kann man Kindern zeigen, wie sie ihre Gefühle „zur Sprache bringen“ können?
2. Wie kann man die individuellen Gefühlsäußerungen der Kinder so in fruchtbringende Interaktionen „einfädeln“, dass man insgesamt zu einem reiferen Umgang mit den eigenen Gefühlen und den Gefühlen der anderen kommt?

Mit meiner Arbeit über Gefühle habe ich versucht, einen Bereich, der sich im Rahmen von Horterziehungsarbeit bietet, zu bestimmen und auszufüllen. Auf Einladung von Lehrkräften, diese Arbeit auch mit einzelnen Schulklassen durchzuführen, konnte ich feststellen, dass die Arbeit an und mit Gefühlen auch im Schulbereich ihren Sinn hat. Gespräche mit den beteiligten Lehrkräften haben mir dabei gezeigt, dass es dabei gar nicht so sehr um eine Zuständigkeitsfrage geht, sondern vielmehr um die Frage der Methodik und Didaktik. Das hat mich ermutigt, meine Arbeitsweise hier ausführlicher zu beschreiben und (hoffentlich anregende) Materialien zusammenzustellen, um sie einem breiteren Kreis interessierter Erzieher und Lehrer zugänglich zu machen.
In den Anleitungen ist vom Gruppen-, Spiel- oder Gesprächs*leiter* die Rede, aus Gründen der leichteren Lesbarkeit habe ich auf geschlechtsspezifische Formulierungen verzichtet.

Das Ge(h)fühle!-Projekt

Ausgangssituation

Am Anfang des Hortjahres 93 / 94 bestand meine Hortgruppe (20 Kinder im Alter von 6-12 Jahren) eigentlich aus zwei Gruppen von Kindern: denen, die sich schon seit drei Jahren aus der Gruppe kannten und jenen, die neu in den Hort aufgenommen worden waren. Es dauerte mehrere Wochen, um die neuen Kinder mit den bestehenden Gruppenregeln vertraut zu machen und eine halbwegs funktionierende Kommunikation zwischen diesen beiden Gruppen herzustellen. Das Klima in der Gesamtgruppe war wechselhaft, nicht selten kam es aus scheinbar nichtigen Anlässen zu heftigen Streitigkeiten und handgreiflichen Auseinandersetzungen.

Nach dreijähriger Arbeit mit der „alten" Gruppe war ich nicht mehr gewöhnt, bei Konflikten eingreifen zu müssen. In unserem Gruppenraum gab es eine sogenannte **„Gesprächsecke"**, die mehrere Funktionen erfüllte. Einige Jahre vorher hieß diese „Gesprächsecke" eigentlich „Gesprächsmatratze", denn es war nur eine am Boden liegende Matratze, auf die ich mich mit den Kindern zurückzog, wenn es Konflikte und Streitigkeiten zu bereden gab.
Bedingt durch den Umzug in einen neuen Hort standen mir von diesem Zeitpunkt an zwei Eckbänke zur Verfügung, die ich so anordnete, dass sie, einem Sessel-Kreis vergleichbar, ein „Sitz-Quadrat" ergaben, in dem nun alle Kinder genug Platz zum Sitzen hatten. Daher nützte ich dieses Sitzquadrat nicht nur für alle „Begegnungen in der Großgruppe", durch die räumliche Abgrenzung gegenüber den restlichen Raumteilen entstand auch wieder der „Inseleffekt", den die Bodenmatratze erzeugt hatte. Mit „Inseleffekt" meine ich, dass für diesen Bereich **besondere Regeln und Gesetze** galten.
Neben den üblichen Gesprächs- und Diskussionsregeln bestand hier außerdem **„Redefreiheit"**, das heißt, man konnte ungestraft und unzensuriert alles sagen, was einem am Herzen lag. Ich bemerkte damals an mir, dass ich zwar kein Kind für das, was es sagte, wirklich bestrafte, aber mir fiel mein Hang zum moralisierenden „Das tut/sagt man nicht" usw. auf. Ich war am besten Weg, viele Reglementierungen meiner eigenen Erziehung unhinterfragt an meine Hortkinder weiterzugeben. Aus diesen Überlegungen heraus entstand also das „Redefreiheitsprinzip".

Allein die Möglichkeit, alles Aufgestaute, Belastende und Störende auszusprechen und sich von der Seele zu reden, hatte eine derart „befreiende" Wirkung, dass schon dadurch vielen Konflikten die Schärfe genommen werden konnte. Dabei fungierte eine einzige Fragestellung als Schlüssel, um diese Entlastung herbeizuführen: *„Was ist (dir) denn passiert, dass du jetzt so ärgerlich/wütend/aggressiv/traurig usw. geworden bist?"* Diese Frage gehörte mit der Zeit nicht nur zum Einleitungsritual solcher Gespräche, zum Teil wendeten die Kinder sie auch untereinander an.

Eine weitere Besonderheit dieser Gesprächsecke stellte das **„Rekonstruieren"** der Konfliktsituation dar und bedeutete, dass eine schwierige Situation gemeinsam mit den Beteiligten zurückverfolgt wurde bis zum eigentlichen Ausgangspunkt. Dieser Prozess des Rekonstruierens war anfangs sehr schwierig und zeitaufwendig, routinierte sich mit der Zeit allerdings. Die Kinder und auch ich kamen dabei zur Erkenntnis, dass

- Streitereien oft aus Missverständnissen heraus entstanden waren,
- man ein nebensächliches Thema zum Anlass für einen Streit benutzt hatte, um nicht über das tatsächliche Problem reden zu müssen,
- das Problem, worüber gestritten wurde, gar nicht das eigentliche Problem war,
- man sich manchmal überhaupt nicht mehr erinnern konnte, warum ein Streit eigentlich begonnen hatte,
- man sich gar nicht bewusst war, jemanden verletzt zu haben,
- man sich oft von persönlichen Deutungen/Interpretationen einer Situation zu weiteren Maßnahmen leiten ließ,
- man Handlungen viel zu schnell beurteilte, ohne nachzufragen, was der Grund oder die Ursache dafür war,
- bereits die bloße Vermutung, was der andere anschließend denken, sagen oder tun *könnte,* zu weiteren Eskalationen führte.

Eine Gemeinsamkeit fanden wir aber bei all diesen Erkenntnissen: Hätte man mehr darüber gesprochen, so wäre die gesamte nachfolgende Situation wahrscheinlich anders verlaufen.

Eigentlich war es die Vorgangsweise des Rekonstruierens, die diese Einsichten zu Tage brachte. Es wurde zuerst also einem der am Konflikt beteiligten Kinder diese „Schlüsselfrage“ gestellt. Dabei lag es an mir abzuwägen, wer es wohl am ehesten benötigte, als erster Dampf abzulassen.
Was passiert nun aber, wenn ein paar (aufeinander) wütende Kinder mitanhören, wie der „Erstbefragte“ die gemeinsame Konfliktsituation darstellt? Wenn bei dieser Aussage Vorwürfe und Unterstellungen gegen die anderen anwesenden Kinder vorgebracht werden, trägt das vorerst nicht wirklich zur Beruhigung der erregten Gemüter und der allgemeinen Situation bei.

Also musste eine Möglichkeit gefunden werden, wie alle Kinder in relativ kurzen Abständen zu Wort kommen konnten. Der Erstbefragte begann also mit der Schilderung seiner Version der Geschichte. Schon nach wenigen Sätzen stoppte ich ihn, um die übrigen Beteiligten zu fragen, ob die bisherige Darstellung auch ihrer Wahrnehmung der Situation entsprach. Dies gab den Kindern die Möglichkeit, entweder zuzustimmen oder kurz den bisher erzählten Sachverhalt aus ihrer Sicht darzulegen.

Ich möchte dies mit einem Beispiel illustrieren.

Drei Buben – Jürgen, Chris und Markus –, ein umgeworfener Tisch, Markus hat den Tisch umgeworfen, daher befrage ich ihn als ersten (J = Jürgen, Ch = Chris, M = Markus, BL = ich):

BL: *Was ist dir denn passiert, dass du so ärgerlich geworden bist und den Tisch umgehaut hast?*
M: *J. hat mich gehaut.*
BL: *Was hast du ihm denn getan, dass er dich gehaut hat?*
M: *Gar nichts.*
BL: *Du hast ihm gar nichts getan. Jürgen, der M. tut dir gar nichts und du hast ihn gehaut.*
J. *Das stimmt gar nicht.*
BL: *Erzähl einmal du, wie das war.*
J: *Der M. hat meine Schultasche weggenommen.*
BL: *Der M. hat deine Schultasche weggenommen. Warum hat er denn deine Schultasche weggenommen?*
J: *Weil ich den Ch. gehaut habe, weil der mich gehaut hat.*
BL: *Ch., du hast den J. gehaut. Warum denn?*
Ch.: *Weil ich dem M. helfen wollte.*
BL. *Warum wolltest du ihm denn helfen?*
Ch: *Weil er mit dem J. gestritten hat.*
BL: *Weißt du, worüber die beiden gestritten haben?*
Ch.: *Nein.*
BL: *J., warum habt ihr denn gestritten?*
J.: *Der M. ist hergekommen und hat mich geschubst.*
BL: *Aha, er hat dich geschubst. M., warum hast du den J. geschubst?*
M: *Weil der J. so geschaut hat.*
BL: *Wie hat der J. denn geschaut? Mach einmal nach, wie er geschaut hat.*
M. macht es nach, J. lacht.
BL: *Warum lachst du denn?*
J: *Ja, so schau ich, wenn ich böse bin.*
BL: *Du warst böse?*
J. *Ja, weil wir nicht in den Garten gegangen sind und ich so gerne gegangen wäre.*
BL: *Du warst also wegen dem Garten böse. Warst du auch auf den M. böse?*
J.: *Nein.*
BL: *Hörst du, M, der J. war gar nicht böse auf dich.*
M.: *Dann hätte ich den Tisch gar nicht umwerfen brauchen.*
BL: *Wieso hast du denn den Tisch umgeworfen?*
M.: *Weil der J. stärker ist als ich.*
Ch.: *Deswegen hab ich ihm auch geholfen.*
BL: *Wenn der J. das nächste Mal so böse schaut, was könntest du denn dann tun?*
M.: *Weiß ich nicht.*
Ch.: *Er könnte ihn fragen, warum er so böse schaut.*
BL: *Das ist eine sehr gute Idee. Weißt du was, M, das kannst du gleich ausprobieren. Bitte J., schau noch einmal so böse wie vorhin.*
J. schaut sehr böse.
BL: *So, M. und jetzt geh hin und frag den J.*
M.: *Was hast du denn, J.?*
J.: *Ich hab eine Wut.*
M.: *Warum denn?*
J.: *Weil wir nicht in den Garten gehen.*
Plötzlich setzen die beiden von sich aus fort.
M.: *Ich mag auch in den Garten gehen. Weißt du was, wir fragen einfach unsere Horterzieherin, ob wir dürfen.*
J.: *Ja, das tun wir.*

Nicht immer gingen Klärungsgespräche so gut aus. Manche Konflikte blieben aus verschiedensten Gründen ungeklärt, zum Beispiel wenn Kinder so stark in einen

Konflikt involviert waren, dass ganz einfach die Zeit und die Nerven zum Schritt-für-Schritt-Aufarbeiten fehlten. *„Wir werden euer Problem jetzt nicht klären können, könntet ihr euch aber trotzdem vorstellen, im gleichen Raum zu spielen, ohne bei der erstbesten Gelegenheit wieder übereinander herzufallen?“* Ausgemacht wurde in solchen Fällen dann nur, auf weitere Racheaktionen zu verzichten. Daher war es zum Abschluss eines Gespräches **nicht notwendig, sich unbedingt versöhnen oder vertragen zu müssen**. Dadurch entfielen auch die allseits bekannten gegenseitigen Pseudo-Entschuldigungen. Damit sind alle *„Jetzt gebt einander die Hände und seid wieder Freunde!“*-Aktionen gemeint, die eigentlich nur uns Erwachsenen Wohlbefinden vermitteln sollen. Diese Form von aufdringlicher „Versöhnungspädagogik“ stellt für die betroffenen Kinder selbst in Wirklichkeit keine Entlastung dar. Das erkennt man an der Art der Körperhaltung, **wie** sie einander die Hand geben: Möglichst weit auseinander stehend; die weit ausgestreckten Arme finden sich kaum, weil die Kinder gar nicht hinschauen, was sie tun. Natürlich sehen sie einander dabei auch nicht ins Gesicht (außer, sie werden extra dazu aufgefordert), sondern ganz woanders hin. Erfahrungsgemäß folgen nun noch ein paar gemurmelte Standardformeln (die wir ihnen beigebracht haben), Besserung zu geloben oder sich zu entschuldigen.
Es gibt zwei bedenkliche Folgen solcher Pseudo-Versöhnungen. Zum einen wenden Kinder das Ritual automatisch und noch sinnentleerter an, wenn sie sich dazu aufgefordert fühlen. Solchermaßen dressiert, erlernen sie zum Zweiten keine andere Interaktionsform, die eine wirkliche Konfliktbearbeitung erlauben würde.

Bevor wir im Hort die Gesprächsecke verließen, fragte ich die Kinder meist noch einmal, ob jemand noch etwas Wichtiges loswerden wollte. War das nicht der Fall, beendeten wir das Gespräch. Nicht selten beobachtete ich, dass Kinder sich außerhalb der Gesprächsecke dann die Hand gaben und sich dabei offen ins Gesicht blickten. Einmal sagte ein Mädchen: *„Wenn ich von der Gesprächsmatratze herunter gehe, fühle ich mich so leicht, als ob ich gleich wegfliegen könnte.“*

Wenn, wie im oben beschriebenen Gespräch, mehr Zeit zur Verfügung stand, regte ich noch an, eine erarbeitete **Lösungsmöglichkeit durchzuspielen** und auszuprobieren, wie man sich die Situation anders vorstellen könnte.

Als ich bei so einem Klärungsgespräch einmal einem Kind aufgrund seiner Argumente „Recht gab“, sagte mir ein anderes Kind: *„Du kannst das gar nicht wissen, weil du warst gar nicht dabei!“* Wie wahr! Ich habe mir diesen Satz ins Stammbuch geschrieben. Tatsächlich gewöhnen wir Kinder im Laufe ihrer Erziehung an den Zustand, dass Erwachsene immer alles besser wissen und somit auch wissen, was gut und richtig ist.

Durch meine „Rechtsprechung“ hatte ich nämlich gleich mehrere „Inselgesetze“ gebrochen. Ich hatte erstens den Vorsatz, in solchen Klärungsgesprächen **nicht zu werten, was „richtig“ und „falsch“ ist,** außer Acht gelassen und zweitens eine Art von Bestrafung vorgenommen, indem ich durch die Wertung indirekt unterstellte, dass ein Kind nicht die Wahrheit gesagt hätte. Außerdem war der Konflikt noch nicht bis zum Ausgangspunkt zurückverfolgt und es waren somit noch nicht alle Beteiligten ausreichend zu Wort gekommen. Die Wirksamkeit der Vermittlung in solchen Konflikten besteht eben in der Nicht- bzw. All-Parteilichkeit des Vermittlers. Mir wurde in diesem Fall auch genau dieses Parteiergreifen zum Problem, doch nachdem ich zugegeben hatte, dass mir ein Fehler unterlaufen war, wurde der Vorfall von den Kindern nicht weiter dramatisiert und wir konnten das Gespräch fortsetzen.

Soweit zum eingespielten System der Gesprächsecke.
Nun gab es also einige neue Kinder in der Gruppe, und was sich im Laufe der Zeit in der vorjährigen Gruppe schon fast von selbst reguliert hatte, musste nun neu erarbeitet werden. Nach wie vor hatte ich Kinder in der Gruppe, die sich als fähig erwiesen, in Konfliktsituationen anderer Kinder als Vermittler tätig zu werden, das Entstehen eines Konfliktes rekonstruieren zu helfen und diese Diskussionen auch anzuleiten. Die „neuen“ Kinder jedoch waren darin einerseits noch ungeübt und andererseits gestanden sie es Gleichaltrigen nicht zu, solche Führungsfunktionen zu übernehmen. In diesem Jahr hatte auch ich bei solchen Streitbesprechungen einige Probleme. Die neuen Kinder mussten sich zum Beispiel erst daran gewöhnen, dass in diesen Gesprächen tat-

sächlich gesprochen und nicht einander an- und durcheinander geschrien wurde. Die Tatsache, dass es weder Schuldzuweisungen noch Bestrafungen gab, irritierte sie ebenso. Als Anlass für Streitigkeiten wurden oft Gründe wie *„Ich habe gedacht, du hast/bist/wirst/wolltest/ ....“ „Du hast so geschaut, als ob du gleich ...“* usw. genannt.

Diese beiden Gruppen mussten nun irgendwie zusammengeführt werden. Die Frage war, wie ich die neuen Kinder integrieren konnte, ohne dass sie sich *nur* in die bestehende Ordnung einzufügen hatten.
Eine mögliche Chance sah ich in einem Prozess, der für *alle* Kinder etwas Neues darstellte.

Planung

Aus dieser Überlegung heraus entstand die Idee, mit den Kindern ein „Gefühlsbarometer“ zu erarbeiten und herzustellen. Das Ziel dabei war, die eigene Stimmungslage wahrnehmen und einschätzen zu lernen, um durch das „Zur-Sprache-Bringen“ von Gefühlen sich anderen mitteilen zu können.

Als erste Aufgabe war eine Gemeinschaftsarbeit vorgesehen, bei der auf einer großen Magnettafel verschiedene Gefühle und Stimmungen aufzuzeichnen und zu schreiben waren. Einzelaufgaben bestanden darin, statt einem Namenskärtchen eine Karte mit einem für sich typischen Zeichen oder Symbol zu gestalten, die man dann auf der Tafel dem jeweilig empfundenen Gefühlszustand zuordnen konnte.

Für die Erarbeitungsphase plante ich zirka einen Monat ein, und da die Adventzeit bevorstand, verpackte ich für jedes Kind einen Arbeitsauftrag in ein Packerl des Adventkalenders.

Durchführung

Schon der Versuch, die Magnetplatte in Felder einzuteilen, scheiterte. Wir konnten uns nicht einigen, in wie viele Felder wir die Platte teilen und welche Gefühlsbegriffe wir aussuchen sollten. Die Kinder hatten ganz andere Ideen als ich und so war ich im ständigen Zwiespalt, ob ich den Einfällen der Kinder oder meinen eigenen Vorstellungen folgen sollte. Ich entschied mich für einen einstweiligen Aufschub, um in Ruhe über diese Frage nachzudenken.
Also erklärte ich den Kindern, dass wir statt dessen eine kurze Umfrage machen würden. *„Wie fühlt ihr euch gerade?“* lautete die konkrete Frage, die ich der Gruppe stellte. Ziemlich gleich lautende Antworten kamen zurück: *„gut“*, *„nicht so gut“*, *„nicht besonders“*, *„schlecht“* usw. Während ich noch überlegte, warum sich die Kinder wohl nicht differenzierter ausdrückten, fragte mich ein Kind: *„Und wie fühlst du dich?“*
Ich war über diese eigentlich verständliche Anfrage so erstaunt, dass mir im Moment ebenfalls nichts Besseres als *„auch nicht so gut“* einfiel.

In den folgenden Tagen führten die Kinder ihre Einzelaufträge im Adventkalender aus, alle weiteren Einheiten aber wollte ich neu planen und erst nach den Weihnachtsferien weiterführen.

Reflexion und neue Planung

Das Scheitern der ersten Phase war eigentlich vorprogrammiert. Ich wollte den Kindern ein fertiges Ergebnis vorsetzen – *als Gemeinschaftsarbeit getarnt*. Die Kinder wären ja bereit gewesen, die gestellte Aufgabe zu bearbeiten, nur stimmte dieses Ergebnis nicht mit „meinem“ Produkt überein. Es wurde mir bewusst, dass ich mir selbst andere Zugänge zu diesem Thema schaffen und zu allererst einmal den mir auferlegten zeitlichen Druck nehmen musste. Das gelang mir mit der Formulierung „Soll es dauern, wie lange es eben dauert.“ Dann begann ich mir folgende Fragen zu stellen:

- *„Welche unterschiedlichen Zugangsmöglichkeiten muss ich anbieten, damit sich möglichst viele Kinder angesprochen fühlen?“*
- *„Welche Bedürfnisse und Interessen haben die Kinder?“*
- *„Welche Voraussetzungen muss ich schaffen, damit die Kinder überhaupt in der Lage sind, zu einem Ergebnis zu kommen?“*
- *„Was könnte den Kindern die Arbeit in der Gruppe erleichtern?“*
- *„Welche Bedürfnisse und Interessen habe ich selbst?“*
- *„Wie weit bin ich offen für Ideen der Kinder?“*

- *„Wie gehe ich damit um, wenn die Kinder zu Ergebnissen kommen, die mit meinen Vorstellungen nicht übereinstimmen?"*

Besonders die „Ergebnisfrage" beschäftigte mich sehr.

Das eigentliche (weit verbreitete) Problem dabei ist es ja, über den eigenen Schatten springen zu müssen, um das „Wie-komme-ich-dahin?" als Prozess höher einzustufen als das „Was-kommt-dabei-heraus?" (das Produktdenken).

Warum aber stellt das Sich-Überwinden ein Problem dar?
Prozesse lassen sich im Gegensatz zu Produkten nicht herzeigen. Sehr oft ist aber die Arbeit mit den Kindern darauf aufgebaut, dass zum Schluss – meist im Rahmen einer eigenen Veranstaltung – etwas hergezeigt werden kann. Wenn man nicht aufpasst, können sich hier die Wertigkeiten völlig umkehren. Dann ist nicht mehr wichtig, **was** die Kinder (in langen, oft viel Geduld verlangenden Prozessen) wirklich lernen, sondern **wie** es sich zum (hoffentlich) allgemeinen Pläsier darstellt.

Damit soll nicht ein berechtigtes Bedürfnis der Eltern bestritten werden, sich darüber zu informieren, was in der Erziehungs- bzw. Bildungseinrichtung geschieht. Als Horterzieher oder Lehrer sollte man sich jedoch genau überlegen, **wie** diesem Bedürfnis nachgekommen werden kann. Eine bloße Produktorientierung kann mehr Schaden stiften als nützen.

Als zusätzliche Hypothek macht sich hier bemerkbar, dass Erzieher und Lehrer im Zuge ihrer Ausbildung und dem damit verbundenen Prüfungssystem darauf „gedrillt" wurden, Vorzeigeleistungen zu erbringen. Es ist daher gar nicht leicht, zu einer Souveränität zu gelangen, die es erlaubt, solche Abhängigkeiten zu relativieren. Wenn dies nicht gelingt, läuft man Gefahr, den Druck, unter dem man selbst steht oder unter den man sich stellt, an die Kinder weiterzugeben.

Arbeitsphasen

Nach den Weihnachtsferien begannen wir, Gefühlsbezeichnungen zu suchen und zu sammeln. Dabei verwendeten wir unterschiedliche Methoden und ließen uns jede Menge Zeit ...

Was ich hier in der Beschreibung nacheinander darstelle, ist untrennbar miteinander verbunden, denn vieles verlief parallel und beeinflusste sich wechselseitig.

Im Folgenden werde ich in der Wir-Form sprechen, denn es lässt sich in vielen Fällen nicht mehr mit Sicherheit feststellen, ob es sich in den jeweiligen Punkten um Ideen der Kinder oder um meine eigenen handelte. Ein Einfall ließ den nächsten entstehen und die Kinder waren sehr ideenreich!

Arbeitsschritte – Übersicht

1. Gefühle sammeln
   - Geschichten und Gedichte
   - Fotos und Musik
   - Begriffe ordnen
   - Gefühlsbarometer
2. Gefühle „verbildlichen"
   Figuratives Zeichnen
   - Umfrage über das aktuelle Stimmungsbild
   - Impulsplakate
   - Ich-bezogene Zeichenthemen
   - Zeichnen auf Dias
   - Symbole

   Nonfiguratives Zeichnen
   - Farb-, Filzstifte, Wasserfarben
   - Dispersions-, Glas- und Stofffarben
3. Gefühle verbalisieren
   Mündlich
   - „im Moment fühle ich mich ..."
   - Gesprächsrunden
   - „Schreien"

   Schriftlich
   - Sätze vervollständigen
   - „Wie bin ich?"
   - Selbst- und Fremdwahrnehmung
   - „Gefühlsauslöser"
   - „So, als ob ..."
4. Gefühle darstellen
   Mimik
   - „Mimürfel"-Spiele

   Körperhaltung und Gestik

- Ratespiele
- „Modelliermeister"

Stimme und Tonfall
- Variantenreiches Sprechen

Mimik, Körperhaltung, Gestik, Stimme, Tonfall und Sprache
- Zwei-Satz-Dialoge
- Fotografie

5. „Gefühlefest"
   - Erarbeitung
   - Programmpunkte

1. Gefühle sammeln

Die Tätigkeit des Sammelns erstreckte sich über die gesamte Zeit des Projekts. Nach jeder der im Folgenden beschriebenen Einheiten fragte ich die Kinder nach ihren Gefühlen, die zum Beispiel der Inhalt oder der Ablauf der Einheit bei bzw. in ihnen ausgelöst hatte. Die Antworten wurden von den Kindern auf Kärtchen geschrieben, die wir bis zum Prozess des Ordnens einfach in einer Schachtel sammelten.

• Die mit Packpapier verklebte Gruppenraumtür mit schmalem Durchstieg forderte einige Tage lang zum **Innehalten und In-sich-Hineinhören** auf, um den eigenen momentanen Gefühlszustand festzustellen und aufzuschreiben.

• Zu den Wörtern „Gefühl" und „Stimmung" machten wir ein **„Brainstorming"**, um anschließend Gemeinsamkeiten und Unterschiede herauszuarbeiten. Wir bemerkten, dass die Übergänge zueinander fließend sind.
• Wir bearbeiteten das Wort „Gefühl" nach der **„Clustering"-Methode**[1], bei der „Ideennetze" geknüpft werden.

Geschichten, Gedichte, Fotos

• Ich las den Kindern verschiedene **Problemgeschichten** vor und stellte im Anschluss daran Fragen, wie z. B. *„Welche Gefühle hat die Geschichte bei dir ausgelöst?" „Was glaubst du, was die Hauptfigur in der betreffenden Situation gefühlt hat?"* Mittels einer **Wandzeitung** fand diese Befragung manchmal auch schriftlich statt.
• Auch beim **Lesen von Gedichten** sammelten wir auf diese Weise die unterschiedlichsten Gefühlsbezeichnungen.

KNISTER[2]
Einer wird bös' gemacht
Es wird oft einer bös' gemacht,
von anderen dazu gebracht,
zu schreien und zu schlagen.
Dann wundern sich die andern sehr:
„Wo kommt nur so viel Bosheit her?"
„Sich derart zu betragen!"
Drum sagt nicht: Bös ist der und der und der ..
Fragt lieber mal: „Wo kommt das her?"
Statt euch nur zu beklagen.

• Mehrere **Fotos**, auf denen Menschen verschiedene Gefühle darstellen, die entsprechenden Bezeichnungen aber nicht angegeben sind, hingen im Raum verteilt. Die Kinder hatten den Auftrag, die Bilder schweigend zu betrachten und ihre Eindrücke dazu zu notieren. Anschließend verglichen sie diese Aufzeichnungen in kleinen Gruppen und wunderten sich über die unterschiedlichen

[1] Gabriele L. Rico beschreibt diese Methode in ihrem Buch „Garantiert schreiben lernen". Dabei dient ein Wort oder ein kurzer Ausdruck als auslösender Reiz für das Aufzeichnen aller Assoziationen, die sich innerhalb kürzester Zeit einstellen.
[2] In: Maar, Paul: Frühling, Spiele, Herbst und Lieder. Ravensburger, 1987. Alle Rechte bei KNISTER 1981.

Deutungsmöglichkeiten dieser nonverbalen Darstellungen. Manche zogen Schlüsse wie: *„Also wenn ich nicht sage, wie es mir geht, kann ein anderer ganz was anderes darüber denken ...“* oder *„Es gibt aber nur sehr wenige Gefühle, die man ohne zu sprechen so darstellen kann, dass wirklich alle das Gleiche darunter verstehen.“* (Vgl. dazu Seite 71f.)

Fotos aus Petermann, Training mit aggressiven Kindern

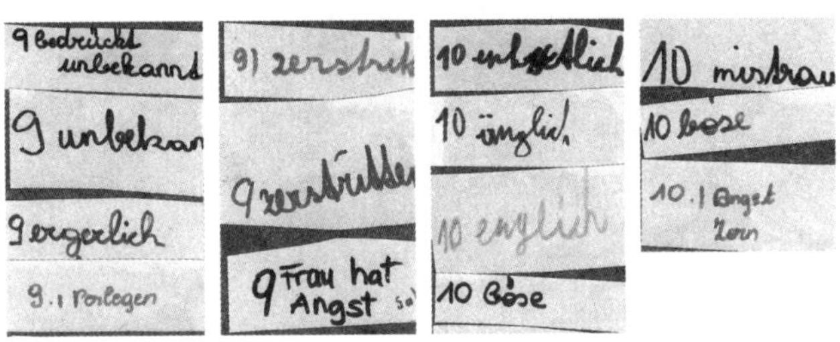

• Beim Spielen mit den **„Mimürfel-Gefühlewürfeln“** wurden für ein und dasselbe Mimikbild verschiedenartige Begriffe genannt (Anleitungen dazu im Abschnitt Arbeitsmaterialien, Seite 90 sowie Seite 21).

• Auch bei den **Umfragerunden: „Wie fühlst du dich im Moment?“** ergaben sich stets neue Gefühlsbenennungen. Durch abwechslungsreiche Aufgabenstellungen, die zu unterschiedlichen Ausdrucksmöglichkeiten anleiteten, versuchte ich diese Moment-Abfragen immer wieder neu zu variieren (Anleitungen dazu im Abschnitt Arbeitsmaterialien, Seite 36 und 78).

Musik

Musik spielte in unserer Hortgruppe schon von jeher eine wichtige Rolle. Nicht nur das gemeinsame Singen und Musizieren trug oft zur Gruppenfindung bei, das gemeinsame Musikhören aus dem CD-Player eignete sich ebenso, um das Gemeinschaftsgefühl zu fördern oder manchmal auch, um es wiederherzustellen. Dabei machte ich oft die Erfahrung, wie sehr die Kinder über Musik „steuerbar“ waren. Dieses Phänomen funktionierte aber auch in die andere Richtung, denn die Kinder hatten schnell herausgefunden, dass und wie sie mich über Musik beeinflussen konnten.

Seit längerem schon begannen wir die „offizielle“ Lernstunde mit ruhiger Musik. Ich hatte viele CDs mit teilweise klassischer Gitarrenmusik mitgebracht, von denen die Kinder wussten, dass es sich um Lieblingsmusik von mir handelte. Vor der Lernstunde schon suchten sie sich aus, was sie später hören wollten. Da diese Art von Musik immer als Einleitung zu einer Konzentrationsphase gespielt wurde, reagierten die Kinder auch außerhalb dieser Zeit dementsprechend und wurden ruhiger. Die Kinder begannen nun ihrerseits, ihre Lieblings-CDs mitzubringen. So entstand die Idee, in der Gruppe ein Plakat mit der Frage: *„Welche Musik versetzt dich in fröhliche und welche in traurige Stimmung?“* aufzuhängen. Es war erstaunlich, welche Argumente bereits jüngere Kinder einbrachten, um dies den anderen zu erklären.

Auf die Frage, welches Lied mich fröhlich stimmte, nannte ich das Lied „The Bare Necessities“ aus dem Film zum Dschungel-Buch. Ich erzählte, dass ich alles sein lasse und versuche, wie der Bär „powackelnd“ herumzugehen, wann immer ich das Lied höre. Das sorgte für allgemeine Heiterkeit und ich musste das natürlich sofort vorzeigen. Schließlich wackelten fast alle Kinder mit mir durch den Raum und wir hatten viel Spaß dabei.

Einige Wochen später kam es zu folgendem Vorfall: Ich war über das Verhalten mehrerer Kinder der Gruppe ziemlich verärgert und ließ während der Gruppenbesprechung gleich über die gesamte Gruppe eine ziemlich heftige Donnerpredigt los. Die Stimmung in der Gruppe war dementsprechend gedrückt und es war kurz vor der Lernstunde. Da ertönten aus dem CD-Player die ersten

Takte von „The Bare Necessities". Ich sah mich um und blickte in viele erwartungsvolle Gesichter ... und das Lied verfehlte seine Wirkung nicht.

Da die Kinder gerne musizierten, „komponierten" sie ab und zu kleine Melodien, die sie dann mit großer Hingabe anderen Kindern am Alt- oder Sopranxylophon beibrachten. Ebenso wurden Gedichte vertont, die dann als Lied gesungen werden konnten. Da ich zum Thema „Gefühle" kein passendes Lied finden konnte, schrieb ich selber einen Text und vertonte ihn zum „Gefühle-Song" (siehe Seite 109).

Begriffe „ordnen"

Dieser Prozess fand eigentlich erst gegen Ende des Projekts statt, ich möchte ihn hier aber gleich im Anschluss an das „Sammeln" anfügen.

Eine sehr große **Pinwand** bot uns genügend Platz für die vielen Begriffskärtchen, die es zu ordnen galt. In mehreren Durchgängen versuchten wir nun, mit den verschiedenen Begriffen **Gefühlsgruppen** zu bilden. Jeder las abwechselnd eine Karte vor und die Gruppe entschied, welcher der schon bestehenden Gefühlsgruppen der neue Begriff zuzuordnen war. Wenn dies nicht möglich war, wurde mit dieser Karte eine neue Gruppe begonnen. Diese Arbeitseinheiten verliefen aus mehreren Gründen sehr emotionell.

Wir hatten ja vorerst noch keine Oberbegriffe für die schon geordneten Gruppen, denen wir die Wörter zuordnen konnten. Fand zum Beispiel eine vorläufige Reihung statt, mit der eines oder mehrere Kinder nicht einverstanden waren, beobachtete ich **unterschiedliche Vorgangsweisen** der Kinder, um ihre persönlichen Zuordnungs-Vorstellungen zu erklären und durchzusetzen:

- „Verbündete suchen" galt als recht bewährte Methode, indem eine engere Freundesgruppe direkt angesprochen wurde: *„Nicht wahr, ihr (Ansprechen der Namen) seid doch auch meiner Meinung?"* Niemand scheute sich, auch mich als übergeordnete Instanz für die eigenen Absichten zu gewinnen oder zu verwenden: *„Barbara, sag du, dass das richtig ist!"* Inhaltliches Argumentieren schien dabei keine große Rolle zu spielen, bei dieser „Strategie" kam es nur darauf an, durch Mehrheit ans Ziel zu kommen.
- In anderen Fällen wurden selbst erlebte Erfahrungen als zusätzliche Bestätigung und Unterstützung des vorgebrachten Reihungsvorschlages eingesetzt: *„Also Angst haben ist nicht das Gleiche wie ängstlich sein. Weil ich hatte einmal Angst, als ich in der Schule meinen Wohnungsschlüssel nicht fand und ich nicht wusste, wie ich in die Wohnung kommen sollte. Deswegen bin ich doch nicht ängstlich."* Die Bedeutung eines Wortes sachlich zu erklären wurde anfangs seltener angewendet.
- Manchmal wurde auch versucht, das hartnäckige Festhalten eines Kindes an seiner Meinung durch gezielte persönliche Fragen zu durchbrechen: *„Wenn dich jemand ausspottet, bist du dann verärgert oder wütend? Weil ich glaub, das ist nicht dasselbe."*
- Half auch das nichts, wurden gemeinsame Erlebnisse ausgegraben, um zu überzeugen: *„Damals, als wir dich nicht mitspielen haben lassen, da warst du auch beleidigt auf uns."*
- Zwischendurch kam es auch zu aggressiven Auseinandersetzungen, in die ich mich einmischen musste, um Handgreiflichkeiten zu vermeiden.
- Solcherart umstrittene Karten wurden dann vorläufig abseits aufgehängt und blieben dort oft längere Zeit hängen, bis ein neuer Anlauf versucht werden konnte.

Dieser Vorgang des **Ordnens, Besprechens** der Begriffe und des **Prüfens** auf allgemeine Verständlichkeit nahm viel Zeit in Anspruch. Damals hatte ich das Gefühl, dass wir dadurch in unserem Vorwärtskommen „blockiert" werden würden. Doch im Nachhinein sehe ich es als ein zu enges „Ergebnisdenken", das mir dieses Gefühl bescherte. Denn der Prozess und der Wort, wie differenziert die Kinder sich mit den Gefühlsqualitäten auseinandersetzten, war äußerst interessant, zufriedenstellend und wichtig. Was ist dabei geschehen?

- Die Kinder brachten Gefühle zur Sprache aus einer gewissen Distanz zum Gefühl selbst.
- Sie erkannten die „Subjektivität" des Gefühls: „Das ist *mein* Gefühl".
- Weiters erkannten sie, dass *mein* Gefühl zwar *meines* ist, aber eben nicht die „ganze Wahrheit" darstellt, denn andere haben *ihre* Gefühle.
- Sie erlebten, dass eine Situation bei verschiedenen Personen gleiche oder andere Gefühle hervorrufen kann.

• Über alle diese Erfahrungen und Entdeckungen konnte man sich verständigen.
• Das Ergebnis davon war eine differenziertere Wahrnehmung und das Erlernen eines „Vokabulars".

Verstärkend wirkte dabei sicher auch die große Altersspannweite der Kindergruppe und die damit verbundenen Erfahrungswerte, die jeder einbringen konnte. Umgekehrt gab es durch den großen Altersunterschied in solchen Arbeitsphasen auch ungleich große Erlebnis- und Ergebniswerte für die Kinder selbst.

Die engagierten Debatten rund um das Begriffe-Ordnen ließen erkennen, dass es den Kindern viel bedeutete, wie in jeder einzelnen Situation entschieden wurde.

Es kam auch vor, dass die Kinder in ihrer Meinung über die Bedeutung eines Wortes übereinstimmten **und nur ich nicht verstand**, worum es ging. Das war zum Beispiel der Fall, als das Wort „ausgespannt" vorgelesen wurde. Vorschnell mischte ich mich ein. *„Dieses Wort beschreibt keinen Gefühlszustand"*, sagte ich, *„das, was ihr meint, heißt 'entspannt'."* Auf diese Weise hatte ich schon einige Male „korrigierend" eingegriffen. In diesem Fall aber ließen sich die Kinder nicht beirren. Hartnäckig blieben sie bei „ausgespannt". Durch den unerwarteten Widerstand etwas irritiert, wiederholte ich meine Aussage, diesmal etwas heftiger. Da ich bemerkte, dass ich die Kinder damit nicht beeindruckte, wurde ich vollends zum Lexikon: *„Das Wort 'ausspannen' hat mehrere Bedeutungen: man kann dem Pferd das Pferdegeschirr abnehmen, dann 'spannt man aus'; einem Freund einen anderen Freund abwerben heißt auch einen Freund 'ausspannen'. In der Vergangenheitsform heißt das dann 'ich habe ausgespannt'. Wenn man 'sich ausspannt', erholt man sich. Die dazu gebildete Vergangenheitsform heißt zwar auch 'ich habe mich ausgespannt', aber das verwendet man nicht, um auszudrücken, wie man sich fühlt, nachdem man sich erholt hat. Man sagt nicht 'ich bin ausgespannt'. In diesem Fall beschreibt das den Zustand des Sich-erholt-Fühlens und da verwendet man eben 'entspannt'."* (Warum Erwachsenen wohl oft so viel daran gelegen ist, Recht zu haben? Wen wundert es da noch, dass Kinder dies nachahmen?) Jedenfalls wollte ich in dieser Situation meine „Obergescheitheit" durchsetzen und war auch schon fast am Ziel, denn einige Gesichter signalisierten bereits „technisches K.o.". Ein Einziger nur wagte einen neuen Versuch: *„Ja, aber ich habe damit was anderes gemeint. Wenn ich 'gespannt' bin, dann sind meine Muskeln 'angespannt'. Und wenn ich dann nicht mehr 'gespannt' bin, dann sind meine Muskeln nicht mehr 'angespannt', dann lasse ich die Muskeln locker und bin am ganzen Körper 'ausgespannt' und das kann man fühlen. Spann einmal deine Muskeln an und dann lass locker, dann wirst du selber fühlen, wie sich 'ausgespannt' anfühlt."*

Was sollte ich dagegen noch einwenden? Nach diesem Aha-Erlebnis, das mir die Gruppe beschert hatte, versuchte ich künftig, mich aus solchen Definitionsdiskussionen möglichst herauszuhalten. Es tut mir heute noch um die interessanten Wörter Leid, die vorher schon auf diese Weise für immer verloren gegangen sind, weil die Diktatur des „Richtigen" gewonnen hatte.

So dauerte es einige Wochen, bis wir alle Kärtchen bearbeitet hatten. Einige Wörter waren auch wieder entfernt worden, neue Benennungen kamen hinzu, usw. Gegen Ende musste ich den Prozess dann schon sehr bestimmt vorantreiben, es war für die Kinder einfach Schwerstarbeit, denn an diesen Sitzungen nahmen immer alle anwesenden Kinder teil.

Nun war es endlich an der Zeit, **Oberbegriffe** zu finden. Weil dies in einigen Fällen aber nicht gelang, wurden einfach welche „erfunden". Da ich in dieser Situation nicht schon vorweg Antworten parat hatte, war ich auch sehr viel toleranter. Auf diese Weise entstanden das *„Hänge-, Nonsens-, Bauchkribbel- und Juhugefühl"*.

Es war mir wohl bewusst, dass wir mit unserer Wörtersammlung keinen Anspruch auf absolute Vollständigkeit erheben konnten. Viele vielleicht wichtige Gefühlsbezeichnungen fehlten natürlich und allzu oft war ich versucht, während des Prozesses des Sammelns und Ordnens schnell einige Wörter von mir aus dazuzuschreiben. Besonders wenn mir selbst ein Wort wichtig gewesen wäre, war die Verlockung groß. In solchen Fällen gab es dann für mich nur zwei Möglichkeiten. Entweder konnte ich ein Angebot finden, das die Kinder anregte, eigenständig auf diesen Begriff draufzukommen, oder mir blieb nichts übrig, als darauf zu verzichten.

Hier das Ergebnis dieser kniffligen Arbeitsphase:

Freude
cool
gut aufgelegt
gut
fröhlich
froh
geil

Spaß
witzig
lustig

Spannung
voll
hin
angespannt
satt
neugierig
aufgewühlt
quirlig
mutig
gespannt
kritisch
hin- und hergerissen

Nonsens-Gefühl
zipfig
angeblödet
eigenartig
dümmlich
muffig
zornig

Hängegefühl
müde
faul
niedergeschlagen
gelangweilt
launisch
lustlos
k.o.

Juhu-Gefühl
toll
super
bestens
über-drüber

Entspannung
erlöst
ausgespannt
abwartend
nachdenklich

Bauchkribbel-Gefühl
verliebt
merkwürdig
mulmig
verlegen
erschrocken
komisch
aufgeregt

Ärger/Wut
ärgerlich
beschissen
grantig
wütend
unangenehm
ausgespottet

Neid/Verzweiflung
schuldig
hinterlistig
eifersüchtig
verletzt
angefressen
betroffen
abweisend
ausgeschlossen
misstrauisch
beleidigt
unverstanden

Angst/Trauer
unsicher
traurig
verletzt
verfolgt
einsam
betrübt
ängstlich
panisch
unsicher

Herstellung des Gefühlsbarometers

All diese Begriffe schrieben die Kinder dann auf Etiketten, die sie auf einer Magnettafel aufklebten. Die ganze Tafel überzog ich zugunsten besserer Haltbarkeit mit einer durchsichtigen Selbstklebefolie. Die Symbolkarten, die jedes Kind für sich entworfen hatte, wurden mit einem Magnet beklebt.

2. Gefühle „verbildlichen“

Figuratives Zeichnen

Die ersten bildnerischen Darstellungen entstanden in einer **Umfrage über das aktuelle Stimmungsbild**. Dazu zeichnete ich auf einem Blatt Papier Kreisgesichter vor. Die Kinder zeichneten dann die ihrer Stimmung entsprechende Mimik ein. Man brauchte das eigene Blatt nur dann der Gruppe zu präsentieren, wenn man wollte.

Vereinzelt gab es Kinder, die davon Gebrauch machten, manche zeigten ihre Zeichnung nur dem daneben sitzenden Kind. Wer wollte, konnte auch eine **Begründung** für seinen Gefühlszustand sagen.

Auf der quer durch den Raum hängenden Wäscheleine befestigte ich **Impulsplakate** mit Überschriften wie: muffige Mimik, ängstliche Mimik, lustige, Nonsens-, bauchkribbelige, verzweifelte, traurige, wütende, ärgerliche, entspannte Mimik. Von den Kindern wurde nun der ihrer Meinung nach entsprechende Gesichtsausdruck dazugezeichnet. Die Ankündigung, dass je eine Zeichnung für unseren eigenen „Mimikwürfel“ ausgesucht wird, sorgte zusätzlich für lebhaftes Interesse. Nach einigen Tagen waren die Plakate fertig und wir konnten uns mit der Auswahl beschäftigen. Dazu bildeten wir Vierergruppen, die jeweils ein Plakat bearbeiteten und die Zeichnung mit der treffendsten Mimik aussuchten. Die Wahl war mindestens durch zwei Argumente zu begründen und das Ergebnis musste von einem der Gruppenmitglieder dem gesamten Kreis präsentiert werden.

Für weitere Anregungen sorgten vorbereitete Blätter mit **ichbezogenen Zeichenthemen**:

So sehe ich aus,
- wenn ich mich freue
- wenn ich mich schrecklich ärgere
- wenn ich sehr verzweifelt bin
- nach einem Streit mit meiner besten Freundin, meinem besten Freund
- nach der Versöhnung mit meiner besten Freundin, meinem besten Freund
- So schaut jemand aus, der ein tolles Bauchkribbelgefühl hat (hier fiel es den Kindern leichter, wenn sie sich nicht offiziell mit sich beschäftigen mussten, die meisten zeichneten dann aber ohnehin sich selbst)

Ein Bub hatte schon viel Erfahrung im **Zeichnen auf Dias**, so war er leicht zu begeistern, eine Bildgeschichte aus dem Gefühlebilderbuch „Gefühle sind wie Farben“ abzuzeichnen.

„Wenn ich ein **Zeichen oder ein Symbol für das Wort Gefühl** erfinden könnte, würde ich es so darstellen“, lautete ein Zeichenthema, bei dem man sich mit dem Wort „Gefühl“ eher abstrakt auseinandersetzen konnte. Viele Kinder haben sich in die Rolle eines Erfinders versetzt und auf diese Weise ein Geheimschriftzeichen entwickelt.

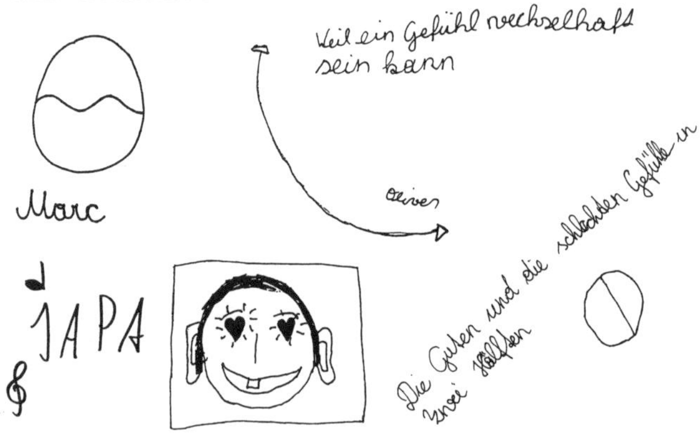

Nonfiguratives Zeichnen und Malen

1. Farb-, Filzstifte und Wasserfarben

• Nachdem wir schon Oberbegriffe zu den Gefühlsbezeichnungen gefunden hatten, schlug ich vor, dass jeder für sich ein Gefühlsthema auswählt und auf einem Blatt nur mit Farben darstellt. Danach wollten wir zu erraten versuchen, welchem Thema jedes einzelne Blatt zuzuordnen sei. Schon in dieser Phase merkten wir, dass fast jeder für ein und dieselbe Gefühlsgruppe verschiedene Farben einsetzen würde. Die **Ratespiele** erhöhten die Teilnahmelust der Kinder sowie die Spannung bei diesen Zeichen- und Malexperimenten.

• *„Welche Farbe haben die Verzweiflung, der Zorn, die Spannung, das Nonsensgefühl, das Bauchkribbelgefühl, die Entspannung, das Juhugefühl, die Trauer, das Hängegefühl, die Angst und die Freude?“* Ein gerastertes Blatt Papier stand für diese Mal-Aufforderung zur Verfügung bei freier Wahl der Farbmaterialien. Auch hier steigerte die Ankündigung, dass die Blätter als **Umschlag für unser Buch** verwendet werden würden, die Motivation.

2. Dispersionsfarben

Einige Kinder äußerten den Wunsch, auf größeren Flächen malen zu wollen. Also beschlossen wir anfangs, die **Fenster** als Malfläche zu verwenden. Da wir aus Erfahrung aber wussten, wie viel Arbeit die Reinigung der Fenster erfordert, malten wir auf **durchsichtige Plastikfolien**, die nach vollendetem „Werk“ auf die Fensterscheiben geklebt wurden. Dazu vermischten wir die Farben mit einem Bindemittel, um die Haftbarkeit auf der Folie zu gewährleisten. Je zwei Kinder suchten sich eine „Gefühlsgruppe“ aus und teilten sich die Folienfläche. Dann suchten sich diese zwei Kinder Musik aus, die ihrem Empfinden nach dem Gefühl, das sie farblich darstellen wollten, entsprach, und begannen zu malen. Die Auswahl der Farben und der Musik regte wiederum andere Kinder an, sich an dieser Aktion zu beteiligen. Besonders wegen der Farbwahl kam es zu recht heftigen Diskussionen, und es schien manchen Kindern ein wirkliches Bedürfnis zu sein, einen schon dargestellten Begriff, besonders in dieser großflächigen Form, auch noch in der Farbe ihres Empfindens darzustellen. Auf diese Weise entstand in kurzer Zeit die gesamte **Raumdekoration für unser Gefühlefest.**

3. Glasfarben

Nach dem großflächigen Format faszinierte die Kinder das Malen mit Glasfarben auf den kleinen **Diagläsern.** Die Betrachtung der Dias war ein eigener Programmpunkt beim „Gefühlefest“.

4. Stofffarben

Als letzte Technik versuchten wir die Darstellung von Gefühlen mit Stofffarben auf **T-Shirts**, die die Kinder beim Fest ebenfalls als Erinnerungsgeschenk überreicht bekamen.

3. Gefühle verbalisieren

Mündlich

• „Im Moment fühle ich mich ...“

Die allererste Stimmungsumfrage war ja ein Teilgrund für die Neuplanung dieses Projekts. Nach einer Beschäftigungszeit von fast sechs Monaten nahmen sich die Kinder in ihren Gefühlen stärker wahr und konnten sich auch **wesentlich differenzierter artikulieren.**
Mehrere Kinder hatten verschiedenste **Bilder aus Illustrierten** ausgeschnitten und auf Karton aufgeklebt. Nun suchte jedes Kind das seiner momentanen Stimmung entsprechende Foto aus. Der Auftrag dazu lautete, der Gruppe die Begründung für die Auswahl mitzuteilen.

• Gesprächsrunden

Es würde wohl zu weit reichen, hier sämtliche besprochenen Themen anzuführen, viele Gespräche wurden in Kleingruppen geführt und bezogen sich auf persönliche Erfahrungen und Beobachtungen innerhalb und außerhalb unserer Gruppe oder fanden wie oben genannt im Anschluss an vorgelesene **Problemgeschichten oder Gedichte** statt (Hinweise dazu im Abschnitt Arbeitsmaterialien, Seite 69 – 71).

In solchen Gesprächen wurden auch **Zorngefühle** diskutiert. Die Kinder nannten dabei beispielsweise Faktoren, die für sie persönlich dazu beitrugen, wütend oder aggressiv zu werden. Ich ermutigte einige Kinder, sich selbst bei so einem Wutanfall aufzuzeichnen, was allerdings zu schwierig war. Im Bilderbuch „Gefühle sind wie Farben“ entdeckte ein Bub dann aber ein Bild, das er abzeichnete, weil es ihn selbst seiner Meinung nach sehr treffend bei einem seiner Wutanfälle darstellte.

Bei dieser Gelegenheit erarbeiteten wir in der Gruppe **mögliche Strategien zur Überwindung von Wutanfällen**. Einige Anregungen wurden bei Bedarf im Hort auch gleich umgesetzt:

- den Ärger aussprechen
- dem betreffenden Menschen sagen, dass man sich über ihn ärgert
- im Bewegungsraum einen Ball viele Male mit voller Wucht gegen die Wand schleudern und dabei laut schimpfen
- im Bewegungsraum auf der Matte so laut wie möglich trommeln
- auf dem Bett gegen den Polster schlagen und dabei schimpfen
- die Wut in ein Papiersackerl schreien, es nebenbei aufblasen und durch einen kräftigen Schlag zerplatzen lassen

• Schreien

Eine besondere Qualität zur **Bewältigung von Anspannung** entdeckten wir im gemeinsamen **Schreien.** So war unser Faschingsfest in diesem Jahr so „ruhig“ wie nie zuvor, obwohl wir im Hortgebäude sicherlich den größten Lärm veranstaltet haben. In vielen Spielen war „gesteuertes“ Brüllen die Voraussetzung für den Spaß, den man dabei erleben konnte. Den Gruppenschrei „Vo-ga“ der (angeblich) von einer italienischen Pfadfindergruppe stammt, ist ein Kraft- und Energieschrei und wir haben ihn in unser Lieblingsrepertoire aufgenommen.

Mit dem „angeleiteten Schreien" verbinde ich ausschließlich positive Erfahrungen. Zuerst hatte ich natürlich **Befürchtungen**, dass mir derartige Aktionen „entgleiten" könnten. Doch genau aus dieser Befürchtung heraus hatte ich mich auf die Anleitung der Übung besonders gut vorbereitet, die nötigen Spielregeln durchdacht und beim Schreien selbst natürlich aktiv mitgetan. So habe ich erfahren, dass es den Kindern sogar eher peinlich war, wenn sie z. B. zu lange schrien oder mit ihrem Schreien zum falschen Zeitpunkt einsetzten.

Aber auch bei den Geburtstagsfeiern der Kinder gratulierten wir nicht mehr nur lieb und leise. Wir feierten das Geburtstagskind, indem wir alle Zahlen von eins weg bis hin zum erlangten Lebensalter mit ansteigender Lautstärke brüllten und zusätzlich noch Trommelwirbel durch das Klopfen auf die eigenen Oberschenkel erzeugten.

Schriftlich

• Sätze vervollständigen

„Im Augenblick fühle ich mich ..."
„Am schönsten war heute, dass ..."
„Am meisten wünsche ich mir im Moment, dass ..."
stand auf vorbereiteten Zetteln, die ehrlichen Antworten verblüfften mich manchmal sehr.
(Vgl. dazu Seite 35.)

Schriftliches Blitzlicht

Im Augenblick fühle ich mich gut

Am schönsten war heute, daß wir Film geschaut haben.

Am meisten wünsche ich mir im Moment, daß ich abgeholt werde.

Nach ein paar Wochen wiederholten wir diesen Versuch mit ähnlichen Sätzen.

• „Wie bin ich?" Mein „schriftliches" Bild von mir

Es schien manchen Kindern schwer zu fallen, inmitten einer Gruppe **in Ruhe über sich selbst nachzudenken**. Die Umfrage wurde trotzdem sehr ernst genommen und sehr persönlich beantwortet. Aus diesem Grund wollten auch nur einige Kinder, dass ihr Name im Zusammenhang mit dem Fragebogen in der Gruppe veröffentlicht wird, wir haben diese Antworten daher einfach zusammengefasst.

Wie bin ich? Eva

Traurig bin ich, wenn ... meiner Familie (Mama, Papa, Oma....) etwas passiert

Schüchtern bin ich, wenn ... einer eine komplizierte Frage stellt

Fröhlich bin ich, wenn ... es in meinem Kopf sehr lustig hin und her geht

Enttäuscht bin ich, wenn ... mir jemand etwas versprochen hat, dann aber doch nicht gehalten hat.

Ängstlich bin ich, wenn ... ich alleine zu Hause bin

Verzweifelt bin ich, wenn ... ich eine schlechte Note habe.

Eifersüchtig bin ich, wenn ... mir jemand eine Freundin oder einen Freund wegnimmt.

Neidig bin ich, wenn ... einer etwas SChöneres hat als ich.

Wütend bin ich, wenn ... einer oder eine mich anbrüllt.

Neugierig bin ich, wenn ... ich Geburtstag habe.

Entspannt bin ich, wenn ... ich nach einer Entspannungsübung richtig entspannt bin.
Übermütig bin ich, wenn... ich nach Hause komme und sage: "Ich habe eine gute Note!"

• Selbst- und Fremdwahrnehmung

Diese Partnerübung bestand aus einer schriftlich-bildhaften Wahrnehmungsdarstellung des Partners und der eigenen Person (vgl. Seite 74). Im anschließenden Gespräch verglichen die Kinder ihre Beobachtungsbögen und besprachen die **Übereinstimmungen und Unterschiede**. In dieser Feedbackübung stellten die Kinder fest, dass das von sich selbst wahrgenommene Verhalten eine ganz andere Wirkung auf den anderen haben kann. Diese Feststellung irritierte manche Kinder sehr, wurde nur schwer angenommen und führte mehrfach zu Streitgesprächen, in denen die Kinder in der Anfangsphase meist nur ihre eigene Meinung verteidigten.

Meiner Beobachtung nach gelang es zumindest einem Teil der Gruppe erst gegen Ende des Projektes, die Erfahrungen aus solchen Übungen in das tägliche Gruppenleben zu übertragen. Das zeigte sich z. B. darin, dass sie versuchten, Deutungen ihres Verhaltens anzunehmen, ohne sich gleich zu rechtfertigen oder sich in Verteidigungsposition zu begeben.

• Gefühlsauslösende Situationen

Impulsplakate mit einer Text-Bild-Überschrift wie zum Beispiel *„Situationen, in denen ich mich ängstlich fühle oder gefühlt habe"* sollten die Kinder anregen, sich an dementsprechende Begebenheiten zu erinnern und diese aufzuschreiben.

Auch in dieser Einheit teilten sich die Kinder in Zweiergruppen auf. Die Plakate wurden dann im Rotationsverfahren von einer Gruppe an die nächste zur Bearbeitung weitergegeben.

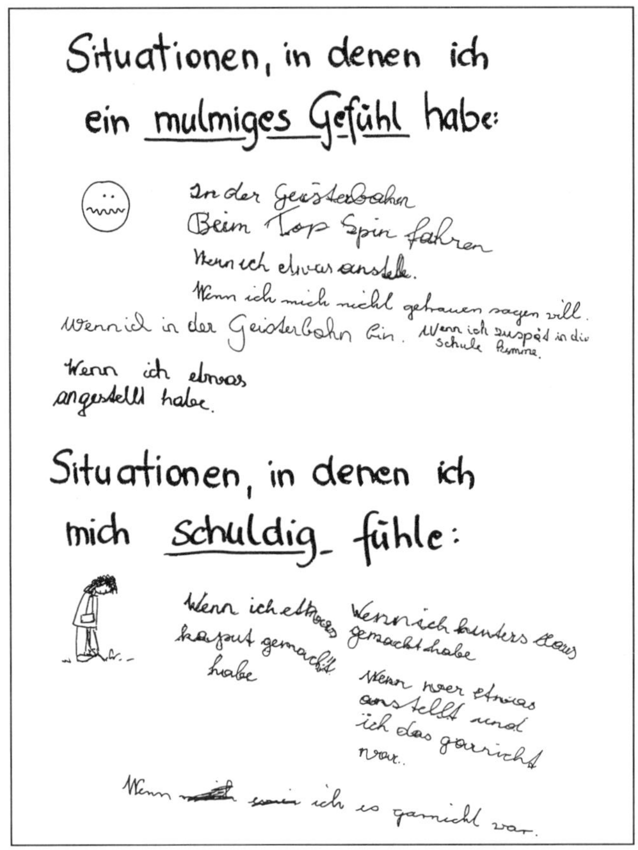

• „So, als ob ..."

Während eines Gespräches über die verschiedenen Arten von Bauchkribbel-Gefühlen machte ein Kind den Versuch, „Verliebtheit" **mittels bildhafter Sprache** zu veranschaulichen: „Das ist so, als ob man Ameisen im Bauch hätte." Dieser Vergleich brachte uns auf die Idee, auch für die anderen Gefühle Analogien zu suchen.

4. Gefühle darstellen

Solange man für die unterschiedlichen Gefühle keine Begriffe zur Verfügung hat, drücken sich Gefühle in erster Linie über die Körpersprache aus. Dass Körpersprache ein Zusammenspiel von Mimik, Gestik, Körperhaltung und dem Tonfall der Stimme ist, wollte ich mit den Kindern **schrittweise erarbeiten**. Zu diesem Zweck schien es mir notwendig, sich mit jedem dieser Faktoren vorerst einmal einzeln zu beschäftigen.

Mimik

• Die Verwendung der „Mimürfel"

Ein „Mimürfel" ist ein Würfel nach der Idee von Hajo Bücken, auf dem durch sechs **unterschiedliche Gesichtsausdrücke** verschiedene Gefühlszustände dargestellt werden.

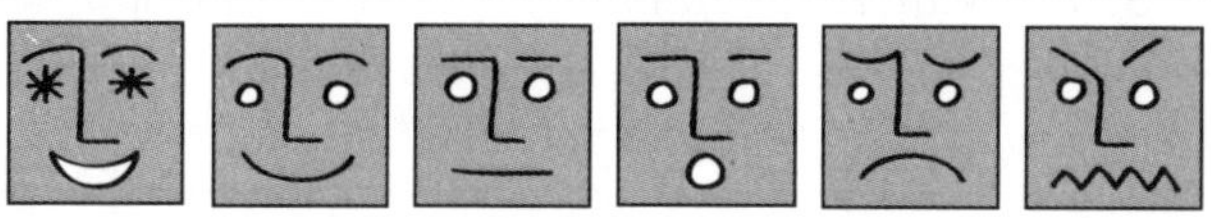

Der Strahlemann ist sehr gut drauf.	Der Optimist ist gut dabei.	Der Unentschiedene weiß es noch nicht.	Der Erstaunte wundert sich nur.	Der Pessimist ist schlecht drauf.	Der Zornige ist sehr wütend.

Diese Würfel boten sich als geeignete Einstiegshilfe zum Thema „Gefühle darstellen" an.

Zuerst zeigte ich den Kindern die Würfel, vermied es aber, die in der Beschreibung verwendeten Gefühlsbezeichnungen zu nennen. Ich wollte vorerst nur die visuellen Eindrücke wirken lassen, um den Kindern nicht die Möglichkeit zu nehmen, die Gesichter selbst zu interpretieren. Tatsächlich ließ sich dadurch eine Fixierung auf nur ein bestimmtes Wort vermeiden.

Als nun nämlich alle versuchten, ihre momentan wahrgenommene Stimmung durch ein geeignetes Würfelbild auszudrücken, fanden sich für ein und denselben Gesichtsausdruck sehr divergierende Deutungen. Diese wiederum waren natürlich Anlass für Diskussionen, die meiner Beobachtung nach wesentlich „ruhiger" geführt wurden als jene bei Übungen zur Selbst- und Fremdwahrnehmung. Nachdem bei Rückmeldegesprächen wie *„Was hast du an mir/was habe ich an dir wahrgenommen?"* jedes Kind selber Inhalt des Gesprächs und daher emotionell besonders stark involviert war, wurden damals divergierende Meinungen hitziger diskutiert.

Im Gegensatz dazu war bei den Würfelbildern die Haltung der Kinder viel offener und flexibler. Da durch das Fehlen einer namentlichen Vorgabe keine Fixierung stattgefunden hatte, waren sie eher bereit, die Auffassung anderer Kinder gelten zu lassen bzw. verschiedene Deutungsmöglichkeiten zuzulassen.
(Weitere Mimürfel-Spiele siehe in den Arbeitsmaterialien, Seite 90.)

Körperhaltung und Gestik

Bisher hatten wir uns ja nur auf den mimischen Ausdruck beschränkt. Für folgende Experimente stellten wir sehr einfache weiße **„Gesichtsmasken"** aus Karton und Gummibändern her.

Ein Kind verließ den Raum und wartete, bis es von der Gruppe hereingerufen wurde. Währenddessen versuchte ein anderes Kind, „traurig sein" darzustellen. Die restlichen Kinder bestätigten, dass sie das Gefühl „Trauer" erkennen konnten. Daraufhin hielt ich dem „traurigen" Kind eine weiße Maske vor das Gesicht und rief das vor der Tür wartende Kind herein. Die Frage, welches Gefühl hier ausgedrückt werde, konnte es nicht beantworten ... Ohne viel erklären zu müssen, konnten Kinder die Bedeutung des Zusammenhangs von Körperhaltung und Mimik als Ausdrucksmittel wahrnehmen.

- Ein Kind wählt geheim einen Gefühlszustand aus und drückt diesen durch typische Mimik und Körperhaltung aus, das andere Kind versucht, den richtigen Begriff zu erraten.
- Mimik und Körperhaltung des Partners werden übernommen, ein wenig verändert und „zurückgegeben" usw.

• Einander widersprechende Darstellungen von Mimik und Körperhaltung ausdenken und beides gleichzeitig vorzeigen. Beide Gefühlsbegriffe sollen vom Partner erraten werden.

• In einer Kleingruppe setzt sich ein Kind eine weiße Gesichtsmaske auf und ist nun der **„Tonklotz“,** der zu einer Gefühlsfigur geformt werden soll. Die anderen Kinder haben eine Karte mit einem Gefühlszustand gezogen und sind die **„Modelliermeister“.** Jeder kann Veränderungen vornehmen, solange er will. Am Schluss müssen alle mit der Körperhaltung der „Tonfigur“ zufrieden sein.

• Als Erweiterung dieser Übung versuchten die Gruppen gegenseitig zu erraten, welche Stimmung die anderen Tonfiguren darstellten.

Viele Spielvariationen wurden von den Kindern selbst angeleitet, wobei die **Umgestaltung in ein Ratespiel** die beliebteste Variante war.

Stimme und Tonfall

• Variantenreiches Sprechen

Bei dieser Übung musste zuerst ein Satz gefunden werden, der möglichst **keine gefühlsbeschreibenden Wörter** enthielt. Zum Beispiel: *„Heute scheint die Sonne.“ „Das Mädchen hat lange Haare.“* Dieser Satz wurde von mir zuerst möglichst sachlich gesprochen, bevor ich den Mimürfel jemandem zuwürfelte, der diesen Satz nun in der entsprechenden Gefühlslage sprechen musste (vgl. „Gefühlsbetontes Sprechen“ Seite 100).

Mit der Zeit variierten wir das Spiel, indem wir zwar nach Sätzen suchten, die durch ihren Inhalt nicht wirklich eine Gefühlshaltung vorgaben, in ihrer Aussage aber trotzdem recht deutlich auf ein bestimmtes Gefühl abzielten. Zum Beispiel: *„Die Milch kocht über!“ „Das Auto springt nicht an!“ „Wenn das nur gut geht!“ „So gefällt es mir am besten“* etc. Wir stellten dabei immer Vermutungen an, in welcher Gefühlslage sich der Sprecher des Satzes wohl befinden bzw. welches Gefühl diese Sätze beim Zuhörer in der Realität wohl auslösen könnten.

Nach einer Weile waren den Kindern die Ausdrucksmöglichkeiten durch den Würfel zu eingeschränkt, sodass wir **das Spiel um neue Begriffe erweiterten**, diese auf Kärtchen schrieben, um vor jeder neuen Spielrunde eines zu ziehen:

gelangweilt

traurig

Weitere Begriffe:

fröhlich	erstaunt	cool
entspannt	übermütig	beleidigt
wütend	ärgerlich	schüchtern
verzweifelt	lustig	verlegen
angefressen	verletzt	ängstlich
betroffen	muffig	abwesend
neugierig	aufgeregt	müde

• Mimik, Gestik, Körperhaltung, Stimme, Tonfall und Sprache

Wir verwendeten einen **Zwei-Satz-Dialog,** zum Beispiel: *„Das musste ja so kommen!" – „Ja, ich weiß!"* und schrieben diesen auf mehrere Kärtchen. Auf jeder Karte stand auch eine Stimmungslage, in der der Dialog den anderen Kindern vorgespielt wurde (vgl. Seite 101).

„Warum kommst du jetzt erst?!" „Ich konnte nicht früher kommen." **traurig**

„Warum kommst du jetzt erst?!" „Ich konnte nicht früher kommen." **fröhlich**

„Was, du?" „Ja, ich." **traurig**

*„Wenn sich die **verbale Sprache und Körpersprache widersprechen,** irritiert das den Gesprächspartner oft."*

Damit sich die Kinder unter dieser Aussage etwas Konkretes vorstellen konnten, spielte ich ihnen eine ziemlich stark überzeichnete Situation vor. Anfangs dachte ich, dass es die Kinder vielleicht überfordern würde, für den beschriebenen Zustand Beispiele zu finden. Umso erstaunter war ich, als sie nicht nur vielfältiges „Material" aus ihrem Familien- und Schulleben darstellten, sondern auch über entsprechende Beobachtungen, meine Person betreffend, verfügten.

Mich karikierend stellten zwei Kinder zum Beispiel eine Situation dar, die sich erst wenige Tage zuvor in unserer Hortgruppe abgespielt hatte: Mit steinerner Miene und halb weggedrehtem Körper lobte der eine den anderen wegen einer guten Schulnote!

• Fotografie

Die vielen Mimikübungen und -spiele bereiteten den Kindern nicht nur viel Spaß, die Darstellungen waren in ihrem Ausdruck auch sehr gelungen. Als ich einmal meinen Fotoapparat mitbrachte, um die mimischen Darstellungen zu fotografieren, stieß ich vorerst auf Widerstand. Die Scheu vor der Kamera löste eine „Ich-trau-mich-nicht-Haltung" aus.

Also nahm ich Illustriertenbilder und eine Polaroidkamera mit. In kleinen Gruppen versuchte nun jeweils ein „mutiges" Kind, ein Illustriertengesicht in seinem Ausdruck nachzustellen. Der Rest der Gruppe bekam den Auftrag, den Darsteller, wie schon beim Tonklotz-Modellieren, nun aber verbal, zu „formen". Sobald sich die Mienen ähnelten, holten mich die Kinder und ich machte ein Polaroidfoto. Auf diese Weise gelang es mir, den Kindern die Scheu zu nehmen, denn durch das Polaroidfoto bekamen sie innerhalb kürzester Zeit die bildhafte Rückmeldung, dass die Darstellung geglückt war.

Von da an meldeten sich immer mehr Kinder, die einen Versuch wagen wollten. Plötzlich musste auch niemand mehr „modelliert" werden, meist stimmte der Ausdruck beim ersten Versuch mit dem Illustriertenbild überein. Nachdem ich mit dem Fotografieren beschäftigt war, mir aber nebenbei die Konzentration der Gruppe erhalten wollte, bat ich die beobachtenden Kinder, mir jeweils das Kommando zum Fotografieren zu geben, und zwar in dem Moment, den sie als den gelungensten empfanden.

„neugierig"

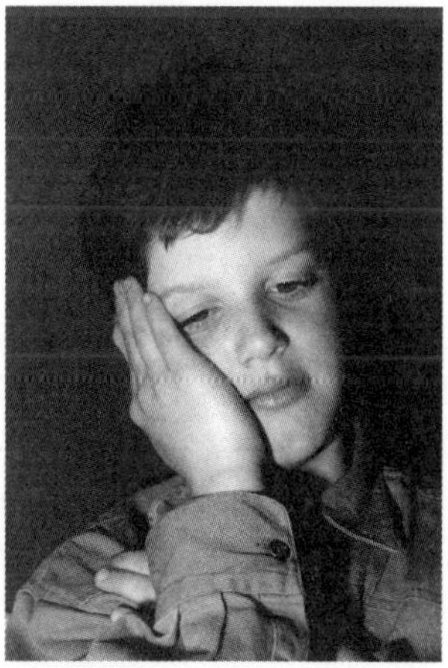

„einsam"

Die entwickelten Fotos wurden von da an mit Spannung erwartet und der Andrang zum Fotografieren war nun sehr groß. Die Ich-trau-mich-nicht-Haltung wich einem Ich-will-auch-Chaos. Um dies ein wenig zu ordnen (und die Fotokosten zu reduzieren), forderte ich die Kinder mittels Plakat auf, sich genau zu überlegen, welchen Gefühlszustand sie gerne mimisch ausdrücken wollten, um sich dann im Plakat dafür einzutragen.
Die Fotos wurden als Raumdekoration für das Gefühlefest kopiert und auf das Format A3 vergrößert.

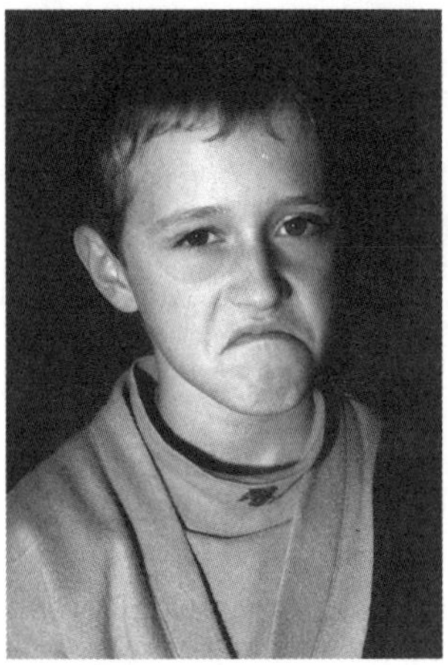

„muffig"

„erschrocken"

5. Das Gefühlefest

„So ein Gefühlsbarometer bräuchte ich zu Hause auch, damit ich immer weiß, wie meine Schwester aufgelegt ist, bevor ich sie was frage."
Nicht nur dieses eine Kind äußerte den Wunsch nach einem eigenen Gefühlsbarometer. Dahinter sah ich aber weniger das Bedürfnis nach dem Produkt selbst als vielmehr die Idee, mithilfe der konkreten Sache das Thema „Gefühle zur Sprache bringen" mit nach Hause nehmen zu können. Diesem Ansinnen wollte ich gerne nachkommen, ich fragte mich nur, *wie* ich das initiieren konnte. Also bat ich ein Kind, eine schriftliche Umfrage zu starten, um zu klären, wie viele Kinder ein Gefühlsbarometer für zu Hause haben möchten. Fast alle Kinder hatten sich eingetragen und so entstand die Idee, ein Fest zu diesem Thema zu veranstalten.

Erarbeitungs- und Vorbereitungsphase

Da das Hortjahr dem Ende zuging, konnte ich auf diese Weise gleich mehreren Anliegen gerecht werden:

- Einmal pro Jahr *soll* (so steht es im Landesgesetzblatt) im Hort ein Fest mit Kindern und Eltern gefeiert werden, und in diesem Jahr war ich dieser Aufforderung (aus Mangel an Zeit und weil es nichts herzuzeigen gab) noch nicht nachgekommen.

- Dadurch ergab sich außerdem die Gelegenheit, unser alljährliches Abschlussfest mit dem gesetzlich vorgeschriebenen Fest in einer Festivität zu verbinden.

- Da ein Fest die Möglichkeit bietet, ein über längere Zeit bearbeitetes Thema zusammenzufassen, konnte ich unser Projekt auf diese Weise ausklingen lassen und abschließen. Der oft bejammerte Stress vor solchen Festen hängt meist damit zusammen, dass extra für das Fest ein neues Thema (womöglich noch von der Horterzieherin vorgegeben) in die Gruppe eingebracht wird.

In diesem Jahr hatte ich mich bis dahin weder mit der einen noch mit der anderen Form der Festveranstaltung auseinandergesetzt und so fragte ich die Kinder, ob sie Lust hätten, ein Gefühlefest zu feiern. Die begeisterte Zustimmung freute mich zwar, aber ich hatte vorerst noch keinen Plan, was wir denn bei so einem Fest tun könnten. Dies teilte ich den Kindern mit. Solche *„Ich weiß nicht was/wie weiter"*-Sätze hatten sich oft schon als wahrer Schlüssel zum reichen Ideenschatz der Kinderphantasien erwiesen. Genau so war es auch in diesem Fall. Während ich noch überlegte, was wir den Eltern (vor-)zeigen könnten, fingen die Kinder schon zu planen an und ich hatte Mühe, alle Vorschläge mitzuschreiben. Die Mitschrift wurde aufgehängt und in den folgenden Tagen von uns allen ergänzt. Der Eifer beim Ideen-Sammeln war so groß, dass es bald an der Zeit war, die Energien der Kinder auch in konkrete Taten einfließen zu lassen. Also begann ich jene Materialien heranzuschaffen, die sie zur Umsetzung für notwendig hielten.

• Einladungskarten

Wir schrieben alle Gefühlsbegriffe auf ein A4-Blatt, kopierten sie auf buntes Papier und schrieben den Einladungstext darauf.

Auf jede Karte wurde eine Kluppe mit aufgeklebtem Pfeil (vgl. Seite 128, 2.) geklammert, auf der „So fühle ich mich“ stand. Auf diese Weise kam ein Gefühlebarometer in jede Familie.

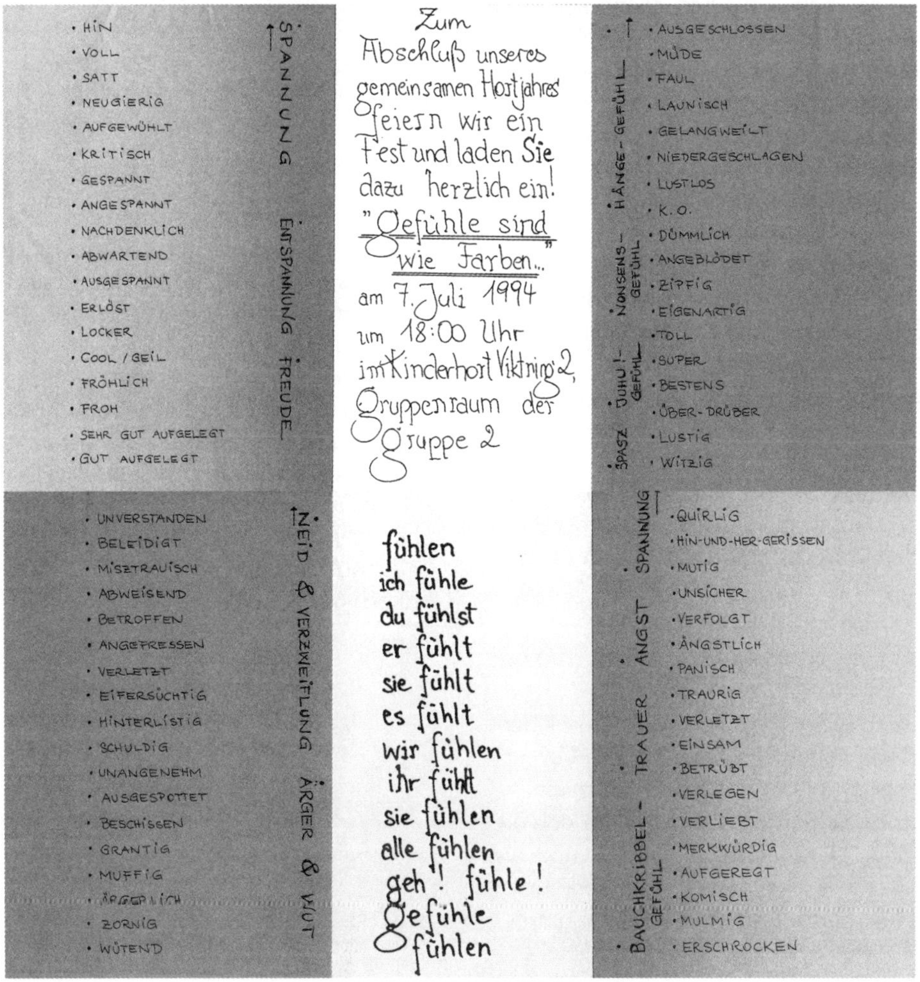

• Dekoration

Aus den Mal- und Foto-Arbeitsphasen besaßen wir bereits so viel fertiges Material, dass sich die Kinder nur um die Herstellung von einigen Papier-Kulissen für die ausgedachten Rollenspiele kümmern mussten.

• Geschenke für die Kinder

Da ich den Kindern zum Jahresabschluss immer ein kleines Geschenk mit in die Ferien gebe, entschied ich mich diesmal für die Gefühle-T-Shirts, die die Kinder nach eigenen Ideen eingefärbt hatten.

Gerade rechtzeitig zum Fest wurde ich mit dem Binden der „Ge(h)fühle!-Bücher“ fertig. Auf fast 100 Seiten konnte nun jedes Kind als Erinnerung an das gesamte Gefühle-Projekt Schritt für Schritt nachlesen, wie wir uns bis zum Gefühlefest vorgearbeitet hatten. Das Buch enthielt außer dieser Beschreibung alle verkleinerten Arbeitsplakate, Umfragebögen und kopierten Gefühlsfotos des ganzen Hortjahres.

Fest-Programm

Ich behielt es mir vor, die Reihung der Programmpunkte vorzunehmen und hielt diese Reihenfolge auch mehr oder weniger geheim. Meiner Erfahrung nach können die Kinder ein Fest viel mehr genießen, wenn sie nicht genau wissen, was als nächster Punkt im Programm kommt. Dann sind sie viel aufmerksamer und verfolgen das Geschehen auch konzentrierter, als wenn sie durch zu genaue Kenntnis der Abfolge dauernd „am Sprung" sind. Ebenso kündigte ich den Kindern an, dass es einiges geben würde, das wir noch nicht besprochen hatten. So waren sie also doppelt gespannt.

• Von der Hort-Eingangstür weg legten wir **Illustriertenbilder** dem Gang entlang bis zur Gruppentüre auf. Daraus konnten sich die ankommenden Gäste ein Bild entsprechend ihrer Stimmungslage aussuchen. Der Gefühlsbegriff wurde dazugeschrieben und auf einer vorbereiteten Tafel im Gruppenraum aufgehängt.
• Dias mit dem Thema „Gefühle sind wie Farben" zur Musik „Bilder einer Ausstellung" von Mussorgsky ermöglichten einen farbenfrohen und gefühlvollen Festbeginn.
• Gefühle-Song
• (Gegen die Spannung vor dem Rollenspiel) „Vo-ga-Schrei"
• Einzelne Bilder und Bildgeschichten aus dem Bilderbuch „Gefühle sind wie Farben"[1] dienten uns als Vorlage für einige der gezeigten Gefühls-Szenen-Rollenspiele.
• Unser jüngstes Hortkind hatte das Lied „Wenn sich die Igel küssen" in seiner Vorschulklasse gelernt, und als Beitrag zum Fest wollte sie es gerne vorsingen. Dazu hatte sie sich zwei Igel-Handpuppen hergestellt, mit denen sie das Lied während des Singens auch vorspielte.
• Ebenso auf eigenen Wunsch las ein Bub das Gedicht vom „Bösmachen" vor.
• Aus dem genannten Bilderbuch hatte ein Bub die Bildgeschichte „Gemischte Eisgefühle" auf Dias gezeichnet; zur „Peer Gynt Suite" von Edvard Grieg wurde sie vom Zeichner der Geschichte selbst vorgeführt und präsentierte sich als ein perfekt aufeinander abgestimmtes Hör- und Seherlebnis.
• Ich hatte eine Kassette mit sehr kurzen Musiksequenzen verschiedenster Musikrichtungen zusammengestellt (z. B. Chopin, Gershwin, Led Zeppelin, Tschaikowksy, Chick Corea, Schumann, Alan Parsons Project, Bach, Flying Pickets, Kärntner Männerchor) und stellte Kindern und Eltern die Frage: *„Welches Gefühl löst diese Musik bei euch/bei Ihnen aus?"*

Die Antworten waren natürlich breit gestreut. *„Angreiferisch", „aufgewühlt", „zeremonisch", „heimatlich", „hochzeitlich"* und *„gruselig"* sind einige wenige Begriffe, die ich in der knappen Zeit notieren konnte.
• Als Überleitung zum nächsten Teil versuchte ich den Eltern und Gästen zu beschreiben, wie wir uns mit dem Thema Lieblingsmusik auseinandergesetzt hatten. Um dies besser ausdrücken zu können, kündigte ich an, dass ich einige Takte der jeweiligen Lieblingsmusik der Kinder anspielen und Kinder und Eltern bitten würde zu raten, um wessen Lieblingsmusik es sich dabei handeln könnte. Vom griechischen Volkslied bis Michael Jackson war alles Mögliche vertreten. Viele Eltern waren sehr überrascht, wenn sich das betreffende Kind zu erkennen gab. Besonders erstaunt aber war eine Mutter, die anfangs bei der Musik von Janis Joplin vor Freude fast vom Sessel aufgesprungen war und deren Sohn etwas später bei „My Way" von Frank Sinatra die Hand hob.
• Den Abschluss dieses Festes bildete ein für Kinder und Eltern gemeinsamer „Vo-ga"-Schrei.

[1] Aliki: Gefühle sind wie Farben. Beltz, Weinheim und Basel 1992, 5. Aufl.

Arbeitsmaterialien

Einleitung

Die vorliegende Sammlung der Arbeitsmaterialien enthält rund 200 erprobte Interaktionsspiele, Übungen und Arbeitsanleitungen für folgende Bereiche:

1. Selbstwahrnehmung/Eigenbeobachtung

- Wie sehe ich mich?
- Wie stelle ich mich dar?
- Wie fühle ich mich?
- Wie bin ich? Herstellen eines „Ich-über-mich"-Buches

Ziele: Auseinandersetzung mit der eigenen Identität; Bewusstmachen der eigenen Gefühle und Stärken; Selbstwahrnehmung schärfen; Selbsteinschätzung vornehmen; Selbstwert entwickeln.

2. Fremdwahrnehmung/Feedback

- Wie sehen mich die anderen?
- Wie stellen sich die anderen dar?
- Wie sehe ich die anderen?
- Wie reagieren andere auf mich und meine Gefühle?
- Wie reagiere ich auf andere und auf ihre Gefühle?

Ziele: Selbst- und Fremdwahrnehmungen kritisch vergleichen; Unterschiede zwischen Selbst- und Fremdbild bewusst wahrnehmen; Vermutungen formulieren.

3. Gefühle wahrnehmen und empfinden

- Sinnes-Gefühle: Taktiles, visuelles, auditives, gustatorisches und olfaktorisches Wahrnehmen
- Welche Gefühle nehme ich in mir wahr?
- Wodurch werden sie ausgelöst?
- Welche Gefühle nehme ich an den anderen wahr?
- Woran und wodurch kann ich erkennen, wie sich andere fühlen?
- Wie interpretiere ich nonverbal geäußerte Gefühle der anderen?

Ziele: bewusstes Wahrnehmen eigener Gefühle; Erkennen und Deuten von Gefühlen anderer Personen; Erfahren, dass die gleiche Situation bei verschiedenen Menschen gleiche, ähnliche oder andere Gefühle hervorrufen kann.

4. Gefühle zum Ausdruck bringen

- verbaler Ausdruck

Ziele: schriftliches Sammeln von Gefühlsbegriffen, Begriffsbildung; Erfassen von semantischen Ähnlichkeiten; Feststellen der vielfältigen (Be-)Deutungsmöglichkeiten; Sortieren und Einteilen der Begriffe in Gefühls-Kategorien; Fördern von offener Kommunikation als Grundlage für verbale Bearbeitung von Konflikten.

- pantomimische und szenische Darstellung

Ziele: sich nonverbal mitteilen können; Rollenspiel als mögliche Art der Problemlösungsfindung; Einfühlungsvermögen in die Rolle anderer entwickeln.

- bildhafter Ausdruck

Ziele: Gefühlsdarstellung durch figuratives und nonfiguratives Zeichnen und Malen; Spannungsabbau.

- musikalischer Ausdruck

Ziele: Spannungsabbau; Musik als Steuerungselement von Gefühlen; Sensibilisieren für die Empfindungen anderer Personen.

5. Umgang mit den eigenen Gefühlen und den Gefühlen anderer

- Kommunikation, Konfliktbewältigung, Kooperation

Ziele: Auslöser für Konflikte erkennen lernen; Kommunikationsfähigkeit mit dem Konfliktpartner gewinnen; Vermittlungskompetenzen entwickeln; Lösungskompetenz als am Konflikt Beteiligte übernehmen.

- Angst

Ziele: Umgang mit Angst; Kennenlernen von Methoden zur Angstbewältigung und zum Abbau von Angst.

- Spannung/Wut/Aggression

Ziele: Wut und Aggression beherrschen lernen; Kennenlernen von Methoden zur Bewältigung und zum Abbau von Spannung, Wut und Aggression.

- Stimmungs- und Gefühlsbarometer

Ziele: differenziertes Ausdrücken der eigenen Befindlichkeit; verständnisvoller Umgang mit den Gefühlen anderer Personen.

- Friedensbotschaften

Ziele: Wiedereingliederung von außenstehenden Gruppenmitgliedern durch die Gruppe; Wiedereinstieg außenstehender Gruppenmitglieder in die Gruppe.

Mögliche Vorgangsweisen, um einzelne Kinder oder Kindergruppen ins Spiel zu bringen, sind:

- freiwillige Nennung
- Auslosung durch
  - das Ziehen von Namens- oder Nummernkärtchen
  - Flaschen drehen
  - Bestimmerkreisel
  - Auszählreim
- gegenseitiges Auswählen: „Mit-dir-würde-ich-gerne"
- der Reihe nach drankommen
- Gruppen- oder Paarbildung aufgrund von:
  - äußerlichen Gemeinsamkeiten wie z. B. gleicher Haarfarbe,
  - formalen Gemeinsamkeiten wie z. B. gleichen Anfangsbuchstaben der Namen
  - Gegensätzlichkeiten wie z. B. Bub – Mädchen usw.
- Streitvermeidungswürfel

Auswertungsphase

Im Anschluss an alle Übungen, Spiele und Aufträge werden die Kinder vom Gruppenleiter in einer Auswertungsphase („gemeinsame Überlegungen") aufgefordert, ihre Erfahrungen zu überdenken und mitzuteilen. Die Kinder lernen dabei durch Selbstbeobachtung ihre Gefühle wahrzunehmen und auszudrücken. Ich habe zu allen Anleitungen einige Fragen, die zum Nachdenken anregen sollen, zusammengestellt, diese müssen aber vom Gruppenleiter auf seine jeweilige Gruppe ausgerichtet werden. Grundlegende, immer wiederkehrende Fragen können sein: *„Was (an diesem Spiel, an dieser Übung ...) war (für dich) leicht, was war schwer? Warum war es leicht/schwer?"*

Beim Auswerten ist Folgendes zu bedenken:
Auswerten erfordert eine gewisse **Mindestzeit.** Wenn die nicht zur Verfügung steht, dann ist es besser, darauf zu verzichten, als schnell und pro forma zu verfahren.
Auswertungen sind nicht nur ein Rückblick, bei dem verarbeitet werden kann, „*wie* es gewesen ist", sondern sie sind immer auch vorwärts gerichtet.
Wenn man den Kindern gegenüber noch unsicher ist oder die Kinder untereinander noch nicht gut eingespielt sind, kann das Auswerten auch überfordern. Doch soll ohnehin nichts zerredet werden. Durch Fragen wie *„Was meinen die anderen Kinder dazu?"* oder *„Wie siehst du das?"* wird der Meinungsaustausch untereinander gefördert, schweigsame Kinder werden zum Sprechen ermuntert, der Leitende kommt nicht in die Versuchung, Aussagen als richtig oder falsch zu werten.

Ergebnisse von Auswertungen sollte man immer visualisieren (Gefühlsbegriffe auf Kärtchen schreiben, Ergebnisse auf Plakate ...). Die Kinder erkennen sich so leichter im Arbeitsprozess, es betont die Bedeutung ihrer Aussagen und vermittelt ihnen das Gefühl, akzeptiert und ernst genommen zu werden.

In der Auswertungsphase kann es passieren, dass die Situation von „unbeliebten" Kindern bzw. Außenseitern deutlich wird. Da solche Phänomene die Zusammenarbeit grundsätzlich prägen und ihre Bearbeitung besonderer Aufmerksamkeit bedarf, kann hier die Auswertung als Mittel genommen werden, die Position einzelner und ihre Beziehung zu den anderen zu besprechen (soziales Lernen). Selbstverständlich ist darauf zu achten, dass dadurch nicht noch stärkere Ausgrenzungen geschehen.

Der Aufbau eines vertrauensvollen und anregenden Gruppenklimas und das Bemühen um einen wertschätzenden Umgang der Kinder untereinander hängt besonders von der (authentischen) Haltung des Gruppenleiters ab. Wenn sich ein Kind auf ein Spiel nicht einlassen möchte, muss es vom Recht auf *Freiwilligkeit* Gebrauch machen dürfen, es erhält vom Gruppenleiter für diese Zeit zum Beispiel die Funktion eines Zuschauers.

Im Unterschied zu anderen Anleitungen für Interaktionsspiele und dergleichen habe ich auf Altersangaben verzichtet. Zum einen, weil die Anleitungen auf unterschiedliche Altersstufen passen, vor allem aber deshalb, weil Leitende ohnehin in erster Linie den Entwicklungsstand der Gruppe berücksichtigen müssen.
Welche Anleitungen jeder Gruppenleiter für seine Gruppe am geeignetsten findet und auswählt, wird davon abhängen, welches Ziel er anstrebt und welchen Zeitraum er sich setzt (etwa als längerfristiges Projekt etc).

Wenn man von der Erfahrung der Kinder ausgeht und andere besser verstehen lernen möchte, kann es immer wieder geschehen, dass man auch selbst „drankommt". Hier wäre es nützlich, trotz aller Routine sich selbst gegenüber eine gewisse Offenheit zu erhalten.

1. Selbstbild

1.1. ICH und mein Name

Ich gestalte mit meinem Namen ...

- **... Namenskärtchen für**
  - den Schultisch oder den Sessel
  - das Deckblatt eines Schulheftes
  - das Deckblatt beim „Ich-über-mich"-Buch (siehe Seite 36)

Material: weißes Papier in beliebiger Größe, Farb-, Filz- oder Bleistifte, Schere, Klebstoff, Zeitungen oder Illustrierte, durchsichtige Selbstklebefolie

Anleitung: *„Gestalte dieses Blatt mit deinem Namen. Die Größe der Buchstaben und die Schriftart kannst du selbst auswählen. Verwende entweder deine Lieblingsfarben zum Schreiben oder schneide dazu Buchstaben aus einer Zeitung aus und klebe sie aufs Papier!"*

Die Kärtchen für den Tisch oder den Sessel werden mithilfe von durchsichtiger, selbstklebender Folie aufgeklebt. Z. B.:

Gemeinsame Überlegungen: Wie gefällt dir dein Name? Hast du mehr als einen Namen? Welchen? Wie rufen dich deine Eltern, wie deine Freunde? Fällt dir ein Name ein, den du lieber hättest? Was wäre, wenn du einen anderen Namen hättest?

- **... Fensterscheiben**

Material: verschiedenfarbige Cellophan- oder Transparentpapierstreifen (die Länge der Streifen ist so zu bemessen, dass jeweils zwei Streifen nebeneinander ans Fenster geklebt werden können); verschiedenfarbige wasserfeste Stifte, Schere, Tixo

Anleitung: *„Schreibe deinen Namen auf den Cellophanstreifen, die Größe der Buchstaben und die Schriftart kannst du selbst auswählen. Wenn du damit fertig bist, suche dir jemanden aus, neben dessen Namensstreifen am Fenster du deinen aufhängen möchtest!"*

Gemeinsame Überlegungen: Was ist dir lieber: jemanden auszusuchen oder von jemandem ausgesucht zu werden? Worin liegt für dich der Unterschied? Wurdest du von mehreren Kindern ausgewählt? Warum war es für dich leicht oder schwer, dich zu entscheiden? Wurde das Kind, das du gewählt hast, auch von anderen Kindern ausgesucht? Was hattest du für ein Gefühl, als sich dieses Kind für dich/für ein anderes Kind entschieden hat?

- **... Namensleinen**

Material: a. verschiedenfarbige Pfeifenputzer, Beißzange, Zwirn; b. verschiedenfarbiges Tonpapier, Schere, Bleistift

Vorbereitung: Wäscheleine quer durch den Raum spannen.

Anleitung: a. *„Biege die Buchstaben deines Namens und verwende für jeden Buchstaben einen Pfeifenput-*

zer! Knüpfe den Zwirn am Buchstaben fest und hänge alle Buchstaben in der richtigen Reihenfolge auf die Namensleine!"

b. *„Falte das Papier für jeden Buchstaben in die Hälfte und zeichne den Buchstaben so auf, dass er nach dem Ausschneiden am oberen Ende noch zusammenhängt. So entsteht ein doppelter Buchstabe, den du dann über die Leine hängen kannst."*

Gemeinsame Überlegungen: Was hat dir an dieser Arbeit gefallen? Woran denkst du, wenn du deinen Namen zwischen all den anderen Namen hängen siehst?

• **... Namenskreuzwörter**

a. mit den Namen anderer Kinder
b. mit Eigenschaften, die ich an mir mag

Materialien: A5-Papier oder Kopiervorlage 1 und Schreibsachen

Anleitung: a. *„Schreibe deinen Vornamen in Druckbuchstaben senkrecht in der Mitte des Blattes auf. Suche dir nun Kinder, deren Namen waagrecht (kreuzwortartig) zu deinem Namen passen und bitte sie, ihren Namen dazuzuschreiben."*

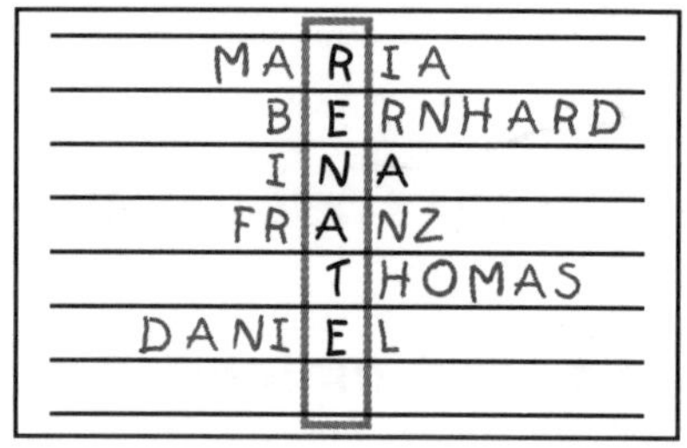

Gemeinsame Überlegungen: Wurden dir von den anderen Kindern Namen für dein Kreuzwort angeboten? Wie wurden dir diese Namen angeboten? Hast du selbst deinen Namen jemandem angeboten? *Wie* hast du das gemacht?

Anleitung: b. *„Schreibe deinen Vornamen in Druckbuchstaben senkrecht in der Mitte des Blattes auf. Überlege dir nun Eigenschaften, die du an dir besonders magst, und schreibe sie kreuzwortartig in deinen Namen ein!"*

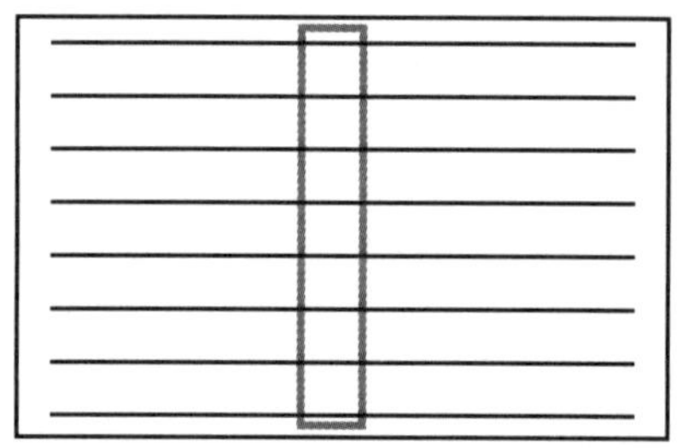

Durchführung: Die Karten werden eingesammelt und einige davon werden vorgelesen. Die Kinder sollen versuchen zu erraten, um wen es sich bei der Beschreibung handelt.

Gemeinsame Überlegungen: Was hat dir bei diesem Auftrag Spaß gemacht? Hast du etwas Neues über ein anderes Kind erfahren? Was konnten die anderen Neues über dich erfahren? Was glaubst du, welche der Eigenschaften, die du an dir magst, mögen auch andere an dir? Welche Eigenschaften schätzen deine Eltern an dir? Welche guten Eigenschaften an dir konntest du nicht nennen, weil sie in deinem Kreuzwort keinen Platz gefunden haben?

Das fällt mir zu meinem Namen ein

Materialien: Zeichenblätter, Farb- oder Filzstifte

Anleitung und Durchführung: *„Setzt euch ganz entspannt zu eurem Tisch und schließt die Augen. Stellt euch euren Namen in ganz großen Leuchtbuchstaben vor oder stellt euch vor, wie euer Name durch einen Lautsprecher durchgesagt wird. Ihr habt nun ca. 10 Minuten Zeit, um alles aufzuzeichnen und aufzuschreiben, was euch zu eurem Namen einfällt!"*
Nach der vereinbarten Zeit werden alle Bilder am Boden aufgelegt, sodass die Kinder ihre Blätter gegenseitig betrachten können.
„Wenn euch bei einem Blatt etwas besonders interessiert, dann sucht den Verfasser des Blattes und befragt ihn darüber."

Gemeinsame Überlegungen: Welche Einfälle zu deinem Namen hast du aufgeschrieben, welche hast du aufgezeichnet? Was ist den Kindern zu ihrem Namen eingefallen, die genauso heißen wie du? Was hat dir an den Zeichnungen der anderen Kinder gefallen? Welchen Kindern sind ähnliche Sachen zu ihrem Namen eingefallen wie dir?

Was mir zu mir selbst einfällt

Materialien: Zeitungen, Illustrierte, Schere, Klebstoff, Zeichenpapier

Anleitung: *„Gestalte ein Plakat über dich. Suche dir aus den Zeitungen mindestens 5, höchstens aber 7 Bilder oder Wörter aus, die irgendwie mit dir in Verbindung stehen oder die etwas Wichtiges über dich aussagen. Es muss aber nicht gleich für alle erkennbar sein, was du damit meinst. Ein Bild von einem Sonnenaufgang könnte zum Beispiel für dich bedeuten, dass du in der Früh sehr schwer aufstehst, ebenso könnte es bedeuten, dass du heuer im Sommer irgendwohin auf Urlaub fahren wirst. Es ist also alles möglich und richtig, wenn du es mit dir in Verbindung bringen kannst. Du hast jetzt ca. 20 Minuten Zeit, dein Plakat herzustellen."*

„Erzähle nun der Gruppe, was dir zu dir eingefallen ist."

Erfahrungen: Das Erzählen erfordert verhältnismäßig viel Zeit. Damit in einer größeren Gruppe das Interesse der Kinder am Vorstellen der anderen Plakate nicht verloren geht, ist es von Vorteil, diese Erzählphase auf mehrere Tage aufzuteilen. Angenommen, es wurden 20 Plakate hergestellt, dann könnten zum Beispiel an vier aufeinanderfolgenden Tagen jeweils fünf Plakate vorgestellt und besprochen werden.

Gemeinsame Überlegungen: Wie bist du beim Suchen der Bilder vorgegangen? Hast du dir zuerst etwas über dich ausgedacht und dann ein passendes Bild ausgesucht oder umgekehrt? Wie ist es dir dabei gegangen? Was konntest du dir bei den anderen Plakaten sehr leicht merken? Was hast du Neues über die anderen Kinder erfahren?

Wer ist das?

Vorbereitung: Die Plakate „Was mir zu mir einfällt" werden im Raum aufgehängt.

Anleitung: *„Könnt ihr euch noch erinnern, was jedes Kind zu seinem Plakat erzählt hat? Wir spielen jetzt ein Spiel und das heißt 'Wer ist das?'. Ein Kind beschreibt, was es über ein anderes Kind erfahren hat, zum Beispiel so: 'Das Kind, das ich meine, isst am liebsten Spaghetti und fährt gerne nach Italien auf Urlaub. Es wird jeden Tag mit dem Auto in die Schule gefahren. Wer ist das?' Die anderen versuchen nun zu erraten, um wen es sich dabei handelt."*

Material: leere Papierkarten, Schreibsachen

Durchführung: Die Kinder werden aufgefordert, ihre Fragen schriftlich zu stellen. Die Karten werden gemischt, vorgelesen und wie oben als Ratespiel gespielt.

Gemeinsame Überlegungen: Was haben sich die anderen Kinder von mir gemerkt? Was würde ich noch gerne über die anderen Kinder erfahren?

Meine Wappen-Karte

Material: entweder weiße A6-Kärtchen, Farb- bzw. Filzstifte; oder buntes Cellophanpapier (kann am Fenster aufgehängt werden), wasserfeste Stifte, verschiedene Wappenschablonen als Vorlage

Anleitung: *„In alten Zeiten ließen sich die Menschen Wappen anfertigen. In diesen Wappen wurden zum Beispiel Dinge dargestellt, die etwas Wichtiges über den Menschen aussagten oder die diesem Menschen wichtig waren, besondere Taten oder Eigenschaften, die man auf diese Weise vorzeigen wollte. An diesen Wappen wurden die Menschen dann auch erkannt. Ihr könnt euch nun eine eigene Wappen-Karte herstellen. Dafür könnt ihr entweder die Schablonen verwenden oder eine eigene Wappen-Form entwerfen. Teilt dieses Wappen in drei Teile ein und zeichnet darin auf: 1. worauf ihr selbst stolz seid, 2. was euch an euch selbst wichtig ist und 3. woran man euch gleich erkennen kann. Überlegt in Ruhe und beginnt dann zu zeichnen. Ihr habt dafür ca. 30 Minuten Zeit.“*

„Sucht euch einen Gesprächspartner und ratet zuerst gegenseitig, was mit der Darstellung gemeint sein könnte. Dann begründet, warum ihr genau diese Antwort aufgezeichnet habt und warum ihr findet, dass sich diese Darstellung gut für eure Wappen-Karte eignet. Überlegt, ob ihr euch gegenseitig anhand der Darstellung auf der Wappen-Karte erkennen würdet.“

Andere Zeichenthemen bzw. Fragestellungen: Was mag ich an mir? Was macht mich ärgerlich? Was ist schwierig für mich? Was ist leicht für mich? Worüber denke ich oft nach? Was stimmt mich fröhlich? Was stimmt mich traurig? usw.

Gemeinsame Überlegungen: Warum konnte dein Gesprächspartner gleich/nicht gleich erraten, was du mit der Darstellung ausdrücken wolltest? Warum hast du gerade diese Darstellung für deine Wappen-Karte ausgewählt?

Mein ICH-Zeichen

Material: weiße Papierkreise, Durchmesser ca. 6 cm, Farb- oder Filzstifte

Anleitung: *„Wenn ihr euren Namen auf diese Karte schreiben würdet und die Karte liegt irgendwo, wüsste jeder sofort, wem diese Karte gehört. Versucht ein Zeichen, eine Zeichnung oder ein Symbol zu finden, an dem man euch fast genauso gut erkennen kann, wie wenn euer Name draufstehen würde. Verwendet zum Gestalten der Karte aber keine Buchstaben.“*

Durchführung: Nachdem alle Kinder ihre Karten gezeichnet haben, werden sie abgesammelt. Anschließend wird eine Karte nach der anderen gezeigt und es können Vermutungen angestellt werden, was das Zeichen bedeuten oder ausdrücken soll. Der Besitzer der Karte darf sich aber nicht zu erkennen geben, indem er vorschnell in die Vermutungsrunde eingreift. Dann erst wird geraten, wessen Karte das sein könnte.

Variante: Es kann auch auf Dias gezeichnet werden, um diese dann als Dia-Schau vorzuführen und erraten zu lassen.

So eine Dia-Schau eignet sich zum Beispiel auch als Einstieg bei einem Elternabend.

Gemeinsame Überlegungen: Wie war es, als über dein eigenes Zeichen geraten wurde und du still zuhören musstest, um dich nicht zu verraten? Wie war es, als du nicht gleich erraten wurdest? Was glaubst du, wie gut dich die anderen Kinder kennen? Woran liegt es, dass dich nicht alle Kinder gleich gut kennen?

Damals und heute

Material: Babyfotos und aktuelle Fotos der Kinder, A7-Karten, Klebstoff; alle Fotos einzeln auf kleine Karten kleben

Anleitung: *„Ich lege jetzt alle Fotos am Boden auf. Ihr könnt dazwischen herumgehen und die Fotos in Ruhe betrachten. Überlegt dabei, welche Bilder wohl zusammengehören könnten.“*
„Einer nach dem anderen legt jetzt die Bilder zusammen, die seiner Meinung nach zusammengehören. Es könnte sein, dass zu dem Zeitpunkt, an dem ihr an die Reihe kommt, das Babyfoto, das ihr vorgesehen hattet, schon vergeben ist. In diesem Fall legt ihr das Foto von dem Kind, dem ihr es zuordnen möchtet, einfach zu dem Babyfoto dazu. Sobald alle Kinder mit ihrer Zuordnung fertig sind, werden wir gemeinsam überprüfen, ob die Bilder auch wirklich zusammengehören.“
„Setzt euch im Kreis rund um die Fotos auf den Boden. Ein Kind kann nun beginnen, seine beiden Fotos vor sich hin zu legen. Die nicht richtig zugeordneten Bilder lasst bitte unverändert am Boden liegen.“

Gemeinsame Überlegungen: Wurden deine Fotos richtig zugeordnet? Was hast du gedacht oder gefühlt, als dein Foto falsch zugeordnet wurde? Wonach war dir in diesem Moment zumute? Warum war es leicht oder schwierig, die anderen Kinder auf den Babyfotos wiederzuerkennen?

Varianten: a. *„Ich lege alle Babyfotos nebeneinander auf. Vergleicht, ob jene Kinder, die sich eurer Meinung nach als Baby ähnlich gesehen haben, auch heute noch ähneln.“*

b. *„Überlegt, woran ihr euch noch zurückerinnern könnt. Setzt euch in Vierergruppen zusammen und erzählt euch diese Erinnerungen. Jedes Kind hat dazu einige Minuten Zeit. Dann teilt ein Blatt Papier in vier Teile. Jeder schreibt seinen Namen in einen Teil und einige wichtige Stichworte dieser Erinnerung dazu. Zum Schluss überlegt noch, wie alt ihr damals gewesen sein könntet, und schreibt das auch dazu.“*

Die Blätter werden aufgehängt und die Kinder haben nun Zeit, sich die anderen Bögen durchzulesen. „Wenn euch eine Geschichte interessiert, könnt ihr sie euch von dem betreffenden Kind erzählen lassen.“

Gemeinsame Überlegungen: Was hat sich seit der Babyzeit für dich verändert? Ist es für dich schöner, groß oder klein zu sein? Warum ist das so? Was gefällt dir an deinem Leben? Was möchtest du gerne verändert haben? Was kannst du selber zu dieser Veränderung beitragen? Wie war die Stimmung in deiner Vierergruppe? Was hat dir in dieser Gruppe gut oder weniger gut gefallen?

Was kann ich besonders gut?

Material: Papierkärtchen, Packpapier, Klebstoff, Wäscheleine, Kluppen

Vorbereitung: Packpapier in Streifen schneiden, Namenskarte aufkleben.

Anleitung: *„Versucht euch einmal euren Tagesablauf vorzustellen. Schreibt nun alles auf, wovon ihr meint, dass ihr es schon sehr gut könnt. Denkt dabei aber nicht nur an Tätigkeiten, sondern auch an Eigenschaften, die ihr habt und mit denen ihr euch gut fühlt. Beginnt mit eurer Überlegung in der Früh nach dem Aufwachen und denkt nach, ob ihr zum Beispiel schon für euch selbst oder für die ganze Familie das Frühstück richtet, ob ihr alleine eure Haare wäscht, eure jüngeren Geschwister anzieht, gute Laune verbreitet, gut zuhören könnt, wenn euch eure Freunde ein Problem erzählen wollen, jemanden trösten könnt usw. Geht so den Tag Schritt für Schritt durch bis zum Schlafengehen am Abend. Notiert jeden Ge-*

danken dazu auf einem eigenen Kärtchen, ihr habt dafür eine Viertelstunde Zeit.“
Die Kärtchen werden auf die Papierstreifen geklebt und auf der Wäscheleine aufgehängt. Die Kinder haben nun Zeit, die Aussagen der anderen Kinder zu lesen und zu vergleichen, die eigenen Streifen können aber auch noch ergänzt werden.

Gemeinsame Überlegungen: Was ist dir beim Durchlesen der Karten der anderen Kinder aufgefallen? Wer hat die meisten, wer die wenigsten Karten geschrieben? Woran könnte es liegen, dass manche Kinder nur wenige Karten beschriftet haben? Woran erkennt man, dass man etwas gut kann? Wer sagt dir, dass du etwas besonders gut kannst? Was wird dir öfter mitgeteilt: dass du etwas schon sehr gut kannst oder dass du etwas noch nicht kannst? Worüber sprichst du selbst leichter oder öfter?

Hinweis: Sollte der Fall eintreten, dass ein Kind von sich meint, nichts oder nur sehr wenig gut zu können, könnte die Gruppe ihm mitteilen, was sie beobachtet hat, dass es gut kann. Wenn es sich um ein Außenseiterkind handelt, das von der Gruppe abgelehnt wird, könnte auch der Gruppenleiter seine Beobachtungen mitteilen und das Kind ermutigen, diese Beobachtungen niederzuschreiben.

Was kann ich noch nicht so gut? Was kann ich noch gar nicht?

Material: Papierkärtchen, Packpapierstreifen, Klebstoff, Wäscheleine, Kluppen

Vorbereitung: Packpapier in Streifen schneiden, Namenskarte aufkleben.

Anleitung: *„Überlegt, was ihr noch nicht so gut könnt oder noch gar nicht könnt, und schreibt das auf den Kärtchen auf. Denkt dabei wieder an verschiedene Situationen in eurem Tagesablauf.“*
Die Karten auf die Papierstreifen aufkleben und die Streifen neben den „Was-ich-besonders-gut-kann“-Streifen auf die Wäscheleine hängen. Anschließend die Kinder zum Lesen und Vergleichen der Aussagen anregen.

Gemeinsame Überlegungen: Was ist dir beim Durchlesen der Karten der anderen Kinder aufgefallen? Wer hat die meisten, wer die wenigsten Karten geschrieben? Woran könnte es liegen, dass manche Kinder nur wenige Karten beschriftet haben? Woran erkennt man, dass man etwas nicht so gut oder gar nicht kann? Wer sagt dir, dass du etwas nicht so gut oder gar nicht kannst? Was würdest du gerne besser können? Wie und wodurch könnest du dieses Ziel erreichen? Was ist, wenn jemand alles besonders gut können möchte?

Namenskärtchen für die drei Papierstreifen:

Was kann ich besonders gut? Name: ____________________

Was kann ich noch nicht so gut? Name: ____________________

Was kann ich noch gar nicht? Name: ____________________

Rate, was ich besonders gut kann!

Material: Packpapierstreifen „Was ich besonders gut kann“

Vorbereitung: Die Kinder teilen sich in zwei Gruppen und nehmen die Papierstreifen der anderen Gruppe an sich. Jede Gruppe wählt nun so viele der aufgeschriebenen Tätigkeiten oder Qualitäten aus, als Kinder in der anderen Gruppe sind, und schreibt jede einzeln auf neue Karten.

Spielverlauf: Ein Kind bekommt aus der Gegengruppe eine Karte und muss die Tätigkeit so darstellen, dass die eigene Gruppe möglichst schnell erraten kann, worum es sich handelt. Gelingt das nicht, bekommt das Kind eine neue Karte. Dabei ist es nicht unbedingt notwendig, die Zeit zu stoppen oder Punkte zu vergeben. Anschließend wird noch geraten, welches Kind diese Tätigkeit auf seiner Liste aufgeschrieben hat.

Gemeinsame Überlegungen
Wie war dein Gefühl, als die Gruppe gleich/nicht gleich erkannte, was du darstellen wolltest? Hast du selbst gleich erraten, als deine Tätigkeit vorgezeigt wurde? Woran hast du das gleich erkannt?

Wie bin ich?

Material: Vorlageblätter „Wie bin ich?“ (Kopiervorlage 3)

Anleitung: *„Auf diesen Blättern sind Satzanfänge, die ihr vervollständigen könnt. Dafür habt ihr 10 Minuten Zeit.“*
„Setzt euch jetzt bitte mit jemandem zusammen, mit der oder dem ihr eure Sätze lesen und besprechen möchtet. Jeder von euch hat dafür 5 Minuten Zeit.“

Gemeinsame Überlegungen: Bei welchen Sätzen wäre dir noch mehr eingefallen? Zu welchen Sätzen ist dir nur schwer etwas eingefallen? Welcher Satz ist dir besonders wichtig? In welcher dieser Gefühlslagen bist du sehr selten? Welche Ähnlichkeiten zwischen dir und deinem Gesprächspartner konntest du entdecken? Was hast du Neues über deinen Gesprächspartner erfahren? Was ist dir sonst noch aufgefallen?

Eigenschaften raten

Material: Tesa-Krepp, Stift

Anleitung: a. *„Überlegt euch eine Eigenschaft, die ihr an euch mögt. Schreibt den ersten Buchstaben dieses Wortes auf ein Stück Tesa-Krepp und klebt es euch irgendwohin auf euer Gewand. Sucht euch einen Gesprächspartner und versucht gegenseitig zu erraten, für welches Wort dieser Buchstabe steht. Danach wechselt ihr weiter zum nächsten Gesprächspartner und so weiter, bis ihr mindestens fünfmal geraten habt.“*

b. *„Überlegt euch nun eine Eigenschaft, die ihr an euch nicht mögt. Schreibt den ersten Buchstaben dieses Wortes wieder auf das Klebeband und streicht ihn durch, als Zeichen, dass ihr diese Eigenschaft nicht so gerne mögt. Dann sucht euch wieder 5 verschiedene Gesprächspartner und versucht, das Wort zu erraten.“*

Gemeinsame Überlegungen: Hat jemand ähnliche Eigenschaften aufgeschrieben? Welche Vorteile hast du durch diese gute Eigenschaft, welche Nachteile entstehen dir aus der schlechten Eigenschaft?

Eigenschafts-Nachnamen bilden

Material: Schreibsachen, Papier, Gedicht von Jürgen Spohn

Vorbereitung: Gemeinsam das Gedicht lesen.

Anleitung: *„Setzt euch in Vierergruppen zusammen und versucht aus der Eigenschaft, die ihr mögt oder nicht an euch mögt, einen Nachnamen zu bilden, so wie es Jürgen Spohn in seinem Gedicht gemacht hat. Dabei ist es notwendig, dieses Wort mit mehreren Wörtern zu beschreiben. Wenn ihr zum Beispiel als ungünstige Eigenschaft „unpünktlich“ genannt habt, dann könnte das auch heißen: „kommt zu spät“ oder „rechtzeitig nie da“. Damit es dem Gedicht angeglichen wird, ist es weiters notwendig, aus diesen drei Wörtern wieder ein Wort zu machen, indem ihr es einfach in Blockschrift zusammenschreibt: KOMMTZUSPÄT. Schreibt nun eure Vor- und Nachnamen untereinander auf einem Zettel auf. Die Nachnamen müssen sich nicht reimen, so wie es im Originalgedicht der Fall ist.“*

Gemeinsame Überlegungen: Welchen Eindruck hat das Gedicht bei dir hinterlassen? Warum hast du eine positive/negative Eigenschaft ausgewählt? Welche Art von Eigenschaften werden im Gedicht von Jürgen Spohn beschrieben? Vergleicht das erste Wort, mit dem ihr eure Eigenschaft ausgedrückt habt, mit den Wörtern, aus denen ihr den Nachnamen gebildet habt. Wird dadurch genau das Gleiche ausgedrückt?

Jürgen Spohn

WIE HEIßT DU DENN?[1]

DIETER-PETER SEISOGUT
KATHARINA OHNEMUT
MANUELA LASSDASSEIN
INA-TINA DUMMUNDKLEIN
DOROTHEA IMMERWIEDER
ADELGUNDE OHNELIEDER
ANNELIESE LIEBERSPÄTER
UDO-HERMANN FREUNDVERRÄTER
HANS-JOACHIM ACHSELZUCKER
HEINER-HUGO FERNZIELSPUCKER
MAXIMILIAN NACHBARSCHRECK
MARGARETE LAUFNICHTWEG
KAROLINE KÜSSMICHMAL
FRIEDERIKE MIREGAL
LUDOVIKO ZEIGMALHER
MICHAELA GEHTNICHTMEHR
KARL-MATTHIAS IMMERICH
ROSALINDE WERLIEBTMICH

Ein Bild meiner Stimmung

Material: Illustriertenbilder, Kalenderfotos, Kunstkarten, Ansichtskarten

Anleitung: *„Ihr seht viele Bilder auf dem Boden liegen. Geht herum und betrachtet die Bilder. Dann sucht eines aus, das ausdrückt, wie ihr euch im Moment fühlt. Setzt euch mit dem Bild zu eurem Platz und überlegt euch Antworten zu folgenden Fragen:*
1. In welchen Situationen empfinde ich eine ähnliche Stimmung wie jetzt?
2. Wenn ich meine momentane Stimmung verändern wollte, was müsste ich dafür tun? Schreibt die Antworten auf und setzt euch dann in Vierergruppen zusammen. Zeigt euch eure ausgewählten Bilder, nennt die Stimmung dazu und sprecht über eure Antworten. Dann klebt alle Bilder und Antworten auf ein Plakat. Die Plakate legen wir am Boden auf und ihr könnt sie in einem Rundgang anschauen und lesen."

Gemeinsame Überlegungen: Was ist mir am Gespräch in der Vierergruppe aufgefallen? Was war leicht, was war schwierig? Was hat mir an dem Auftrag gefallen? Was fand ich nicht so gut?

1.2. „Ich-über-mich"-Buch

(Schriftliche und bildhafte Selbstdarstellung)

Material: Spiegel für jedes Kind, Schreibsachen, Farb- oder Filzstifte, Kopiervorlage 2

Vorbereitung

Die kopierten Vorlagenblätter im A5-Format werden entweder am linken Seitenrand zusammengeheftet oder gelocht und mit einem Schnellhefter zusammengehalten. Zur Deckblattgestaltung vgl. „Ich gestalte mit meinem Namen … Namenskärtchen", Seite 29.

Schriftliche Selbstdarstellung

Die Arbeit mit den Buchstaben des eigenen Namens stellt einen persönlichen Bezug zu den Antworten her. Ob sich dabei ein kurzer Vorname – z. B. „Eva" – im Gegensatz zu einem längeren Vornamen – z. B. „Christopher" – als Vor- oder Nachteil erweist, können die Kinder bei den gemeinsamen Überlegungen besprechen. Im ersten Fall kann auf Wunsch ein zweiter Vorname oder Spitzname angefügt werden, im zweiten Fall kann eine gekürzte Namensform verwendet werden.

Anleitung: *„Schreibe deinen Vornamen in Druckbuchstaben senkrecht in der Mitte des Blattes auf. Suche dir Wörter zur Beantwortung aus, die einen der Buchstaben deines Namens beinhalten, und trage sie waagrecht (kreuzwortartig) ein."*

[1] In: Spohn, Jürgen: Drunter & Drüber. C. Bertelsmann, München o. J., S. 52. © Barbara Spohn, Berlin.

So bin ich:

EHRLI	C	H
	L	USTIG
TR	A	URIG
B	U	NT
KNUD	D	ELIG
HERZL	I	CH
S	A	NFT

Mögliche Themen:

- So bin ich
- So fühle ich mich
- Das mache ich gerne
- Das mag ich gar nicht tun
- Dieses Essen liebe ich
- Das esse ich gar nicht gern
- Diese Vornamen gefallen mir sehr gut
- Diese Sachen kann ich nicht leiden
- So ein Tier wäre ich/mag ich/hätte ich gerne
- Das wünsche ich mir manchmal/oft
- Darüber denke ich manchmal/oft nach
- Das sagen andere Menschen über mich
- Das macht mich sehr wütend
- Darüber kann ich mich sehr freuen
- Das macht mir Angst
- Das stimmt mich traurig

Bildhafte Selbstdarstellung

Die Anregung, sich zuerst in eine dem Kind bekannte Situation zu versetzen, erleichtert es ihm, einen dem vorgegebenen Thema entsprechenden Gesichtsausdruck anzunehmen.

So sehe ich aus, wenn ich mich ganz schrecklich ärgere:

Anleitung: *„Denk an eine Situation, in der du dich ganz schrecklich geärgert hast, und versuche, deinen Ärger mit deinem Gesicht auszudrücken. Nimm den Spiegel und betrachte dein Gesicht genau. Versuche dann, den Ausdruck deines Gesichtes aufzuzeichnen."*

Mögliche Zeichenthemen:

- So sehe ich aus, wenn ich mich sehr freue
- So sehe ich aus, wenn ich mich schrecklich ärgere
- So sehe ich aus, wenn ich verzweifelt bin
- So sehe ich aus, wenn ich traurig bin
- So sehe ich nach einem Streit mit meiner besten Freundin aus
- So sehe ich nach der Versöhnung mit meiner besten Freundin aus
- So sehe ich nach einem Streit mit meinem besten Freund aus
- So sehe ich nach der Versöhnung mit meinem besten Freund aus
- So sehe ich aus, wenn ich erschöpft bin
- So sehe ich aus, wenn ich neugierig bin
- So sehe ich aus, wenn ich überrascht bin
- So sehe ich aus, wenn ich große Schmerzen habe
- So sehe ich aus, wenn ich ein Bauchkribbelgefühl habe
- So sehe ich aus, wenn ...

1.3. Wirf einen Blick in meinen Kopf!

(Schriftliche und bildhafte Selbstdarstellung)

Vorbereitung: Um den Kindern den Auftrag „Bilder *aus* meinem Kopf *in* meinen Kopf zeichnen" zu erleichtern, fertigen sie vorher Zeichenblätter mit den Silhouetten ihrer Köpfe an. Dafür eignen sich Schattenbilder, Spiegelbilder und Fotobilder.

Alle drei Arten von Kopfbildern eignen sich auch sehr gut, um sie als

- Briefpapier
- Deckblatt für das „Ich-über-mich"-Buch
- Umschlagblatt für Schulhefte
- Einladungskarten

usw. zu verwenden.

Schattenbilder

Material: Zeichenpapier im A3-Format, Bleistift, Lampe, Klebestreifen, Schere, schwarzer Filzstift

Herstellung: Das Zeichenpapier wird in Kopfhöhe an der Wand befestigt, ein Kind stellt sich seitlich nah an das Papier. Die Lampe strahlt das Kind so an, dass dessen Schattenprofil auf dem Papier von einem anderen Kind mit Bleistift nachgezeichnet werden kann. Anschließend werden die dünnen Linien mit einem schwarzen Stift nachgezogen. Der Schattenkopf wird ausgeschnitten, auf dunkles Papier geklebt und kann nun mehrfach (auf A4 verkleinert) kopiert werden. Das Original kann als Raumdekoration verwendet werden, die Kopien dienen als Zeichenblätter für die Arbeitsaufträge.

Spiegelbilder

Material: Spiegel, wasserlöslicher oder trocken abwischbarer Stift, Butterpapier und Zeichenpapier im A3-Format, schwarzer Filzstift, Klebestreifen.

Herstellung: Das Kind stellt sich vor (oder seitlich neben) den Spiegel, ein anderes Kind fährt mit einem wasserlöslichen Stift dem Umriss des Kopfes am Spiegel nach. Das Butterpapier wird auf den Spiegel gelegt und die Umrisse werden abgepaust. Anschließend wird dieses Blatt auf das Fenster geklebt, darüber heftet man das Zeichenpapier und zeichnet die durchscheinenden Linien mit dem Filzstift nach. Ausschneiden, aufkleben und kopieren wie bei den Schattenbildern.

Fotobilder

Material: Porträt- oder Profilfotos der Kinder, schwarzer Filzstift

Herstellung: Jedes Foto wird (schwarz-weiß) auf A4 vergrößert kopiert, die Umrisse des Kopfes werden mit schwarzem Stift verstärkt und das Blatt wird nochmals kopiert. Dadurch werden die Innenlinien schwächer, sodass auch in diesen Kopf hineingezeichnet werden kann.

Anleitung: *„Ihr habt euren Schattenbild-Kopf vor euch liegen. Schließt die Augen und 'schaut' jetzt in euren richtigen Kopf hinein. Was geht in eurem Kopf gerade vor? Woran denkt ihr? Welche Bilder seht ihr? Öffnet nun die Augen und zeichnet und schreibt auf, was ihr gerade in eurem Kopf wahrgenommen habt. Dafür habt ihr 15 Minuten Zeit. Danach könnt ihr die Bilder der anderen Kinder betrachten und darüber reden, was in den Köpfen der anderen vorgeht!"*

Zum Beispiel: *„Ich fürchte mich vor …"*

Mögliche Themen:

Wünschen

- Das ist mein größter Wunsch
- Wenn ich 3 Wünsche frei hätte
- Dieser Wunsch geht leider nicht in Erfüllung
- Davon träume ich mit offenen Augen
- Wo ich am liebsten wohnen würde
- Wenn ich ein Zauberer wäre, …
- Wenn ich ein Zauberer wäre und mich in ein Tier verwandeln könnte, …
- Dieser Wunsch ging in meinem Traum in Erfüllung

Angst

- Einmal hatte ich einen Alptraum
- Worüber ich mir Sorgen mache
- Davor fürchte ich mich
- Das macht mir Angst
- Ich habe Angst, wenn ...
- Das denke ich mir, wenn ich mich fürchte
- Das denke ich mir, wenn ich Angst habe

Trauer

- Wenn ich *daran* denke, werde ich traurig
- Ich bin traurig, wenn ...
- Das denke ich mir, wenn ich traurig bin

Denken

- Woran ich oft denke
- Daran mag ich gar nicht denken
- Wenn ich *daran* denke, dann ...
- Manchmal denke ich ...
- Daran denke ich gerne
- Daran denke ich abends, bevor ich einschlafe
- Meine Gedanken ...

Freude

- Darüber kann ich mich sehr freuen
- Damit kann man mir eine große Freude bereiten
- Ich bin glücklich, wenn ...
- Das denke ich mir, wenn ich glücklich bin

Ärger

- Darüber kann ich mich sehr ärgern
- Ich werde zornig, wenn ...
- Darüber habe ich mich sehr geärgert
- Das denke ich mir, wenn ich zornig bin

Einsamkeit

- Wenn ich ganz alleine bin ...
- Darüber würde ich gerne mit jemandem sprechen
- Das denke ich mir, wenn ich mich einsam fühle
- Das denke ich mir, wenn ich ganz alleine bin
- Wie fühle ich mich gerade?

Gemeinsame Überlegungen: Welche Gedanken konntest du leicht auf das Papier bringen? Bei welchen Gedanken ist dir das schwer gefallen? In welchen Situationen würdest du gerne die Gedanken anderer Menschen kennen? Wer teilt dir seine Gedanken mit? Mit wem sprichst du über das, was du dir denkst?

Körperl-ICH

(Bildhafte und schriftliche Selbstdarstellung)

Material: 2 Bögen weißes Packpapier für jedes Kind, Klebstoff, dicke und dünne Filzstifte, Schreibpapier

Vorbereitung: Die Packpapierbögen werden zusammengeklebt, das Kind legt sich entspannt auf das Papier, ein anderes Kind zieht mit dem Stift die Körperumrisse nach. In diesen Papierkörper zeichnet nun jedes Kind Mund, Augen, Ohren, Nase, Herz, Magen oder Bauch ein. Der aufgezeichnete Körper wird anschließend durch einen Strich der Länge nach in zwei gleich große Hälften geteilt.

Anleitung: *„Vor dir liegt dein Körper, der in zwei Hälften geteilt ist. Die eine Seite steht für alles, was dir angenehm ist, die andere Seite dafür, was dir unangenehm ist. Überlege dir als erstes, was du gerne tust, und schreib es auf ein Blatt Papier. Klebe dieses Blatt zur Hand auf der angenehmen Seite. Nun denke darüber nach, was du nicht sehr gerne tust, schreib es auch auf und klebe es zur Hand auf der anderen Seite."*

Mögliche Themenstellungen:

	„Angenehmes"	**„Unangenehmes"**
Mund:	• das bespreche ich gerne • worüber ich gerne spreche	• das bespreche ich nicht gerne • worüber ich nicht sprechen will
Augen:	• das sehe ich gern • was ich gerne beobachte	• das sehe ich nicht gerne • das beobachte ich nicht so gern
Ohren:	• das höre ich gerne • ich mag es, wenn jemand sagt …	• das höre ich nicht so gern • ich mag nicht, wenn jemand sagt …
Nase:	• das rieche ich gern • was gut duftet	• das kann ich nicht „riechen" • was schrecklich stinkt
Gehirn:	• das wünsche ich mir • darüber denke ich gerne nach • davon träume ich gerne	• das wünsche ich mir nicht • darüber denke ich nicht gerne nach • das ist ein Alptraum
Bauch/Magen:	• das ist mein Lieblingsessen	• bei diesem Essen dreht es mir den Magen um
Herz:	• Gefühle, die ich mag • ich fühle mich glücklich, wenn …	• Gefühle, die ich nicht mag • ich fühle mich unglücklich, wenn …
Füße:	• darauf „steh" ich	• darauf „steh" ich nicht

Gemeinsame Überlegungen: Worüber hast du am meisten geschrieben, worüber am wenigsten? Vergleiche dein Plakat mit den Plakaten der anderen Kinder und stelle fest, ob du Gemeinsamkeiten findest. Welche Unterschiede findest du?

Mögliche Weiterführung:

„Betrachte deinen Papierkörper, die angenehme und die unangenehme Seite. Überlege dir dabei, was dir an dir selbst angenehm ist, was dir an dir gut gefällt, was du gut kannst, welche Eigenschaften du an dir schätzt, und schreibe alles auf ein Blatt Papier. Danach klebst du diesen Zettel unten auf das Plakat in die angenehme Hälfte. Alles, was dir an dir selbst unangenehm ist, was dir an dir selbst nicht gut gefällt, was du deiner Meinung nach nicht so gut oder noch gar nicht kannst oder welche Eigenschaften du an dir selbst nicht schätzt, schreibst du auf einen anderen Zettel und hängst diesen auf die unangenehme Seite." Anschließend wählt jedes Kind einen „+"- und einen „–"-Satz aus und teilt ihn der gesamten Gruppe mit.

Gemeinsame Überlegungen: Worüber sprichst du leichter: über etwas, was du an dir magst, oder darüber, was du an dir nicht so gern magst? Warum ist das so? Welche Vor- und Nachteile ergeben sich für dich durch jene Eigenschaften, die du an dir magst? Welche Vor- und Nachteile ergeben sich für dich durch jene Eigenschaften, die du nicht an dir magst?

2. Fremdbild

2.1. Was wissen die anderen von mir und über mich? Was beobachten sie an mir?

Blitzschnell

Material: Schwung- oder Fallschirmtuch, 2 Sessel

Vorbereitung: Die Kinder bilden zwei Gruppen, zwei freiwillige Kinder stellen sich auf einen Sessel und halten das Fallschirmtuch so, dass das Tuch zwischen den Gruppen eine Wand bildet.

Anleitung: *„Jede Gruppe schickt einen Mitspieler zur Fallschirmwand. Die Wand ist so hoch, dass die beiden Kinder einander nicht sehen können. Ich stelle nun eine Frage, zum Beispiel 'Wie ist der Vorname des Kindes auf der anderen Seite?', der Fallschirm senkt sich und die beiden Kinder sehen sich. Wer zuerst die richtige Antwort weiß, darf den Spieler aus der anderen Gruppe in seine eigene Gruppe mitnehmen. Dann wird leise ein anderes Kind bestimmt, das sich zur Wand stellt. Ich werde im Laufe des Spieles verschiedene Fragen stellen, nach 10 Minuten zählen wir ab, welche Gruppe mehr Mitspieler hat."*

Mögliche Fragen:

- Wie lautet der Nachname des Kindes auf der anderen Seite?
- Wie lauten der Vor- und Nachname des Kindes auf der anderen Seite?
- Welche Augenfarbe hat das Kind auf der anderen Seite?
- Wie alt ist das Kind auf der anderen Seite?
- Wie viele Geschwister hat das Kind auf der anderen Seite?
- Welches Unterrichtsfach mag das Kind auf der anderen Seite am liebsten?
- Nenne ein Hobby des Kindes auf der anderen Seite

Erfahrungen:
• Es ist ratsam, schon vor dem Spiel mit den Kindern zu besprechen, wie der Spielleiter reagieren soll, wenn z. B. die Gruppe versucht, dem Sprecher die richtige Antwort einzusagen. Dadurch stellen die Kinder selbst die Spielregeln auf und halten sich so besser daran.
• Weiters ist zu klären, was geschehen soll, wenn die erste Antwort nicht richtig ist. Entweder darf es dann einen zweiten Versuch geben (in diesem Fall ist aber die Versuchung des Einsagens sehr hoch), oder es gilt generell nur eine Antwort.
• Oftmaliges Abwechseln der Fragestellungen erhöht die Spannung und Konzentration.

Gemeinsame Überlegungen: Welche Fragen wurden fast immer richtig beantwortet? Was glaubst du, woran das liegen könnte? Bei welchen Fragen wurden deiner Meinung nach die Antworten eher erraten? Was hast du Neues über andere Kinder erfahren? Welche Frage würdest du einem anderen Kind gerne stellen, damit du sie beim nächsten Mal richtig beantworten kannst?

Weiterführung: Bevor das Spiel wiederholt wird, denken sich die Kinder selbst einige Fragen aus und schreiben sie dem Spielleiter auf.

Ich bin du

Anleitung : *„Sucht euch einen Gesprächspartner und überlegt, was ihr von ihm wisst. Dann 'schlüpft' sozusagen in die Person eures Partners und erzählt ihm in der Ich-Form, was ihr über ihn wisst."*
Zum Beispiel: *„Ich heiße Peter und bin 9 Jahre alt. Ich wohne in der ...-Straße und habe 2 Geschwister. In der Schule bin ich in Mathematik sehr gut, Zeichnen ist mein Lieblingsgegenstand. Ich spiele sehr gerne Fußball und schieße oft Tore. Meine Freunde sind ..., mit ihnen treffe ich mich auch am Nachmittag. Ich bin hilfsbereit, aber manchmal ärgere ich auch andere Kinder. Wenn ich wütend bin, stampfe ich mit dem Fuß, aber meistens bin ich gut aufgelegt."*
Anschließend werden die Rollen gewechselt, danach erst wird besprochen, ob beide Kinder mit den Aussagen

über sich selbst einverstanden sind oder ob sie etwas richtig stellen möchten.

Gemeinsame Überlegungen: Welches Gefühl hattest du, als über dich erzählt wurde? Welches Gefühl hattest du, als du in der Ich-Form über ein anderes Kind berichtet hast? Worüber wusstest du genau, worüber weniger genau Bescheid?

Mein rechter Platz ist leer

Material: Sesselkreis, bestehend aus einem Sessel für jeden Mitspieler und einem leeren Sessel.

Anleitung: *„Wir spielen das Spiel 'Mein rechter Platz ist leer' heute einmal etwas anders. Wer an der Reihe ist, sich einen Nachbarn zu wünschen, nennt nicht den Namen des Kindes, sondern versucht denjenigen durch etwas zu beschreiben, was er über ihn weiß. Zum Beispiel kann er sagen: 'Ich wünsche mir jemanden her, der einen Hund als Haustier hat.' Alle Kinder, die sich dadurch beschrieben fühlen, stehen auf. Wenn es mehrere sind, muss sich der Sprecher eine neue Beschreibung ausdenken. Zum Beispiel 'Ich wünsche mir jemanden her, der eine rote Schultasche hat.' Für welches der stehenden Kinder das nicht zutrifft, das setzt sich nieder. Entweder bleibt nun ohnehin nur mehr ein Kind stehen, oder es müssen so lange genauere Beschreibung genannt werden, bis nur mehr ein Kind übrig bleibt. Dieses setzt sich dann auf den leeren Platz."*

Variante: Dem Sprecher werden die Augen verbunden, damit er nicht sehen kann, wie viele und welche Kinder nach der ersten Beschreibung aufgestanden sind. Wenn sich dann das übrig gebliebene Kind auf den „rechten Platz" setzt, nennt der Sprecher den Namen des Kindes, das er sich herbeigewünscht hat, und nimmt die Augenbinde ab. Sitzt nun das „richtige" Kind neben ihm?

Gemeinsame Überlegungen: Was konntest du bei diesem Spiel beobachten? Was hast du durch die Beschreibungen der einzelnen Kinder Neues über sie erfahren können? Warum wissen manche mehr Einzelheiten über bestimmte Kinder als andere?

Geburtstagswünsche

Material: buntes Papier mit Satzanfängen, Stifte

Anleitung: Statt der üblichen „Alles-Gute-zum-Geburtstag"-Wünsche können die Kinder dem Geburtstagskind mitteilen, was sie an ihm mögen, an ihm interessant finden oder was ihnen an ihm gefällt. Die Sätze werden aufgeschrieben und dem Geburtstagskind als Geschenke überreicht.

Für das Geburtstagskind	**von:**
Das mag ich an dir:	

Für das Geburtstagskind	**von:**
Das finde ich an dir interessant:	

Für das Geburtstagskind	**von:**
Das gefällt mir an dir:	

Ich mag an dir ... Was magst du an mir?

Anleitung: *„Bei diesem Auftrag werdet ihr öfter eure Gesprächspartner wechseln. Stellt euch zuerst einmal als Paare zusammen. Jetzt überlegt kurz, was ihr an* *eurem Partner mögt, und sagt zum Beispiel: 'Ich mag an dir, dass du mir manchmal bei der Hausübung hilfst, wenn ich mich nicht auskenne. Was magst du an mir?' Nun überlegt der Befragte kurz, bevor er darauf eine Antwort gibt. Dann sucht ihr euch neue Gesprächspartner und wiederholt den Vorgang. Wenn ihr mindestens viermal gewechselt habt, setzt euch bitte wieder auf euren Platz."*

Gemeinsame Überlegungen: Welches Gefühl löst es bei dir aus, wenn dir jemand sagt, was er an dir mag? Welche Kinder hast du dir als Gesprächspartner ausgesucht? Warum hast du sie dir ausgesucht? Warum, glaubst du, wurdest du von manchen Kindern ausgesucht? Gab es Kinder, zu denen dir im ersten Moment nichts eingefallen ist? Was glaubst du, woran das liegt?

Variante: Zwei Kinder setzen sich gegenüber und teilen einander zuerst mit, was sie aneinander mögen und warum das so ist. Dann steht eines der beiden Kinder auf, legt einen persönlichen Gegenstand auf seinen Sessel und stellt sich hinter das andere Kind. Das sitzende Kind teilt nun dem Ding anstelle der Person mit, was es an ihm nicht so gerne mag und warum es das nicht mag. Dann wird gewechselt.

Erfahrung: Für die Durchführung der Variante ist es wichtig, dass die Kinder schon Erfahrungen im Mitteilen von Rückmeldungen gemacht haben; außerdem empfiehlt es sich in dieser Einheit, bei nur einem Gesprächspartner zu bleiben.

Gemeinsame Überlegungen: Welches Gefühl löst es bei dir aus, wenn dir jemand sagt, was er nicht an dir mag? Wird dir im täglichen Leben öfter gesagt, was man an dir mag oder umgekehrt? Hast du etwas Neues über dich erfahren? Welches Kind hast du dir als Gesprächspartner ausgesucht? Warum hast du gerade dieses gewählt? Warum, glaubst du, wurdest du ausgesucht?

Nikolaus

Material: Mützen, zusammengefaltete Blätter oder Hefte anstelle von Nikolausbüchern, Papier, Stifte

Anleitung: *„Es ist eine Tradition, dass der Nikolaus den Kindern aus seinem goldenen Buch vorliest, was er an ihnen gut findet. Setzt euch in Vierergruppen zusammen und schreibt für jedes Kind eurer kleinen Gruppe auf, was ihr an ihm gut findet. Wenn ihr damit fertig seid, setzt sich das erste Kind eine Mütze auf, legt seine Zettel in das Buch, schreitet von Kind zu Kind, um vorzulesen, was im goldenen Buch über jedes Kind geschrieben steht. Dann wechselt ihr die Rolle, bis alle Kinder einmal der Nikolaus waren."*

Gemeinsame Überlegungen: Welches Gefühl empfindest du, wenn dir etwas Positives über dich mitgeteilt wird? War es für dich leicht oder schwierig, über die anderen Kinder etwas zu finden, das dir gut an ihnen gefällt? Warum war es leicht oder schwierig? Was hättest du als Nikolaus sonst noch gerne mitgeteilt?

Erfahrung: Versuchen Sie als Spielleiter auch einen Nikolauszettel mit nur positiven Beschreibungen aller Kinder zusammenzustellen.

Namenskreuzwort: Wie bist du?

Material: A5-Kärtchen oder Kopiervorlage 1, Stifte

Anleitung: *„Sucht euch einen Partner und schreibt seinen Vornamen in Druckbuchstaben senkrecht (von oben nach unten) in der Mitte des Blattes auf. Überlegt nun, welche Eigenschaften ihr an eurem Partner festgestellt habt, und schreibt diese kreuzwortartig in den Namen ein. Sucht aber nicht nur nach solchen Eigenschaften, die ihr nicht an ihm mögt, sondern sucht nach solchen, die ihr an ihm schätzt! Dann lest*

euch eure Karten vor und sprecht darüber, wodurch sich eure Meinung begründet."

Gemeinsame Überlegungen: Hast du etwas über dich erfahren, was du vorher noch nicht gewusst hast? Was glaubst du, welche der Eigenschaften, die du an dir magst, mögen auch andere an dir? Welches Gefühl löst es bei dir aus, wenn jemand anderer über dich sagt, was ihm an dir gefällt oder nicht gefällt?

Variante:

Was mir zu dir einfällt

Anleitung: *„Schreibt den Vornamen eines Kindes in Druckbuchstaben senkrecht in der Mitte des Blattes auf. Überlegt, während ihr diesen Namen schreibt, was euch zu diesem Kind einfällt, und fügt diese Gedanken kreuzwortartig ein.*

Erfahrungen: Für manche Kinder ist es trotz guter Erklärung manchmal schwierig, das Prinzip des kreuzwortartigen Eintragens zu verstehen. Ist dies der Fall, kann man gemeinsam ein fiktives Anschauungsbeispiel bearbeiten oder seinen eigenen Namen an die Tafel schreiben. Sich selbst zur Verfügung zu stellen bedeutet in dieser Situation, Rückmeldungen über die eigene Person zu erhalten. Meiner Erfahrung nach beobachten Kinder dann sehr genau, *wie* ihre Rückmeldungen vom Spielleiter aufgenommen werden.

Real-, Ideal- und Fremdbild

Vorbereitung: Brainstorming zur Frage: „Welche Eigenschaften kann jemand haben?" Zusätzliche Fragestellungen können helfen, um ein möglichst großes Wörter-Repertoire zu erhalten: „Wie seid ihr selber – wie würdet ihr gerne sein: wenn ihr mit eurer Familie, euren Freunden, euren Schulkollegen oder den Kindern aus dem Sportverein zusammen seid, bei einer Prüfung, wenn ihr neu in eine Gruppe kommt? Welche Eigenschaften imponieren euch an euren Eltern, Freunden, Lehrern, Vorbildern?"
Der Spielleiter schreibt alle Wörter mit, überträgt sie dann auf DIN A4-Bögen und vervielfältigt diese (Beispiel: Kopiervorlage 4). Farbloses Cellophanpapier wird auf DIN A4-Format zugeschnitten oder man wählt (die etwas kostspieligeren) Overheadfolien.
In der Vorbereitungsphase wird den Kindern auch erklärt, wie Eintragungen in Punkteskalen vorgenommen werden.

Material: pro Kind drei Bögen farbloses Cellophanpapier, wasserfeste Stifte in drei verschiedenen Farben, Büroklammern, ein kopierter Bogen mit den gesammelten Eigenschaftswörtern der Kinder

Anleitung:

1. *„Klammert einen Cellophanbogen auf das Blatt mit den Eigenschaftswörtern. Am oberen Rand des Blattes schreibt ihr euren Namen auf und die Überschrift: 'Wie bin ich?' Dann füllt den Bogen möglichst schnell und ohne langes Nachdenken aus. Wenn ihr fertig seid, verbindet bitte die Punkte von oben nach unten mit einem Strich, sodass eine 'Kurve' entsteht."*
2. *„Entfernt das Cellophanpapier und klammert einen neuen durchsichtigen Bogen auf das Papierblatt, nehmt einen andersfärbigen Stift und als Überschrift schreibt ihr nun 'Wie ich gerne sein möchte'. Denkt zuerst kurz nach und füllt auch diesen Bogen wieder recht zügig aus. Verbindet auch diese Punkte miteinander. Jetzt könnt ihr beide Cellophanbögen übereinander auf das Papier legen und sie miteinander vergleichen."*
3. *„Sucht euch jetzt ein Kind, mit dem ihr gegenseitig einen Bogen ausfüllen möchtet. Verwendet dafür wieder einen andersfärbigen Stift und schreibt als Überschrift 'Mein Bild von ...' auf ein neues Cellophanpapier. Wenn ihr mit dem Ausfüllen fertig seid, überreicht ihr euch die Bögen."*

Anleitung für das Paargespräch: *„Vergleicht gemeinsam jeweils den ersten mit dem dritten Bogen, dann den zweiten mit dem dritten Bogen. Überlegt und besprecht, was es bedeuten könnte, wenn die Linien übereinander liegen oder wenn es große Abstände zwischen den Linien gibt."*

Gemeinsame Überlegungen für die gesamte Gruppe: Warum, glaubst du, gibt es große oder kleine Abweichungen zwischen den Linien des ersten und des zweiten Bogens? Welche Eigenschaften an dir würdest du gerne verändern? Welche Versuche hast du dazu schon unternommen? Warum, glaubst du, gibt es große oder kleine Abweichungen zwischen den Linien des ersten und des dritten Bogens? Hast du durch den Bogen deines Partners etwas Neues über dich in Erfahrung gebracht?

Varianten: Wie sind meine Eltern?/Wie möchte ich, dass meine Eltern sind? Wie sind meine Freunde?/Wie möchte ... Wie ist meine Horterzieherin/Lehrerin?/Wie möchte ...

Ich frage, wer ich bin
Ich antworte, wer ich bin

Material: Zusammengefaltete Namenskärtchen aller Kinder werden in ein Gefäß gegeben; Stecknadel, Bestimmerkreisel, zwei Aktionskarten.

Aktionskarten

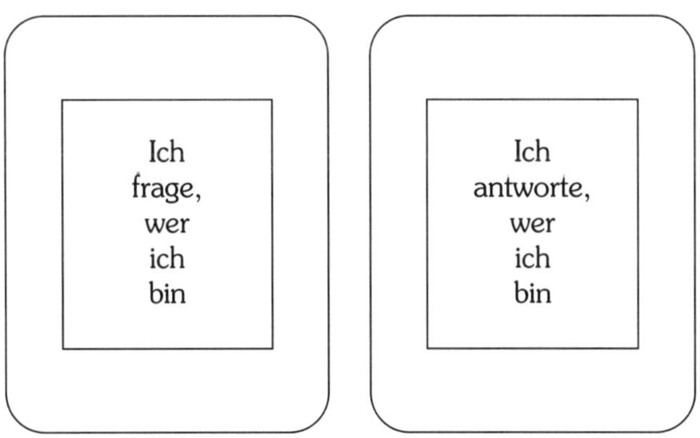

Bestimmerkreisel

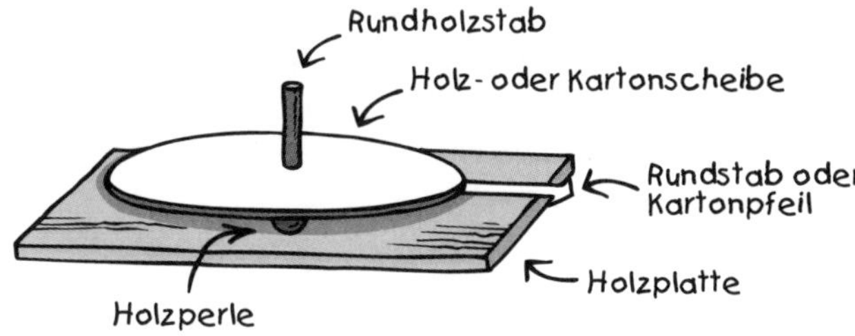

Anleitung: Mit dem Bestimmerkreisel wird ein Spieler ausgewählt, der eine der beiden verdeckten Aktionskarten zieht. Diese Karte bestimmt den weiteren Verlauf des Spieles.

• Die Karte mit der Aufschrift „Ich frage, wer ich bin" bedeutet, dass der Spieler nun eine Namenskarte wählt, sie aber nicht öffnen darf. Von einem Mitspieler wird die Karte geöffnet und dem Spieler auf den Rücken geheftet, sodass alle anderen Kinder den Namen jenes Kindes lesen können, das der Spieler durch geschicktes Fragen zu erraten versucht. Der Spieler darf aber nur Entscheidungsfragen stellen, bzw. werden nur solche Fragen von den anderen Mitspielern beantwortet. Die Anzahl der gestellten Fragen wird mitgezählt und aufgeschrieben. Wer benötigte die wenigsten Versuche?
• Steht auf der Karte „Ich antworte, wer ich bin", dann darf der Spieler das Namenskärtchen öffnen und den Namen lesen, ihn aber nicht nennen. Zur Sicherheit setzt er sich auf diese Karte drauf. Nun müssen die anderen Mitspieler herausfinden, wessen Name auf der Karte steht. Auch sie dürfen nur Entscheidungsfragen stellen.

Erfahrungen: Um wildes Durcheinanderreden zu verhindern, ist es wichtig, schon vor dem Spiel mit den Kindern abzuklären, in welcher Reihenfolge die Mitspieler Fragen stellen oder Antworten geben werden (vgl. dazu Seite 28).

Gemeinsame Überlegungen: Welcher Spieler benötigte die wenigsten Versuche? Woran könnte es liegen, dass nur so wenige Fragen notwendig waren? Welche Namenskarte wurde von den Mitspielern sehr lange nicht erraten? Was könnte der Grund dafür sein?

Variante: Jedes Kind bekommt den Namen eines anderen Kindes auf den Rücken geheftet, geht im Raum herum und stellt anderen Kindern maximal vier Fragen über „sich", die diese nur mit ja/nein beantworten dürfen. Auf diese Weise können alle Kinder zur gleichen Zeit aktiv an diesem Spiel teilnehmen.

Du bist so wie ...

Material: ausgeschnittene Bilder aus Zeitschriften, Katalogen, Illustrierten oder einem Kalender

Anleitung: Bei dieser Übung sucht ein Kind für seinen Partner positive Analogien und teilt sie ihm anhand eines Bildes mit. Zum Beispiel kann ein Bild von einem Bären überreicht werden mit der Begründung: *„Ich finde, du bist so stark wie ein Bär"* oder das Foto einer Sprühdose mit folgendem Satz: *„Ich finde, du bist so wie eine Sprühdose, dauernd versprühst du gute Ideen"* usw.

Gemeinsame Überlegungen: Hast du zuerst ein Bild gesucht und dann den Vergleich formuliert oder umgekehrt? Warum hast du dir diesen Partner gewählt? Hast du nachgefragt, warum du gewählt wurdest? Welches Gefühl hattest du, als dir das Bild gezeigt wurde, mit dem du verglichen wurdest? Was glaubst du, welches Gefühl dein ausgesuchtes Bild bei deinem Partner ausgelöst hat? Teilt euch diese Gefühle mit!

Auf wen trifft das zu?

Material: Wandtafel, Kreide

Anleitung: *„Ich werde jetzt drei Freiwillige suchen und sie bitten, den Raum zu verlassen. Dann werde ich ihre Namen an die Tafel schreiben und die restlichen Kinder werden mir zurufen, was sie an diesen Kindern mögen und was sie gut können. Ich werde alle Zurufe unter den entsprechenden Namen notieren und zum Schluss die Namen wegwischen. Dann werden wir die drei Kinder wieder in den Raum holen. Die drei werden sich alles genau durchlesen und sich dann zu jener Liste stellen, die sie ihrer Meinung nach beschreibt."*

Gemeinsame Überlegungen: Wie war dein Gefühl, als du gewartet hast, bis du hereingerufen wurdest? Was hast du gedacht, als du die vielen Beschreibungen auf der Tafel gelesen hast?

Variante: Wenn das Spiel schon einige Male gespielt wurde, können die Kinder den Freiwilligen auch Eigenschaften rückmelden, die sie an ihnen nicht so gerne mögen bzw. was diese Kinder ihrer Meinung nach noch nicht so gut können; derartige Beschreibungen dürfen aber nicht überwiegen.

Beobachtungsauftrag

Material: Beobachtungsbogen, Stifte, Bestimmerkreisel, zusammengefaltete Namenskärtchen aller Kinder

Durchführung: Mit dem Bestimmerkreisel werden einige Kinder (ca. ein Drittel der Gesamtkinderzahl) ausgewählt, die nun je eine Karte ziehen, auf der der Name jenes Kindes steht, das sie heimlich beobachten sollen. Die Beobachtungsbögen werden ausgegeben. Es wird nun ein Beobachtungszeitraum vereinbart. Wenn diese Übung zum ersten Mal durchgeführt wird, empfiehlt es sich, einen kürzeren Zeitraum festzulegen, zum Beispiel für die Dauer eines gemeinsamen Spieles. Die Beobachter notieren ihre Wahrnehmungen, wobei der Spielleiter darauf achtet, dass sie dabei von den anderen nicht gestört werden. Die Beobachtung sollte so erfolgen, dass das beobachtete Kind möglichst nicht bemerkt, dass es selbst die beobachtete Person ist. Anschließend werden die Beobachtungen in Paargesprächen mitgeteilt. Die restlichen Kinder setzen sich als stille Zuhörer zu den Gesprächen dazu und erzählen dann im großen Gesprächskreis, wie die Stimmung ihrer Wahrnehmung nach bei diesen Gesprächen war.
Die Übung kann an anderen Tagen mit gewechselten Rollen so lange wiederholt werden, bis jedes Kind mindestens einmal in jeder Rolle war.

Gemeinsame Überlegungen: In dieser Phase nimmt jeweils eine Gruppe in einem kleinen Sesselkreis innerhalb des großen Kreises Platz.

- **Gruppe der Beobachter**: Was war für euch bei eurem Beobachtungsauftrag eher schwierig, was war

leicht? Warum war das so? Ist euch etwas Besonderes aufgefallen? Was war beim Mitteilen der Beobachtungen leicht, was war daran schwierig? Warum war das so?
• **Gruppe der beobachteten Kinder:** Wer hat bemerkt, wer sein Beobachter war? Wann und woran hast du das bemerkt? Was hast du gefühlt, als du bemerkt hast, dass du beobachtet wirst? Was ist dir ab diesem Zeitpunkt leicht, was ist dir schwer gefallen? Was haben jene Kinder, die nicht bemerkt haben, dass sie beobachtet werden, während des Beobachtungszeitraums gefühlt? Was fühlt ihr jetzt?
• **Gruppe der Gesprächsbeobachter:** Was war für euch beim Beobachten leicht, was war schwierig? Warum war das so? Was ist euch bei dem Gespräch aufgefallen? Wie war die Stimmung bei dem Gespräch? Was glaubt ihr, warum diese Stimmung herrschte?

Beobachtungsbogen (Kopiervorlage 5)

Beobachtungsbogen			
Notiere oder zeichne auf,			
was das Kind tut:	**mit wem es spricht:**	**mit wem es spielt:**	**seine Stimmung:**
Was mir sonst noch auffällt:			

Mein Bild deiner Stimmung

Material: Papier, Stifte

Anleitung: Jeder sucht sich einen Partner, mit dem er sonst eher selten spricht. Man berichtet sich gegenseitig über den bisherigen Tagesverlauf, vom Aufstehen in der Früh bis hin zum gegenwärtigen Gespräch. Danach gehen alle zurück an ihren Platz, zeichnen ihren Gesprächspartner in der Stimmungslage auf, in der sie ihn wahrgenommen haben, und schreiben auf, in welcher Stimmungslage sie sich selbst befunden haben oder befinden. Anschließend setzen sich die beiden Kinder wieder zusammen, zeigen sich ihre Stimmungsbilder und vergleichen sie mit der eigenen Stimmungswahrnehmung.

Gemeinsame Überlegungen: Worüber habt ihr beim Vergleichen der Bilder gesprochen? Welches Gefühl hattest du beim Betrachten des Bildes, das dich darstellt? Was glaubst du, welches Gefühl durch dein Bild bei deinem Partner ausgelöst wurde? Teilt euch diese Gefühle mit!

Variante: Statt einer Zeichnung verwendet man ausgeschnittene Bilder aus Zeitschriften, Katalogen, Illustrierten oder einem Kalender, um die wahrgenommene Stimmung des Partners darzustellen.

Typisch du!

Material: Zeichenpapier, Farb- oder Filzstifte

Vorbereitung: Um sicherzugehen, dass alle Kinder das Wort „typisch" in seiner Bedeutung verstehen, wird der Begriff mit den Kindern in einem Brainstorming erarbeitet: *„Was bedeutet es, wenn man sagt: 'Das ist typisch!'? Könnt ihr für das Wort 'typisch' andere Wörter finden, die man stattdessen verwenden könnte? In welchen Situationen wird dieses Wort oft eingesetzt?"* Der Gesprächsleiter schreibt die Antworten der Kinder an der Tafel mit.

Anleitung: Die Kinder wählen sich einen Partner aus, setzen sich aber nicht nebeneinander.
„Überlegt euch etwas, das eurer Meinung nach typisch, also kennzeichnend, für euren gewählten Partner ist, etwas, woran man sofort erkennen kann, dass es sich um dieses Kind handelt. Das kann die Art sich zu bewegen sein, ein Ausspruch oder eine Redewendung, die es oft verwendet, die Art, wie dieses Kind lacht oder sich ärgert oder was euch sonst einfällt. Nehmt dann ein Blatt und zeichnet oder schreibt das auf."
„Nun überlegt euch bitte, was ihr an euch selbst typisch findet oder was typisch für euch ist, und zeichnet oder schreibt das auf ein anderes Blatt."

Anschließend setzen sich alle zusammen, ein Kind steht auf, geht zu seinem Partner, zeigt ihm das Blatt und sagt: *„Typisch du!"* Das Kind betrachtet das Bild, zeigt dann sein eigenes Blatt und sagt: *„Typisch ich!"*
Die beiden Blätter werden in der Mitte der Gruppe am Boden aufgelegt, das Paar wiederholt den Vorgang nun in umgekehrter Reihenfolge und legt die beiden Blätter zu den anderen dazu. Ein anderes Paar setzt fort usw., bis alle Kinder an der Reihe waren.

Gemeinsame Überlegungen: Mit welchen Aussagen deines Partners konntest du dich identifizieren? Welche Äußerung findest du nicht kennzeichnend für dich und warum?

Du-Gedichte

Material: Papier, Stifte

Es finden sich Paare zusammen, die über den Partner ein „Du-Gedicht" verfassen möchten. Um den Kindern den Einstieg ins „Dichten" zu erleichtern, empfiehlt es sich, Gedichte „nach Schema" anfertigen zu lassen.

1. 7-Antworten-Gedicht

Name

Wie ist er/sie? (Eigenschaften)
Was tut er/sie gerne? (Lieblingsbeschäftigungen)
Was mag er/sie? (Vorlieben)
Was kann er/sie? (Kenntnisse)
Was gefällt mir an ihm/ihr?
Was mag ich an ihm/ihr?
Welches Gefühl empfinde ich, wenn ich mit ihm/ihr zusammen bin?

Anleitung: Die Fragen werden entweder mit einem ganzen Satz oder nur mit einem Wort oder wenigen Worten beantwortet. Der Name kann beim Vorlesen erst am Ende genannt oder gar nicht genannt werden. In diesem Fall raten die anderen Kinder, um wen es sich in diesem Gedicht handeln könnte.

Martina

fröhlich
lesen
spazieren gehen
kochen
Grübchen am Kinn
Hilfsbereitschaft
Heiterkeit

Kurt

Kurt ist manchmal traurig.
Am liebsten beschäftigt er sich dann mit seinem Hund.
Er hat seinen Hund Gino sehr gerne
und bringt ihm viele Kunststücke bei.
Mir gefällt an Kurt, dass er mir zuhört, wenn ich ihm was erzähle.
Ich mag sein rollendes „r".
Ich fühle mich sicher, wenn wir zusammen sind.

2. Vertikal-Gedicht

Name

N iederschreiben
A ller Gedanken, die
M ir zu diesem Kind
E infallen

Anleitung: Der Name des Kindes wird vertikal geschrieben. Die Buchstaben des Wortes dienen als Anfangsbuchstaben der Zeilen.
Bei sehr kurzen Namen kann der zweite Vorname dazugenommen werden, bei langen auch nur ein „Spitzname" verwendet werden.

Phillip

P hantasievoll
H umorvoll
I m Rechnen gut
L ieb
L ieblingssport: Basketball
I st mein Freund
P ünktlich

Gertraud

G ut gelaunt
E nergievoll
R edet viel
T ratscht gerne
R uderverein
A bergläubisch
U nfall
D unkelgrüne Augen

3. Rundherum-Gedicht

Anleitung: Die Anzahl der Buchstaben des Namens bestimmt die Unterteilung des Kreises. Die Namensbuchstaben werden zuerst einzeln in die verlängerten Zeilen eingetragen, die weitere Vorgangsweise ist gleich wie beim Vertikal-Gedicht.

GABRIEL

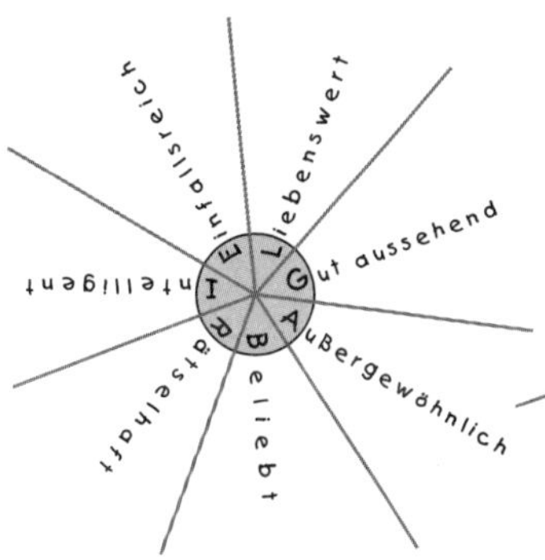

INA

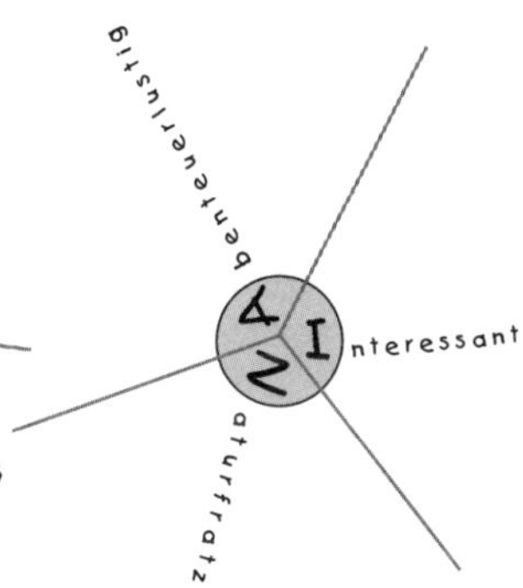

4. Stabreim-Gedicht

Name

N ... n.... n....
A .... a.. a..... A...
M ... m... M.... m..
E .... e.... e... e... E...

Anleitung: Der Name des Kindes wird vertikal geschrieben. In jeder Zeile beginnen möglichst viele Wörter mit dem gleichen Buchstaben.

Ulrich

U lrich **u**lkt **u**rkomisch
L acht **l**iebenswert **l**aut
R edet **r**echt **r**edegewandt
I st **i**mmer **i**rgendwie **i**ntelligent
C ool
H andelt **h**öchst **h**eiter **h**erausfordernd

Karin

K arin **k**riegte **k**leine **K**atzen auf **K**ost
A ber **a**m **a**nderen **A**bend
R ichteten sie einen **r**echt **r**iesigen **R**adau an
I m **I**nneren **i**hres Zimmers
N iemals **n**ahm sie **n**achher **n**och
welche **n**achhause.

Die Kinder lesen sich ihre Gedichte zuerst gegenseitig vor. Wer möchte, kann das Gedicht, das über ihn geschrieben wurde, dann auch der gesamten Gruppe vorlesen.

Gemeinsame Überlegungen: Was gefällt dir an dem Gedicht, das über dich geschrieben wurde? Was gefällt dir nicht so gut? Was hast du durch das Gedicht Neues über dich erfahren können? Was konntest du deinem Partner durch das Gedicht mitteilen?

2.2. Wie sehen mich die anderen? Wie schätzen sie mich ein?

Meiner Meinung nach

Material: Schreibsachen, Kopiervorlagen mit Satzanfängen (Kopiervorlage 6)

Anleitung: *„Bildet Vierergruppen und nehmt euch für jedes Kind in eurer Gruppe einen kopierten Zettel und einen für euch selbst. Überlegt zuerst und schreibt dann auf, was eurer Meinung nach jedes Kind aus eurer Gruppe gerne mag, was es gut kann*

und wie es ist. Füllt auch für euch selbst einen Zettel aus über das, was ihr selbst gerne mögt, was ihr gut könnt und wie ihr eurer eigenen Meinung nach seid. Anschließend zerschneidet oder zerreißt ihr alle Zettel in die einzelnen Abschnitte, damit ihr sie dann einzeln dem betreffenden Kind mitgeben könnt. Dazu habt ihr 10 Minuten Zeit. Wählt jetzt ein Kind aus, bei dem ihr mit dem Vorlesen beginnen wollt."
Diesem Kind wird zuerst von allen anderen vorgelesen, was es deren Meinung nach mag. Nachdem alle fertig sind, liest das Kind seinen eigenen Satz vor und sagt, wie es die Aussagen der anderen findet oder was ihm sonst dazu einfällt. Jetzt wird der Reihe nach vorgelesen, was das erste Kind laut Beobachtung der anderen gut kann. Wieder liest das erste Kind zum Schluss seinen eigenen Satz vor und bespricht die Aussagen der anderen. Ganz gleich geschieht das auch mit dem dritten Satz. Beim zweiten Kind beginnt der ganze Vorgang wieder von vorne und so weiter, bis alle vier Kinder dran waren.

Gemeinsame Überlegungen: Was hat dich an den Aussagen der anderen Kinder gestört, was hat dir gefallen? Was hast du gefühlt, als dir etwas vorgelesen wurde, das mit deiner eigenen Meinung nicht übereinstimmte? Was hast du gefühlt, als es Übereinstimmungen gab?

Variation: *„Überlegt und schreibt auf, was die Kinder aus eurer Gruppe eurer Meinung nach nicht so gerne mögen, was sie nicht so gut oder gar nicht können und wie sie nicht sind."*

Was Worte alles können

Material: Gedicht von Hans Manz „Was Worte alles können", Schreibsachen, Papier

Anleitung: *„Bildet Vierergruppen und überlegt, was eurer Meinung nach Worte alles können, was sie auslösen oder verursachen können. Ein Kind aus eurer Gruppe schreibt alle eure Ideen mit und liest es dann als euer Gruppengedicht vor."*

Gemeinsame Überlegungen: Was hat dir an den Gedichten der anderen Kinder gefallen? Möchtest du an eurem Gedicht etwas ergänzen, was dir erst jetzt eingefallen ist? Welche Wörter können *dich* verletzen?

Hans Manz

Was Worte alles können[1]

erklären
verraten
verschweigen
Missverständnisse ausräumen
täuschen
preisgeben
Misstrauen schaffen
Herzen öffnen
verletzen
trösten
verführen
verwirren
Zugang finden
auf taube Ohren stoßen
Barrieren überwinden
aufmuntern
vernichten
ablenken
ermüden
Zwietracht säen
Frieden stiften
nörgeln
angreifen
erheitern
traurig machen
enttäuschen
Erwartungen wecken
wärmen u.s.w.

Erst, nachdem alle Gruppen ihre Gedichte vorgelesen haben, liest der Spielleiter das Gedicht von Hans Manz vor.

Wahr oder nicht wahr?

Material: Fragekärtchen, Bestimmungskreisel, 2 Vermutungskarten für jeden Spieler (auf der einen steht „wahr", auf der anderen „nicht wahr"), Würfel mit der Beschriftung „wahr"/„nicht wahr", Würfelbecher; Kopiervorlage 7 für die Fragekärtchen

[1] In: Manz, Hans: Die Welt der Wörter. Beltz, Weinheim und Basel 1991.

Vorbereitung: Wenn man nicht mit den schon vorhandenen Fragekärtchen spielen möchte, beschriftet jeder Mitspieler vor Spielbeginn mindestens zwei Kärtchen mit Fragen, dann setzen sich alle Kinder am Boden in einen Kreis.

Anleitung: *„Bei diesem Spiel ermitteln wir in jeder Runde mit dem Bestimmungskreisel, welches Kind an der Reihe ist. Dieser Mitspieler würfelt nun, ob er eine wahrheitsgetreue Antwort geben darf oder nicht, er darf die Gruppe aber nicht erkennen lassen, welchen Auftrag ihm der Würfel gegeben hat. Danach wird dem Kind eine Frage vorgelesen und es überlegt sich eine (dem Würfelauftrag entsprechende) Antwort. Die anderen Mitspieler müssen nun raten oder schätzen, ob die Antwort wahr oder nicht wahr ist, und zeigen auf „Los!“ (des Spielleiters) ihre Vermutungskarte. Der Spieler verrät nun, welche Vermutung die richtige war. Wenn jemand eine Frage nicht beantworten mag, kann er sagen: ‘Darüber möchte ich nichts erzählen.’ In so einem Fall wird ihm eine Ersatzfrage gestellt.“*

Gemeinsame Überlegungen: Konntest du erkennen, ob jemand eine wahre oder eine unwahre Antwort gab? Woran konntest du das erkennen? Wem fiel es schwer, eine unwahre Antwort zu geben? Warum war das so? Wem fiel es leicht, eine unwahre Antwort zu geben? Warum war das so? Bei welcher Art von Fragen wollten die Mitspieler keine Antwort geben? Welches Gefühl hattest du, als du keine Antwort geben wolltest? Wie hat die Gruppe darauf reagiert?

Verwandeln

Für beide Varianten werden die Kinder in zwei Gruppen geteilt.

1. Im Zoo

Material: große Zeichenblätter, Stifte

Anleitung: *„Stellt euch einmal einen großen Tiergarten oder Zoo vor. Mit vielen Gehegen im Freien, mit Käfigen, hohen und niedrigen Zäunen und allem, was sonst noch zu einem Tierpark dazugehört. Geht in eurer Phantasie durch diesen Zoo. Zu eurer großen Verwunderung stellt ihr dabei fest, dass ihr nirgends Tiere sehen könnt. Nicht einmal Ameisen krabbeln über den Weg, auf dem ihr geht.*
Zeichnet nun einen Tiergarten auf euer Blatt und überlegt, welches Kind eurer Gruppe in diesem Zoo ein Tier darstellen könnte, das am besten zu ihm passt. Denkt nach, warum ihr dieser Meinung seid. Dann zeichnet dieses Tier an diese Stelle im Tierpark, wo ihr meint, dass es am besten aufgehoben ist. Vergesst nicht, euch selbst auch in ein Tier zu verwandeln und aufzuzeichnen.“
Anschließend werden die Zeichnungen aufgelegt und jeder kann sich die Zeichnungen anschauen.
Wer möchte, kann nachfragen, in welches Tier er verwandelt wurde und wie der Zeichner seine Wahl begründet.

2. Auf einer Burg

Material: Papier und Stifte

Anleitung: *„Stellt euch einmal eine große Burg in alten Zeiten vor, mit hohen Mauern, Türmen und Zinnen. Mit großen Sälen, Hallen, dunklen Gängen und Erkern. Geht in eurer Phantasie durch diese Burg, in der es viele Personen mit verschiedenen Funktionen und Berufen gibt. Welche Stellung oder welchen Beruf könnten die Kinder deiner Gruppe in dieser Burg haben?*
Schaut euch die Kinder eurer Gruppe an und notiert eure Einfälle dazu auf einem Blatt Papier. Gebt euch selbst auch eine Rolle auf der Burg.“
Danach beginnt ein Kind den anderen zu erzählen, welche Rollen es sich für die anderen und für sich selbst ausgedacht hat, welche Tätigkeiten mit diesen Rollen verbunden sind und mit welchen anderen Personen auf der Burg sie in Verbindung stehen. Es soll auch begründet werden, warum die betreffende Rolle einem bestimmten Kind zugeordnet wurde. Nach diesem Gespräch kann jemand anderer aus der Gruppe seine Rollenverteilung vornehmen oder es können alle Notizzettel aufgelegt werden, damit jeder selber lesen kann, was er lesen möchte. Es gibt dabei auch die Gelegenheit nachzufragen, was sich der Verfasser der Notizen dazu gedacht hat.

Gemeinsame Überlegungen: Welche Verwandlungen bzw. Rollen, die dir zugeordnet wurden, haben dich gefreut, welche haben dich geärgert? Welche Begründung hat dir gut gefallen, welche hat dir weniger gut gefallen? Warum war das so? Was fühlst du im Moment? Warum, glaubst du, hast du dieses Gefühl?

An welches Ding erinnere ich dich?

Im Gegensatz zum vorigen Spiel kann sich hier jedes Kind selbst aussuchen, von wem es Rückmeldungen erhalten möchte.

Material: unliniertes Papier, Stifte

Vorbereitung: Jedes Kind bekommt drei Zettel, auf die es am oberen Rand seinen Namen schreibt.

Anleitung: *„Ihr habt nun die Möglichkeit, je einen Zettel an drei Kinder zu verteilen, von denen ihr gerne wissen möchtet, an welches Ding ihr sie erinnert. Jedes Kind darf beim Verteilen der Zettel aber nicht mehr als drei Blätter annehmen. Wenn jemand nicht alle drei Blätter austeilen will, dann ist das auch in Ordnung. Nun überlegt ihr kurz, welches Ding zu welchem Kind passen würde, und zeichnet dieses Ding auf. Denkt auch nach, warum ihr dieses Ding mit dem jeweiligen Kind vergleicht, und schreibt das auch in wenigen Worten dazu. Jemand kann zum Beispiel einen Spiegel aufzeichnen, weil das Kind, das man meint, anderen oft alles genau so nachmacht, als ob es das Spiegelbild der anderen wäre. Schreibt zu eurer Begründung auch euren Namen dazu, damit man weiß, wer die Zeichnung angefertigt hat."* –

„Wenn jetzt alle mit dem Zeichnen und Schreiben fertig sind, steht ein Kind auf und bekommt nun die Blätter, die es vorher ausgeteilt hat, zurück. Bei der Übergabe wird jedem Kind mitgeteilt, was die Zeichnung darstellen soll und warum es mit diesem Ding verglichen wird."

Gemeinsame Überlegungen: Wie beim Spiel „Verwandeln" (Seite 51) oder bei „Du bist so wie ..." (Seite 46).

Variation: Es können auch Vergleiche mit Fahrzeugen, Tieren oder Pflanzen angeregt werden.

Vermute, wie ich reagieren könnte

Material: Situationskärtchen (Kopiervorlage 8), leere Kärtchen zum Beschriften, Stifte

Anleitung: Bei diesem Spiel geht es darum, die mögliche Reaktion eines anderen in einer bestimmten Situation einzuschätzen bzw. zu raten, wie er reagieren oder was er sagen könnte.
Wenn sich für eine Runde zwei Kinder zusammengefunden haben, liest ein Kind die Situationskarte vor, das andere verlässt danach den Raum. Das erste Kind teilt der restlichen Gruppe mit, was das draußen wartende Kind seiner Vermutung nach in dieser Situation sagen und wie es reagieren könnte.
Danach wird das zweite Kind hereingebeten und erzählt allen, wie es selbst glaubt, dass es sich verhalten würde.

Tipp: Um zu erreichen, dass in jeder Runde zwei „neue" Kinder aufeinander treffen, wird mit der Gruppe schon vor dem Spiel festgelegt, durch welches Auswahlverfahren dies ermöglicht werden kann (vgl. dazu Seite 28).

Gemeinsame Überlegungen: Was hast du Neues über dich erfahren? Woran, glaubst du, liegt es, dass du richtig bzw. nicht richtig eingeschätzt worden bist? In welchen Situationen denkst du über dein Handeln nach? Mit wem besprichst du dein Handeln? Welche Situationen aus deinem Leben fallen dir ein, in denen du nicht gleich gewusst hast, wie du reagieren sollst? Wie und wodurch lernt man, „richtig" zu reagieren und zu handeln? An welche Situationen erinnerst du dich, in denen du nicht richtig gehandelt hast? Warum weißt du heute, dass deine Reaktion oder dein Handeln damals nicht richtig war?

Weiterführung: Die Kinder erfinden neue Situationen oder beschreiben eigene Erlebnisse, die sie als schwierig empfunden haben, aber ohne die Lösung vorwegzunehmen.

Vermutungen

Material: Karten mit Entscheidungsfragen und mit offenen Fragen, leere Karten, Stifte

Vorbereitung: Jedes Kind schreibt eine Frage auf eine Karte, die nur mit „Ja" oder „Nein" beantwortbar ist. Auf die Rückseite dieser Karte wird ein „E" für Entscheidungsfrage geschrieben. Anschließend wird eine offene Frage aufgeschrieben, deren Kartenrücken mit einem „O" gekennzeichnet wird. Alle Karten werden gemischt und auf einen Stapel gelegt.
Der Spielleiter bespricht mit der Gruppe, nach welchem System die Kinder zum Beantworten bzw. zum Vorlesen der Fragen ausgewählt werden (siehe „Möglichkeiten von Auswahlverfahren" auf Seite 28).

Anleitung: Bevor eine Karte gezogen wird, verlässt ein Spieler den Raum. Dann wird die Frage vorgelesen.

• Es wurde eine E-Karte gezogen:
Alle Kinder können Vermutungen anstellen.
Der Spieler wird hereingerufen und stellt sich mit dem Rücken zur Gruppe.
Die Frage wird ihm vorgelesen.
Wer aus der Gruppe eine Ja-Antwort vermutet, steht auf, wer eine Nein-Antwort vermutet, bleibt sitzen.
Der Spieler beantwortet die Frage mit Ja oder Nein und dreht sich zur Gruppe, um zu sehen, wie seine Antwort eingeschätzt wurde.

• Es wurde eine O-Karte gezogen:
Höchstens drei Kinder können der Gruppe ihre Vermutungen über eine mögliche Antwort mitteilen.
Der Spieler wird hereingerufen.
Ein Kind liest ihm die Frage vor.
Er beantwortet die Frage möglichst spontan.
Die angestellten Vermutungen werden ihm berichtet.
Wer lag mit seiner Vermutung richtig?

Beispiele für E-Karten:

Bist du im Hallenbad schon vom 5-m-Brett gesprungen?
Würdest du gerne im vorigen Jahrhundert gelebt haben?
Würdest du gerne bei einer Tauchexpedition mitmachen?
Träumst du manchmal Träume, in denen du nicht vorkommst?
Muss man sich nach einem Streit unbedingt wieder versöhnen?
Erzählst du deine Geheimnisse gerne deinen Freunden?
Kannst du zur selben Zeit mehrere Gedanken haben?
Bist du mit dir zufrieden, so wie du bist?
Können Mädchen schöner schreiben als Buben?

Beispiele für O-Karten:

Was gefällt dir in der Schule am besten?
Was ist für dich bei einer Freundschaft das Wichtigste?
Was ist dein größter Wunsch, den man nicht durch Geld erfüllen kann?
Mit wem aus dieser Gruppe hast du noch nie gestritten?
Wie versöhnst du dich nach einem Streit mit deinem/r Freund/in?
Wie versöhnt sich dein/e Freund/in mit dir nach einem Streit?
Wie versöhnen sich deine Eltern mit dir?
Mit einem anderen Namen: Wärst du ein anderer Mensch?
Welche Strafe bekommst du, wenn du etwas falsch gemacht hast?
Welche Strafen nützen deiner Meinung nach etwas?
Welche Belohnungen nützen deiner Meinung nach etwas?

Gemeinsame Überlegungen: Wessen Antwort konntest du schwer einschätzen? Bei wem fiel es dir leicht? Woran könnte das liegen? Welche „O"-Antworten haben dich erstaunt? Warum?

Erfahrung: Nach manchen Antworten ist bei einigen Kindern zu bemerken, dass sie ihre persönliche Meinung zu der gestellten Frage vorbringen möchten. Bevor es deswegen zu Störungen im weiteren Verlauf kommt, ist es sinnvoll, ihnen die Möglichkeit dazu anzubieten.

A oder B?

Material: Overhead-Folie mit Auswahlsätzen, Overheadprojektor, kopierte Einschätzlisten für jedes Kind (Kopiervorlage 9), Stifte

Vorbereitung: Die Kinder wählen einen Partner, dessen Wahl sie gerne einzuschätzen versuchen möchten.

Anleitung: *„Bei diesem Spiel geht es darum, die Entscheidung von anderen einzuschätzen und selbst eingeschätzt zu werden. Ich werde euch zwei Wörter vorlesen, zum Beispiel Himbeereis oder Schokoladeeis, und ihr sollt überlegen, welches Eis eurem Partner besser schmeckt. Wenn ihr meint, dass er sich eher für das Erste entscheiden wird, dann tragt den Buchstaben A in das Formular ein. B einzutragen bedeutet, dass er das Zweite bevorzugen würde. Gleichzeitig könnt ihr aber auch festlegen, was euch persönlich lieber ist. Verwendet für eure Wahl auch einen der beiden Buchstaben. Anschließend könnt ihr eure Vermutungen miteinander vergleichen.“*

Gemeinsame Überlegungen: Wie oft hast du die Entscheidung deines Partners richtig eingeschätzt? Wie oft wurde deine Wahl richtig eingeschätzt? Was hast du Neues über deinen Partner erfahren?

Beispiele einer Auswahlliste

A oder B?

A Himbeereis	B Schokoladeeis
A Hund als Haustier	B Katze als Haustier
A Marmeladebrot	B Honigbrot
A rechnen	B schreiben
A singen	B musizieren
A fernsehen	B Video schauen
A Lego spielen	B Karten spielen
A Urlaub am Meer	B Urlaub in den Bergen
A rot	B blau
A früh aufstehen	B spät aufstehen
A Bücher lesen	B Comics lesen
A Kassetten hören	B CDs hören
A Rätselfragen stellen	B Witze erzählen
A für die Eltern Geschenke basteln	B für die Eltern Geschenke kaufen
A Fleisch	B Wurst
A Obst	B Gemüse
A Rad fahren	B Skateboard fahren
A rote Rosen	B gelbe Rosen
A lange Haare	B kurze Haare
A Horrorfilm	B Kriminalfilm
A Hund	B Katze
A Sommer	B Winter
A Kinderzimmer aufräumen	B Küche aufräumen
A mit dem Zug fahren	B mit dem Flugzeug fliegen
A Hausübung im Hort schreiben	B Hausübung zu Hause schreiben

Eins, zwei oder drei?

Material: für jedes Kind drei Einschätzkarten, jeweils drei verschiedene Auswahlkarten zu einem Thema

Vorbereitung und Herstellung: Die Einschätzkarten werden entweder für alle Kinder kopiert oder jedes Kind beschriftet sich drei Kärtchen selbst.

Für die Herstellung der Auswahlkarten benötigt man DIN A4-Papier, auf das zu jedem Thema die passenden drei Bilder (aus einem Katalog, Kalender, einer Illustrierten usw.) oder Texte aufgeklebt werden.

Beispiele für (verkleinerte) Auswahlkarten:

Anleitung: Bei diesem Spiel versuchen alle Mitspieler einzuschätzen, wofür sich ein Kind der Gruppe entscheiden wird: für die Möglichkeit 1, 2 oder 3. Der Spielleiter stellt einem Freiwilligen zuerst eine Frage, z. B. *„Welches Tier würdest du am liebsten in der freien Wildbahn beobachten?“*, und legt die drei Auswahlkarten auf. Alle Mitspieler betrachten die Karten und legen dann ihre Einschätzkarte verdeckt vor sich hin. Erst wenn alle damit fertig sind, gibt das Kind seine Wahl bekannt und begründet, warum es sich für diese Karte entschieden hat.

Mögliche Themen: Natürlich kann eine Frage mit denselben Bildern für mehrere Kinder verwendet bzw. kann die gleiche Frage zu neuen Bildern noch einmal gestellt werden.

Bilder und mögliche Fragestellungen:

Häuser
- In welchem Haus würdest du am liebsten wohnen?
- In welchem Haus würdest du am liebsten eine Geisterparty feiern?
- In welchem Haus würdest du am liebsten deine Ferien verbringen?
- Welches dieser Häuser würdest du dir kaufen, wenn du sehr viel Geld hättest?
- In welchem dieser Häuser würdest du nie wohnen wollen?
- In welchem dieser Häuser könntest du dich sicher und geborgen fühlen?

Tiere
- Welches Tier hättest du gerne als Haustier?
- Welches Tier gefällt dir am besten?
- Welches Tier gefällt dir gar nicht?
- Über welches Tier weißt du besonders gut Bescheid?
- Welchem Tier möchtest du nicht gerne begegnen?
- Welches Tier hast du noch nie vorher gesehen?
- Mit welchem Tier würdest du dich am ehesten vergleichen?

Blumen
- Welche der Blumen verschenkst du gerne?
- Welche Blume gefällt dir am besten?
- Welche Blume würdest du gerne geschenkt bekommen?

Pflanzen (Bäume, Sträucher usw.)
- Welche Pflanze hättest du gerne in deinem Garten?
- Welche Pflanze gefällt dir am besten?
- Welche Pflanze gefällt dir gar nicht?

Farben
- Welche Farbe gefällt dir am besten?
- Welche Farbe gefällt dir gar nicht?
- Welche Farbe passt deiner Meinung nach am besten zu dir?
- Welche Farbe passt deiner Meinung nach gar nicht zu dir?

Gesichter von Menschen
- Welche dieser Personen wirkt auf dich vertrauenswürdig?
- Welche dieser Personen ist deiner Meinung nach gutmütig?
- Welche dieser Personen wirkt auf dich bedrohlich?
- Von welcher dieser Personen würdest du dich in einem Geschäft am liebsten bedienen lassen?
- Von welcher dieser Personen würdest du dich in einem Geschäft nicht so gerne bedienen lassen?
- Mit welcher dieser Personen würdest du gerne befreundet sein?
- Mit welcher dieser Personen möchtest du nicht befreundet sein?

Stimmungs-Smilies oder Mimürfelbilder
- In welcher Stimmung bist du am Morgen meistens?
- In welcher Stimmung kommst du morgens meistens in die Schule?
- In welcher Stimmung bist du jetzt gerade?
- In welcher dieser Stimmungen bist du eher selten?

Landschaftsbilder
- Wo würdest du gerne wohnen?
- Wo würdest du am liebsten deine Ferien verbringen?
- Wo würdest du überhaupt nicht wohnen wollen?
- Wo möchtest du deine Ferien auf keinen Fall verbringen?
- Welches der Bilder verursacht bei dir eine Ferienstimmung?
- Welches dieser Bilder entspricht am ehesten deiner momentanen Stimmung?

Schauspieler/ Sänger/Popgruppe
- Welcher dieser Schauspieler/Sänger ist dir sympathisch?
- Welcher dieser Schauspieler/Sänger ist dir unsympathisch?

- Welchen dieser Schauspieler/Sänger würdest du gerne näher kennen lernen?

Spielsachen
- Welches Spielzeug würdest du dir am ehesten zu Weihnachten wünschen?
- Welches Spielzeug würdest du dir am ehesten zum Geburtstag wünschen?
- Welches Spielzeug interessiert dich überhaupt nicht?
- Welches dieser Spielzeuge findest du zu kindisch für dich?

Fotos der Kinder
- Mit welchem dieser Kinder möchtest du dich gerne zusammensetzen?
- Mit wem würdest du gerne auf Urlaub fahren?
- Welches dieser Kinder würdest du fragen, ob es mit dir seine Jause teilt?
- Welches dieser Kinder würdest du fragen, wenn du dich bei der Hausübung nicht auskennst?
- Welchem dieser Kinder würdest du von deinem Taschengeld ein Geschenk zum Geburtstag kaufen?
- Welches dieser Kinder würdest du gerne zu dir nach Hause einladen?
- Mit welchem dieser Kinder würdest du gerne ins Kino gehen?
- Welches dieser Kinder möchtest du besser kennen lernen?

Erfahrungen: Es ist notwendig, schon vor dem Spiel mit den Kindern über die möglichen Auswirkungen von Fragen, die sich auf Gruppenmitglieder beziehen, zu sprechen. Wenn der Spielleiter oder die Kinder noch wenig oder gar keine Erfahrung im Umgang mit beziehungsklärenden Fragestellungen haben, kann dieses Thema vorerst weggelassen werden oder es werden Fotos bzw. Bilder anderer Kinder verwendet.
Manchmal ergibt sich die Situation, dass zwei Antworten für ein Kind gleichwertig sind. Für diesen Fall wird schon im Vorfeld eine Spielregel aufgestellt, die besagt, dass das Kind sich zwar für eine der beiden Antworten entscheiden soll, anschließend aber hinzufügen darf, welche andere mögliche Antwort es noch gegeben hätte.

Weiterführung: Außer Bildern kann man den Kindern auch kurze Texte oder Gedichte zur Auswahl anbieten.

Beispiele für solche Auswahlkarten und Fragestellungen:

Rudolf Otto Wiemer
Steigerung[1]

denken
nachdenken
zweifeln

Frantz Wittkamp
Gestern[2]

Gestern habe ich mir vorgestellt,
ich wär der einzige Mensch auf dieser Welt.
Ganz einsam war ich und weinte schon,
da klingelte leider das Telefon.

Josef Guggenmos
Schneekristall[3]

Ein Schneekristall lag
mir auf der Hand, ewig schön,
eine Sekunde.

- Welches dieser Gedichte gefällt dir am besten?
- Welches der Gedichte entspricht am ehesten deiner momentanen Stimmung?
- Welches Gedicht würdest du gerne auswendig aufsagen können?
- Welches dieser Gedichte würdest du gerne jemandem schenken?

Letzten Sommer wollten wir unseren Urlaub in den Bergen verbringen. Als wir über die steile, holprige Straße zur Almhütte fuhren, begann …

Zwei Freunde hatten sich auf den Weg gemacht, um im Wald nach Pilzen zu suchen. Sie stiegen zu einer Waldlichtung, als …

Meine Schwester und ich waren alleine zu Hause und schauten uns einen Krimi im Fernsehen an. Als der Kommissar gerade den Täter verfolgte, läutete …

[1] In: Gelberg, Hans-Joachim (Hg.): Überall und neben Dir. Beltz, Weinheim und Basel 1989.
[2] Ebda.
[3] Ebda.

• Welchen dieser Texte würdest du gerne fortsetzen?
• Welche dieser drei Anfangssituationen hast du schon selbst einmal erlebt?

Gemeinsame Überlegungen: Was glaubst du, warum so viele Kinder deine Antwort richtig einschätzen konnten? Was, glaubst du, war der Grund, dass dich so viele Kinder nicht richtig einschätzen konnten? Was, meinst du, trägt dazu bei, dass du richtig eingeschätzt wirst oder dass du andere richtig einschätzen kannst? Welchen Vorteil hat es, sich zu überlegen, wie sich andere Menschen entscheiden könnten? In welchen Situationen deines Lebens könnte es für dich von Vorteil sein?

Andere sagen ...

Material: ein großer Würfel mit verschiedenen Satzanfängen auf jeder Seite

Herstellung des Würfels: nebenstehende Kopiervorlage als Schablone vergrößern und auf Karton aufzeichnen, ausschneiden und zusammenkleben oder Klebeetiketten beschriften und auf einen Holzwürfel kleben.

Anleitung: Bei dieser beziehungsklärenden Übung können die Kinder ansprechen, was sie selbst vermuten, dass andere Kinder über sie denken oder sagen, auch Missverständnisse können dadurch geklärt werden. Es wird reihum gewürfelt, wer nicht drankommen möchte, gibt den Würfel einfach an den Nächsten weiter, wem zu seinem Satzanfang nichts einfällt, tut dies ebenfalls. Nachdem eine Vermutung geäußert wurde, haben die restlichen Kinder die Möglichkeit, zu dieser Aussage Stellung zu nehmen.

Zum Beispiel: Ein Kind würfelt *„Andere halten mich für ...“* und ergänzt dann den Satz mit *„... einen Petzer.“* Es kann jetzt entweder nachfragen, ob oder wer das wirklich von ihm denkt und es könnte darüber gesprochen werden, wie es dazu kommt, dass diese Meinung über dieses Kind besteht.

Hinweis: Diese Übung fordert vom Gruppenleiter sehr viel Sensibilität, da es den meisten Kindern nicht leicht fällt, über solche Vermutungen zu sprechen.

Erfahrung:
• Öfters habe ich erlebt, dass sich die Kinder nach dem Ansprechen ihrer Befürchtungen sehr erleichtert fühlten, besonders, wenn die anderen Kinder diesem Kind mitteilten, dass seine Befürchtungen unbegründet waren.
• Häufig wurden bei dieser Übung aber auch alte Konflikte, die noch nicht bearbeitet waren, angesprochen. Der am Würfel stehende Satzanfang „andere“ wurde dabei oft durch den Namen eines bestimmten Kindes ersetzt. *„Michaela hält mich für eine Spielverderberin, weil ich ihr einmal meine neue Puppe nicht geborgt habe.“* In solchen Fällen fragte ich die Beteiligten zum Beispiel, ob sie zu einem späteren Zeitpunkt (am selben Tag) ein Gespräch über den Konflikt führen wollten. Nicht immer stimmten die angesprochenen Kinder diesem Vorschlag (gleich) zu. Manchmal konnte ich bei diesen Kindern dadurch Gesprächsbereitschaft erzeugen, indem ich um Verständnis für das Anliegen des Kindes, die Situation besprechen zu wollen, warb.

Gemeinsame Überlegungen: Wie fühlst du dich nach dieser Übung? Warum, glaubst du, empfindest du dieses Gefühl? Welches Gefühl oder welche Gefühle hattest du während der Übung?

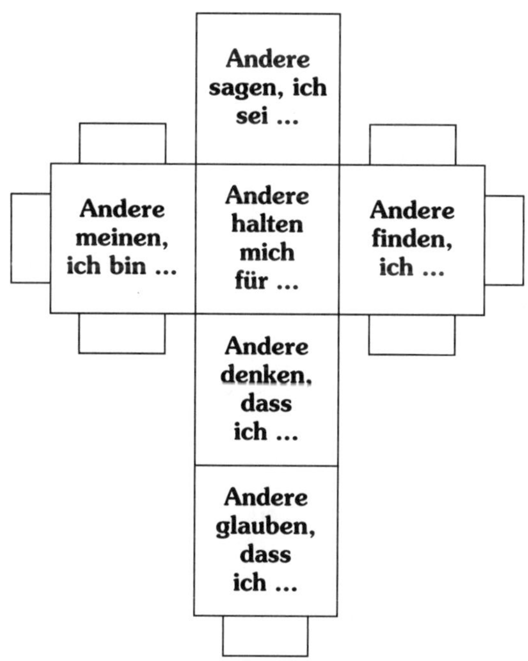

3. Gefühle wahrnehmen und empfinden

3.1. Eigene Gefühle wahrnehmen und empfinden

Viele dieser Übungen und Spiele finden mit geschlossenen oder verbundenen Augen statt. Dadurch erhöht sich erstens die Konzentration der Kinder, zweitens bewirkt die Ausschaltung eines Sinnesorgans eine Verstärkung der Eindrücke und drittens werden die anderen Sinnesorgane feinfühliger, um das Fehlende auszugleichen.

Zusätzlich zu den Anleitungen habe ich für die unterschiedlichen Wahrnehmungseinheiten thematisch passende Gedichte ausgesucht. Diese könnten mit den Kindern als Einleitung zu den Übungen oder zum „Nachwirken“ gelesen oder aber auch als Impuls und Anregung zum Schreiben eigener Gedichte verwendet werden.

3.1.1. Taktiles Wahrnehmen

Mit dem Körper lesen

Anleitung: Die Kinder finden sich als Paare zusammen und vereinbaren einen Körperteil, auf den ein Kind dem anderen (das die Augen geschlossen oder verbunden hat) ein Bild, ein Symbol, einen Buchstaben oder ein ganzes Wort zeichnet oder schreibt.
Die Übung kann dadurch erschwert werden, indem man vorher nicht festlegt, ob die Buchstabenausrichtung vertikal oder horizontal sein wird.

Gemeinsame Überlegungen: Mit welchem Körperteil konntest du die Zeichen am besten erfühlen? Was glaubst du, woran das liegt?

Stille Post

Anleitung: Bei dieser Version wird das Wort dem nächsten Kind nicht zugeflüstert, sondern es wird ihm auf den Rücken geschrieben. Bei jüngeren Kindern können auch Zeichen, Symbole oder einzelne Buchstaben weitergegeben werden.

Dieses Spiel kann von zwei Gruppen auch um die Wette gespielt werden, dabei wird das Wort oder Zeichen vom Spielleiter vorgegeben.

Gemeinsame Überlegungen: Welches Gefühl hattest du, als dir auf den Rücken geschrieben wurde?

Tastend lesen

1.
Material: Buchstaben und Zahlen aus Holz oder Sandpapier, große Schachtel, in die auf zwei gegenüberliegenden Seiten zwei Eingriffsöffnungen (für beide Arme) geschnitten und mit je einem Stück Stoff zugehängt werden.

Anleitung: Ein Kind stellt für seinen Partner ein Wort aus den Buchstaben zusammen. Das zweite Kind steckt seine Arme durch die Öffnung und bekommt vom ersten Kind einen Buchstaben nach dem anderen in die Hand und ertastet so das zu lesende Wort.
Auf diese Weise können sich die Kinder auch gegenseitig Kopfrechnungen aufgeben.

2.
Material: Papier, stumpfe Nadel, Stift, Tuch zum Verbinden der Augen

Anleitung: Auf ein Blatt Papier wird ein Buchstabe oder ein Wort in Blockbuchstaben seitenverkehrt aufgeschrieben. Dem Buchstaben entlang werden jetzt mit der stumpfen Nadel im Abstand von einigen Millimetern Löcher in das Papier gestanzt. Auf der Vorderseite kann der Buchstabe so durch die Erhöhungen (vergleichbar der Blindenschrift) ertastet werden.

Gemeinsame Überlegungen: Welches Gefühl hattest du, als du ohne Augen lesen konntest?

Geld zählen

Material: mehrere verschiedene Geldmünzen

Vorbereitung: Die Münzen werden mit den Kindern auf ertastbare Merkmale untersucht, Gewicht und Größe werden miteinander verglichen.

Anleitung: Die Kinder sitzen um den Tisch, die Hände halten sie unter den Tisch. Der Spielleiter nimmt mehrere Münzen und gibt sie der Reihe nach dem ersten Kind. Dieses ertastet den Wert der Münze, nennt ihn aber nicht, sondern merkt sich die Zahl und gibt die Münze unter dem Tisch an das nächste Kind weiter. Der Wert der nächsten Münze wird dazugerechnet usw., bis alle Münzen durch sind. Dann schreibt jedes Kind die Summe der Münzen verdeckt auf ein Papier. Der Spielleiter legt nun alle Münzen auf den Tisch und gemeinsam wird zusammengerechnet. Wer hat die richtige Summe ertastet?

Tipp: Als Spielleiter ist es wichtig, diese Tastübung vorher selbst auszuprobieren, um dann zu entscheiden, wie viele verschiedene Münzen eingesetzt werden. Für jüngere Kinder ist es leichter, wenn nur mit zwei oder drei verschiedenen Münzen gespielt wird.

Gemeinsame Überlegungen: Woran konntest du die Münzen erkennen bzw. wodurch konntest du sie unterscheiden? Welches Gefühl hattest du, als du nicht sicher warst, welche Münze du in der Hand hältst?

Ratespiel

Anleitung: Es werden Dreiergruppen gebildet, zwei Kinder streichen nacheinander dem dritten Kind über den Handrücken. Dieses versucht sich die Art und Weise der Berührung einzuprägen und schließt die Augen. Die Berührungen werden in gleicher oder umgekehrter Reihenfolge wiederholt und das „fühlende" Kind versucht zu erraten, von wem es gerade gestreichelt wird. Anschließend tauschen die Kinder die Rollen, diesem Kind wird dann z. B. über den Oberarm, den Rücken, den Kopf, die Schulter usw. gestreichelt.

Gemeinsame Überlegungen: Welches Gefühl hattest du, als du von deinen Partnern gestreichelt wurdest? Was an dieser Übung war dir angenehm, was war dir unangenehm? Woran hast du deine Partner erraten? Warum fiel dir das Erraten schwer?

Gedichte vom Fühlen

Fredrik Vahle
Herzklopfen[1]

Es ist etwas Eigenartiges,
sein eigenes Herz klopfen zu hören –
etwas geheimnisvolles Nahes.
Manchmal spüre ich es nur,
wenn es zu schnell klopft,
und bekomme Angst.
Manchmal klopft es mir
zum Hals hinauf
oder rutscht in die Knie
und ab und zu sogar in die Hose.
Ist das Herz wieder oben,
vergesse ich schnell, dass es klopft.
Aber neulich habe ich
meinen Puls gefühlt
und ein Lied dazu gesungen.
Das ging mir zu Herzen,
aus dem es kam.

Fredrik Vahle
Herzmusik[2]

Manchmal, wenn die Indianer
Musik machen wollen,
hören sie erst mal in sich selbst hinein.
Und was hören sie da?
Sie hören ihr eigenes Herz schlagen.
Und dann nehmen sie ihre Trommeln
und fangen an zu trommeln,
wie sie ihr eigenes Herz gehört haben:
Ba bumm Ba bumm Ba bumm.
Sie trommeln nicht einfach drauflos.
Sie folgen dem Rhythmus in ihrem eigenen
Körper.
Und daraus entsteht die Musik,
aus dem Klang, der von innen kommt,
und aus dem Herzschlag:
ba...bum...ba...bum...ba...bum...ba...bum
anatonka yoti jage!

[1] In: Vahle, Fredrik: Der Himmel fiel aus allen Wolken. Beltz, Weinheim und Basel 1994.
[2] Ebda.

3.1.2. Visuelles Wahrnehmen

Details hervorheben

Material: Diarahmen, Diaprojektor, wasserfeste Stifte

Anleitung: Jedes Kind zeichnet von einem Ding im Raum nur einen Teil auf den Diarahmen. Die Dias werden auf die Wand projiziert und alle Kinder suchen den Gegenstand, zu dem der gezeichnete Ausschnitt gehört.

Gemeinsame Überlegungen: Woran liegt es, dass manche Ausschnitte sehr schnell, andere sehr schwer zu finden waren?

„Klappen auf!"

Material: verschiedene Bilder aus einem Kalender mit einzelnen Motiven, zum Beispiel Tierbilder, oder Blätter mit einzelnen, sehr groß dargestellten Buchstaben, Klarsichthüllen, Fotokarton, Klebestreifen, Bleistift, Lineal, Stanleymesser

Vorbereitung:
1. Jedes Bild kommt in eine eigene Klarsichthülle.
2. Der Karton wird zu einer Einschubtasche für die Klarsichthüllen gebogen, die auf einer Seite offen bleibt, damit man die Bilder auswechseln kann.
3. In die Vorderseite des Umschlages werden bis auf einen Seitenrand von ca. 2 bis 3 cm breite Streifen geschnitten, die sich aufklappen lassen (siehe Abbildung).

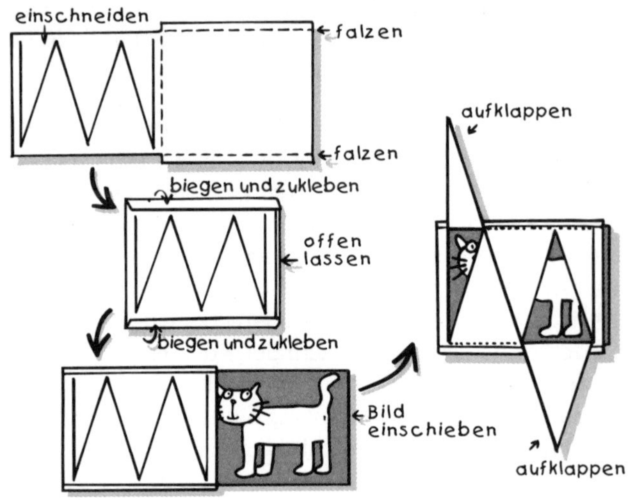

Anleitung: Einige Bilder werden in die Kartonmappe eingelegt, die einzelnen Abschnitte werden vom Spielleiter langsam nacheinander geöffnet. Die Kinder versuchen zu erkennen, was das verdeckte Bild darstellen soll, haben aber nur eine einzige Antwortmöglichkeit zur Verfügung. Wer glaubt zu wissen, um welches Motiv es sich handelt, ruft: *„Klappe auf!"* und nennt die Antwort. Ist die Antwort richtig, öffnet der Spielleiter die restlichen Klappen. Stimmt die Antwort nicht, ist dieses Kind für diese Spielrunde nur mehr als Beobachter dabei, das Spiel wird fortgesetzt, bis sich das nächste Kind meldet.

Gemeinsame Überlegungen: Warum waren manche Motive sehr leicht, andere hingegen sehr schwer erkennbar? Welches Gefühl hattest du während des Spiels?

Optische Täuschungen

Material: verschiedene Bilder mit „Täuschungseffekt"

Durchführung: Die Kinder betrachten die Bilder, paarweise besprechen und vergleichen sie ihre Eindrücke.

Gemeinsame Überlegungen: Warum sagt man in manchen Situationen: *„Ich traute meinen Augen nicht"*?

„Klick!"

Anleitung: Die Kinder finden sich zu Paaren zusammen, ein Kind ist der Fotograf, das andere ist der Fotoapparat und hält seine Augen geschlossen. Der Fotograf führt den Fotoapparat durch den Raum, vor einem Gegenstand bleiben die beiden stehen, der Fotograf sagt: *„Klick!"* und genau in diesem Moment öffnet die Kamera die Linse, sprich die Augen. Dann geht es weiter zu einem anderen Objekt, das wieder „fotografiert" wird. Nachdem drei bis fünf Fotos geknipst wurden, setzen sich die beiden zusammen und der Fotoapparat erzählt von seinen Eindrücken. Danach werden die Rollen gewechselt.

Gemeinsame Überlegungen: Welche Gegenstände hast du wahrgenommen? Woran hast du sie in der „Klicksekunde" erkannt? Welches Gefühl hattest du, als du blind durch den Raum geführt wurdest, als du für nur einen Moment deine Augen öffnen durftest?

3.1.3. Auditives Wahrnehmen

Ratespiel

Anleitung: Es werden Gruppen von 3-5 Kindern gebildet, ein Kind davon ist der Zuhörer. Die anderen vereinbaren einen Laut (eine Silbe, ein Nonsenswort, ein stimmliches Geräusch usw.), den sie dem Zuhörer vorsagen. Dieser versucht sich die Art und Weise, wie der Laut von jedem ausgesprochen wurde, einzuprägen und schließt dann die Augen. Der Laut wird nun in gleicher oder umgekehrter Reihenfolge von den Kindern wiederholt und der Zuhörer versucht zu erraten, wer gerade gesprochen hat. Dem Zuhörer der nächsten Runde kann zum Beispiel etwas zugeflüstert oder vorgesummt werden.

Gemeinsame Überlegungen: Welches Gefühl hattest du, als du mit geschlossenen Augen zugehört hast? Was an dieser Übung war dir angenehm, was war dir unangenehm? Woran hast du deine Partner erkannt? Warum, glaubst du, hast du sie nicht erkannt?

Alltagsgeräusche

Material: Kassettenrekorder, Mikrofon, Kassette zum Aufnehmen

Anleitung: Der Gruppenleiter spielt den Kindern eine Kassette mit Alltagsgeräuschen vor, die Kinder schreiben auf, welche Gefühle sie dabei empfinden, bzw. welche Gefühle dadurch ausgelöst werden (vgl. Anleitung „Musikalische Gefühlsauslöser", Seite 62).

Gemeinsame Überlegungen: Mit welchen Geräuschen verbindest du angenehme oder unangenehme Gefühle? Warum ist das so?

Varianten:

1.
Die Kinder bringen von zu Hause Kassetten mit, auf denen sie Alltagsgeräusche aus ihren Wohnungen aufgenommen haben.

Gemeinsame Überlegungen: Welche Geräusche auf deiner Kassette lösen bei dir angenehme, welche lösen unangenehme Gefühle aus? Warum?

2.
Es werden verschiedene Themenbereiche gesammelt, zum Beispiel „Fahrzeuge", „Zeit", „Wasser", „laut – leise", „Schule", „Arbeit" usw., denen sich die Kinder je nach Interesse zuordnen. In den gebildeten Gruppen wird zuerst beratschlagt, welche Geräusche sich zur Themendarstellung eignen könnten. Der zeitliche Rahmen für die Aufnahmetätigkeiten kann sich dann über mehrere Tage erstrecken. Die Gruppen spielen sich ihre Kassetten vor und raten, um welche konkreten Geräusche es sich bei den gehörten Aufnahmen handeln könnte.

Gemeinsame Überlegungen: Was hat dir an eurer gemeinsamen Arbeit Spaß gemacht, was fandest du langweilig? Wie war die Stimmung in eurer Gruppe? Welche deiner Ideen konntest du verwirklichen? Mit welchen Gefühlen verbindest du die Geräusche der anderen Gruppen?

Maier-Vater, Maier-Mutter, Maier-Kind

Material: Karten entsprechend der Kinderanzahl

Anleitung: Bei dieser variierten Version des Spieles „Tierfamilien“ werden statt der Tiernamen ähnlich klingende Familiennamen aufgeschrieben. Eine Familie, bestehend aus Vater, Mutter und Kind, muss aber erst zusammenfinden.
Auf den Karten steht zum Beispiel Maier-Vater, Maier-Mutter, Maier-Kind, Gaier-Vater, Gaier-Mutter, Gaier-Kind, Kaier-Vater, Kaier-Mutter, Kaier-Kind, usw. Die Karten werden zusammengefaltet gezogen und erst auf Kommando des Spielleiters geöffnet. Durch Rufen des Namens müssen sich die jeweiligen Familienmitglieder finden und in der Reihenfolge Vater-Mutter-Kind aufeinandersetzen. Welche Familie schafft das als erste?

Gemeinsame Überlegungen: Wie und wodurch hast du deine Familie gefunden? Welches Gefühl hattest du, als alle Kinder durcheinander schrien?

Einem Geräusch folgen

Material: verschiedene Klang- oder Geräuschinstrumente

Anleitung: Alle Kinder stellen oder setzen sich in den Raum, einem Kind werden die Augen verbunden, ein zweites sucht sich ein Instrument aus. Dieses Kind leitet das blinde Kind durch den Instrumentenklang von einem Platz zu einem anderen Platz im Raum. Dabei sind die beiden aber immer mindestens 10 Schritte voneinander entfernt. Wenn das blinde Kind einem im Raum stehenden Kind nahe kommt, beginnt dieses, einen leisen Warnton von sich zu geben.
Wenn ein Kind möchte, kann es beim blinden Gehen versuchen, sich ein Ohr zuzuhalten. Welcher Unterschied ist zu bemerken?

Variante: Zwei oder drei Kinder werden von verschiedenen Geräuschen durch den Raum geleitet.

Gemeinsame Überlegungen: Welches Gefühl hattest du beim blinden Gehen? Was ist dir dabei leicht, was ist dir schwer gefallen?

Musikalische Gefühlsauslöser

Material: Kassettenrekorder, Musikkassette, Papierstreifen, Stifte

Anleitung: Der Gruppenleiter nimmt von verschiedensten Musikrichtungen sehr kurze Sequenzen auf. Dabei sollen sich die aufeinander folgenden Musikstücke in Bezug auf Stil und Rhythmus sehr stark voneinander unterscheiden (vgl. dazu Projektbeschreibung, Kapitel „Das Gefühlefest“, Seite 26).
Die Frage *„Welches Gefühl löst diese Musik bei euch aus?“* beantworten die Kinder schriftlich auf kleinen Papierstreifen. Anschließend wird die Kassette noch einmal vorgespielt und die Kinder lesen ihre Gefühlsbeschreibungen vor.

Gemeinsame Überlegungen: Welche dieser Musikrichtungen hörst du dir zu Hause an? Hörst du dir in jeder Gefühlslage die gleiche Art von Musik an? Wenn ja bzw. nein, woran, glaubst du, liegt das? Welche der vorgespielten Musikrichtungen hast du vorher schon einmal gehört? Wann und wo? Welche Musik hat dir besonders gut, welche überhaupt nicht gefallen?

Variante: Die Kinder bringen von zu Hause selbst aufgenommene Kassetten mit unterschiedlichen Musikrichtungen mit und spielen sie den anderen vor.

Gemeinsame Überlegungen: Warum hast du gerade diese Musikstücke ausgewählt? Welche der vorgespielten Musik gehört zu deiner Lieblingsmusik? Welches Gefühl löst deine Lieblingsnummer bei dir aus?

Musik, die mich fröhlich stimmt/ Musik, die mich traurig stimmt

Material: zwei große Bögen Packpapier, dicke Filzstifte, Kassettenrekorder oder CD-Player, MCs oder CDs

Anleitung: In einer Plakatumfrage werden die Kinder aufgefordert nachzudenken, welche Musik sie fröhlich oder traurig stimmt. Die entsprechenden Musikstücke werden eingetragen und vorgelesen. Jedes Kind hat die Möglichkeit, die Gründe für seine Auswahl mitzuteilen.

Gemeinsame Überlegungen: Kannst du dich noch erinnern, wann du durch dieses Musikstück das erste Mal in die beschriebene Gefühlslage versetzt wurdest?

Gedichte vom Hören

Fredrik Vahle
Ballade vom Ton[1]

Noch ist der Ton
ganz leise und klein,
doch er will in die Welt,
will hörbar sein.
Er macht sich aus seiner Stille los,
erklingt und ertönt,
schwillt an und wird groß. –
Du kannst einen Ton
weder riechen noch sehn.
Du kannst ihn er-hören
und ein wenig verstehn.
Ist er leis' oder laut,
ist er schräg oder schrill?
Ist er sanft oder hart,
klingt er so, wie er will?
Verschwindet er – plupp –
wie der Frosch im Teich?
Ist die Stille danach
bei jedem Ton gleich?
Vibriert er im Herzen
und manchmal im Bauch
oder oben im Kopf,
in den Schultern auch?
Sind Ton und Stille
wie schwarz und weiß,
wie Licht und Schatten,
wie laut' und leis'?
Aus der Stille heraus
kommt jeder Ton
und klingt wieder
in die Stille davon.
Vielleicht wird im Ton
die Stille zum Laut. –
Vielleicht ist die Stille
nicht leicht und nicht schwer,
aus verklungenen Tönen
ein ruhiges Meer.
Und du hörst es sanft rauschen,
bist ruhig und still.
Doch ein neuer Ton wartet,
spürst du, ob er will?
Die Stimmbänder schweigen,
du öffnest den Mund,
denkst an den Ton aus der Stille und
hast eingeatmet,
und alles ist klar,
so ertönt jetzt am Ende
von diesem Gedicht
ein schönes herzwarm getragenes ...
A

Fredrik Vahle
Die Töne[2]

Ein Ton, der sprach zum andern:
„Komm mit, wir gehen wandern.
Wir müssen raus aus dem alten Mief,
du klingst schon ganz krumm, und ich klinge schief."

Sie krochen in eine Flöte hinein,
und als sie herauskamen, klangen sie fein.
Sie klangen einsam zurück und vor
und suchten beide verzweifelt ein Ohr.

Dann haben die beiden gleich zwei gefunden,
und jeder ist in einem verschwunden.
Und zwischen den Ohren, da war ein Gesicht,
das freute sich plötzlich ganz königlich.

Und der eine Ton sagte zum andern: „Kiek,
jetzt ham wir's geschafft!
Jetzt sind wir
Musik!"

---

[1] In: Vahle, Fredrik: Der Himmel fiel aus allen Wolken. Beltz, Weinheim und Basel 1994.
[2] In: Vahle, Fredrik: Mäusepfiff und Himmelsblau. Middelhauve, München 1987.

Fredrik Vahle
Pauke, Posaune und Edeltraut[1]

Das Zirpen einer Meise,
das Trippeln einer Maus,
das Atmen der Mutter
und der Wind ums Haus.

Ein Löwe, der brüllt,
ein Tiger, der faucht,
eine Schlange, die zischt:
Worte leis ... fast gehaucht.

Pauke, Posaune und
Edeltraut.
Wer was will,
der wird auf seine Art laut.

Wecker, Trompete und
Telefon.
Jedes Ding hat
seinen Ton.

Wenn du kommst –
das Quietschen vom Gartentor ...
Danke, danke,
liebes Ohr.

Fredrik Vahle
Vom Schweigen der Indianer[2]

Indianer sind Menschen,
die sagen ihren Kindern nicht:
Jetzt seid einmal ruhig.
Oder: Halt den Mund,
du bist noch ein Kind!
(Dabei ist der Mund doch angewachsen,
wie soll man ihn da halten?)
Sie machen ihren Kindern
Freude an der Stille.
Sie setzen sich hin und hören zu,
wenn nichts laut wird ...
Sie sehen, wo es nichts zu sehen gibt,
und hören, wo es nichts zu hören gibt.
Vieles hören sie dann wie neu ...
Wie in einem Traum
hören sie die Worte des Wassers,
die Gespräche der Fische
und das Wachsen des Grases.
Und sie hören in die Stille,
wie alles miteinander verbunden ist:
Der Mensch und die Erde ...
das Sandkorn und der Stern ...
der Wind und das Gras ...
der Himmel und der Mensch.

KNISTER
Leise Geräusche[3]

Nachts, wenn es ganz leise ist,
und niemand mehr die Ruhe stört,
dann hört man all die leisen Dinge,
welche man am Tag nie hört:

Leise knackt der Küchenstuhl,
im Kühlschrank klirrt ein Einmachglas,
es tropft der Wasserhahn im Bad,
und draußen streicht der Wind durchs Gras.

Tags, wenn viele Menschen reden
und dazu das Radio spricht,
tags, wenn all die Autos fahren,
hört man diese Sachen nicht.

3.1.4. Gustatorisches Wahrnehmen

1. Dafür eignen sich alle Arten von Kim-Spielen[4], bei denen man die Kinder Kostproben von verschiedenen Lebensmitteln den vier Grundgeschmacksempfindungen süß, sauer, salzig und bitter zuordnen lassen kann.

2. Versuche, die das genauere Differenzieren einer einzigen Geschmacksrichtung beabsichtigen, können die Kinder anregen, sich über ihre subjektiven Geschmackseindrücke auszutauschen.

Um alle diese Wahrnehmungen plakativ darzustellen, werden sie in vorbereitete Tabellen eingetragen oder als Collagen dargestellt.

---

[1] In: Vahle, Fredrik: Der Himmel fiel aus allen Wolken. Beltz, Weinheim und Basel 1994.
[2] Ebda.
[3] In: Maar, Paul: Frühling, Spiele, Herbst und Lieder. Ravensburg 1987. Alle Rechte bei KNISTER 1981.
[4] Der Begriff „Kim-Spiele" entstand nach der Romanfigur Kim des englischen Schriftstellers Rudyard Kipling. Kim lernt die Fähigkeit eines anderen Jungen kennen, sich alle Gegenstände, die er unter einem Tuch ertastet hat, sofort zu merken und wiederzugeben.

Welche der Kostproben schmeckte								
süß?	sehr süß?	sauer?	sehr sauer?	salzig?	sehr salzig?	bitter?	sehr bitter?	wie sonst?

Gestalte mit deinem Partner eine Collage zum Thema: „Diesen Geschmack finde ich angenehm/unangenehm“

Süß – süßer – am süßesten

Material: Verschiedene süße Lebensmittel, z. B. Honig, Traubenzucker, weißer Zucker, Zuckerglasur, süßes Obst, künstliche und frisch gepresste Fruchtsäfte aus süßem Obst, Schokolade, verschiedene Bonbons, kopierte Skalen

Anleitung: Jedes Kind bekommt dieselben 10 Kostproben, in welcher Reihenfolge es beim Kosten vorgeht, bleibt ihm selbst überlassen, wird von ihm jedoch notiert. Nach jedem Versuch reiht es seine subjektive Geschmacksempfindung und trägt den Grad der Süße in der Skala ein. Diese Werte vergleicht es anschließend mit den Skalen anderer Kinder.

Reihenfolge der Kostproben		Süßegrad-Skala	
1.		**10**	
2.		**9**	
3.		**8**	
4.		**7**	
5.		**6**	
6.		**5**	
7.		**4**	
8.		**3**	
9.		**2**	
10.		**1**	

Variante

• Mehrere Kinder vereinbaren zuerst gemeinsam die Reihenfolge der Kostproben, tragen nach dem Essen ihre individuellen Empfindungen in ihre Skalen ein und vergleichen dann diese Geschmackswertungen miteinander.

• Die Kinder bekommen den Auftrag festzustellen, ob sie ein und dieselbe Speise als gleich oder unterschiedlich süß wahrnehmen, wenn sie vorher verschiedene andere süße Sachen gegessen haben. *„Wie süß schmeckt Traubenzucker, nachdem man unverdünnten Fruchtsirup gekostet hat? Wie süß schmeckt Traubenzucker, wenn man vorher Schokolade gegessen hat?“* Damit sich die Kinder einen besseren Überblick über die Empfindungen der anderen machen können, werden die Ergebnisse in eine Skala eingetragen.

• Um die süßeste Kostprobe zu ermitteln, können wie bei einem Turnier immer zwei Kostproben gegeneinander „antreten“. Die süßere Speise steigt in die nächste Runde auf.

Zum Beispiel:

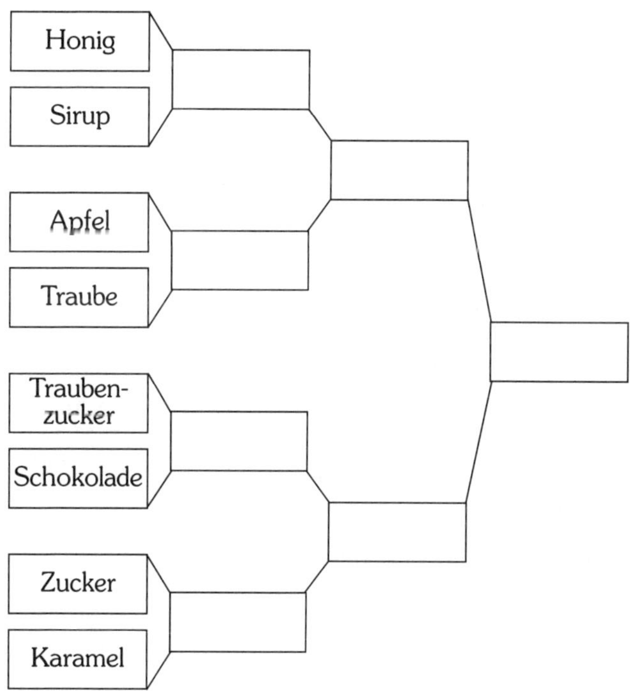

Rund um den „guten Geschmack"

Jemand, der „an einer Sache kaut", die ihm nur „schwer runter geht", sie aber doch „schlucken muss" und die ihm dann „im Magen liegt", weil er sie „schwer verdaut", bevor er sie so sehr „zum Kotzen" findet, dass sie ihm „hochkommt", veranschaulicht mit Hilfe von Geschmacksvokabular emotionell negativ besetzte Umstände. Durch das Beifügen von Geschmacksempfindungen werden Aussagen auch näher charakterisiert: wenn etwas „ein bitteres Ende" findet, jemand „sauer" ist, „ein süßes Baby" hat, eine „süß-saure Miene" macht, einem etwas „gründlich versalzen" wurde, oder sich jemand „geschmackvoll" bzw. „geschmacklos" kleidet ...

Material: Packpapierbogen, Stifte

Anleitung: Anhand eines Beispiels wird mit den Kindern die Bedeutung der Aussage diskutiert. *„Die Suppe hast du dir selbst eingebrockt, jetzt musst du sie auch auslöffeln."* In Folge sammeln die Kinder auf einem Plakat über einen längeren Zeitraum Aussagen und Redewendungen zum Thema „Rund um den guten Geschmack". Anschließend werden die möglichen Bedeutungen besprochen.

3.1.5. Olfaktorisches Wahrnehmen – der Geruchssinn

Rund um den „richtigen Riecher"

Vergleichbar dem Vokabular rund um den Geschmackssinn verhält es sich auch mit dem Geruchssinn. Zum Beispiel kann etwas „nach Gefahr riechen", wenn man „seine Nase in Dinge steckt", die einen nichts angehen. Man kann von etwas „die Nase voll haben", „es stinkt einem" und man möchte am liebsten „verduften". Manchmal herrscht „dicke Luft" oder etwas „stinkt zum Himmel".

Material: Packpapierbogen, Stifte

Anleitung: Mit den Kindern wird besprochen, was der Satz „Ich kann den Typ nicht riechen" bedeuten kann. Anschließend bekommen die Kinder den Auftrag, auf einem Plakat über einen längeren Zeitraum Aussagen und Redewendungen zum Thema „Rund um den richtigen Riecher" zu sammeln und sich über deren Bedeutung auszutauschen.

Kim-Spiele

Material: Verschließbare Fotodosen mit verschiedensten chemischen oder natürlichen Geruchsinhalten: Waschpulver, Nagellackentferner, Spülmittel, Sonnenmilch, Sonnenöl, Alkohol, Essig, Gewürze und getrocknete Kräuter (Zimt, Gewürznelken, Oregano usw.), Parfum, ätherische Öle (Lavendel, Zitrone, Erdbeere, Wildkirsche usw.), verschiedene Teesorten, Kaffee- und Kakaopulver usw., kleine Papierstreifen für jedes Kind.

Hinweis: Wenn man in größeren Gruppen alle Kinder gleichzeitig beschäftigen möchte, sollten entweder mindestens zwei Dosen mit dem gleichen Geruchsstoff vorhanden sein oder die Kinder in Dreiergruppen zusammenarbeiten. Dann befasst sich jede Gruppe immer nur mit einem Duft, den sie an die nächste weitergibt.

Anleitung: Die Fotodosen werden nummeriert, jedes Kind bekommt die gleiche Anzahl an Papierstreifen, wie Geruchsdosen vorhanden sind, und nummeriert sie ebenfalls. Nach jeder Riechprobe notiert man sich die Empfindung, die durch den Geruch ausgelöst wurde.

Wenn sich die Kinder durch einen bestimmten Geruch an eine Begebenheit oder ein Erlebnis erinnern, hängt das mit dem Geruchsgedächtnis zusammen, das eine hohe Tiefen- und Langzeitwirkung hat. Solche Geruchserfahrungen bewirken, dass zum Beispiel der Geruch von Oregano in Kindern die Erinnerung an den letzten Italienurlaub aufkommen lässt. In so einem Fall wird zusätzlich auch das Gefühl, das man mit dieser Erinnerung verbindet oder das durch diese Gerüche geweckt wurde, aufgeschrieben und später vorgelesen.

Gemeinsame Überlegungen: Welche Gerüche stören dich, welche erlebst du als angenehm? In welcher Weise, glaubst du, könnten dich verschiedene Geruchsstoffe beeinflussen? Warum kann es sein, dass durch einen einzigen Duft bei verschiedenen Menschen unterschiedliche Emotionen ausgelöst werden können? Welche Menschen könntest du auch mit geschlossenen Augen an ihrem Parfum- oder Körpergeruch erkennen?

Varianten:

Duftmemory

Es wird versucht, die zwei jeweils zusammengehörenden Gerüche mit geschlossenen Augen zusammenzufinden.

Düfte benennen

Mit geschlossenen Augen versucht man, die Gerüche richtig zu benennen und herauszufinden, aus welcher Situation des Alltagsleben man die Gerüche kennt.

Gedichte vom Riechen

Fredrik Vahle
Nasenweisheit[1]

Da war mal eine Mutter,
die sprach zu ihrem Kind:
„Wer morgens nicht nach Seife riecht,
der stinkt, jawohl, der stinkt."

Da sagt das Kind: „Wieso denn?
Jetzt sag ich was zu dir:
Ich stinke nicht, ich stinke nicht,
ich riech nach mir."

Heinz Erhardt
Die Nase[2]

Wenngleich die Nas, ob spitz, ob platt,
zwei Flügel – Nasenflügel – hat,
so hält sie doch nicht viel vom Fliegen;
das Laufen scheint ihr mehr zu liegen.

Naseweises[3]

In eines Mannes Gesicht
fingen die Nasenflügel
eines Tages zu flattern an,
flogen mit der Nase davon.
Dazu ist nur das Eine zu sagen: Der Mann hatte die Nase schon
immer zu hoch getragen.

Gedichte über die Sinne

Shel Silverstein
Sinne[4]

Ein Mund sprach mit einer Nase und einem Auge.
Ein Ohr kam vorbei und lauschte und sagte:
„Entschuldigung, aber Sie sprechen so laut,
da lauschte ich, ob's mir behagte
oder nicht." Der Mund klappte zu und die Nase ging hoch,
und das Auge sah einfach beiseite,
und das Ohr, weil es nichts mehr zu hören gab,
das Ohr suchte traurig das Weite.

Peter Reber[5]

Gib mir Augen, die schauen können,
ich möchte mehr als nur sehen.
Gib mir Ohren, die horchen können,
wenn man horcht, hört man mehr ...

Bücher zum Weiterlesen

Wahrnehmungsspiele und -übungen

Steiner, Franz und Renate: Die Sinne.
Bömer u. a.: Sinne erschließen die Umwelt.
Zimmer, Renate: Handbuch der Sinneswahrnehmung.
Zoller, Eva: Die kleinen Philosophen.

Bilderbücher

Enders/Wolters: Eigensinn. Ein Bilderbuch über die eigenen Sinne und Gefühle.
Enders/Wolters: Schön blöd. Ein Bilderbuch über schöne und blöde Gefühle.

---

1 In: Vahle, Fredrik: Fischbrötchen beim Friseur. Middelhauve, München.
2 In: Erhardt, Heinz: Das große Heinz-Erhardt-Buch. Rowohlt, Reinbek 1974. © Fackelträger-Verlag GmbH, Hannover 1970.
3 In: Manz, Hans: Die Welt der Wörter. Beltz, Weinheim und Basel 1991.
4 In: Silverstein, Shel: Ein Licht unterm Dach. Middelhauve, Köln 1988.
5 Zitiert nach: Zoller, Eva: Die kleinen Philosophen. verlag pro juventute, Zürich 1991, S. 13. © beim Autor.

3.2. Gefühle „auslösen“ und wahrnehmen

Siehe dazu auch die Anleitungen „Alltagsgeräusche“ und „Musikalische Gefühlsauslöser“ (Seite 61f.).

Bilder lösen Gefühle aus

1.
Material: Verschiedene „allgemeine“ Bilder aus Zeitschriften von Menschen, Landschaften, Dingen, Tieren; Kunstkarten, Ansichtskarten usw., Packpapierbögen, Schreibpapier, Stifte

Anleitung: *„Sucht euch ein Bild, das irgendein Gefühl in euch auslöst. Klebt euer Bild auf Papier auf und schreibt das Gefühl zum Bild dazu. Überlegt euch dann Antworten zu den folgenden Fragen und schreibt diese zu eurem Bild dazu:*
• In welcher Situation treten ähnliche Stimmungen bei mir auf?
• Was kann dazu beitragen, dass sich meine Stimmungslage in solchen Situationen verbessert oder verändert?
Setzt euch nun in Vierergruppen zusammen und erzählt den anderen Kindern der Reihe nach, um welches Gefühl es sich bei eurem Bild handelt und lest eure Antworten vor. Klebt dann die Bilder eurer Vierergruppe auf einen Bogen Packpapier und schreibt noch eure Namen zu den Bildern dazu.“

Die großen Plakate werden aufgelegt oder aufgehängt, sodass sich die Kinder bei einem Rundgang alle Plakate in Ruhe anschauen können. Dabei haben sie den Auftrag, im anschließenden Gruppenkreis einem anderen Kind eine Frage zu seinem Plakat zu stellen, die dieses Kind nicht nur mit „Ja“ oder „Nein“ beantworten kann.

Erfahrung: Es ist wesentlich interessanter, den Kindern keinen gezielten Auftrag zu geben, da die Fragerunde sonst schnell langweilig wird. Gerade daher sind eventuell auch Fragen zu erwarten, bei denen unter Umständen eher der Spielleiter „herausgefordert“ wird (oder sich vielleicht auch nur herausgefordert fühlt?). Wenn aber das Kind (auf Nachfrage) einen assoziativen Bezug zum Plakat herstellen kann und die Fragestellung laut Auftrag gestellt wurde, besteht eigentlich kein Grund, die anderen Fragesteller länger warten zu lassen.

2.
Material: Papierstreifen, Stifte, Klebestreifen, Packpapierbögen, „Situationsbilder“, die emotionelle Interaktionen oder Sachlagen darstellen. Solche Bilder können vom Spielleiter selber gezeichnet werden, oder es werden Fotos oder Bilder aus Bilderbüchern kopiert. Beispiele für Bilderbücher, die sich dafür gut eignen, sind (siehe auch Literaturverzeichnis Seite 157): Nöstlinger: Anna und die Wut. – Aliki: Gefühle sind wie Farben. – Aliki: Sag's, tu's – aber freundlich. – Reichling, Wolters: Hallo, wie geht es dir?

Anleitung: Bei dieser Partnerarbeit bekommen alle Paare das gleiche Situationsbild. Jedes Kind soll sich dabei zuerst alleine überlegen:
• Welches Gefühl löst dieses Bild in mir aus?
• In welcher Situation empfinde ich ähnliche Gefühle?
• Was trägt in solchen Situationen dazu bei, dass sich meine Gefühlslage verbessert oder ändert?

Bei dieser Übung wird bewusst nur nach den ausgelösten Gefühlen gefragt und nicht nach den Gefühlen der Bildgestalten.

Die Kinder notieren sich ihre Gedanken zu allen drei Fragen auf eigenen Papierstreifen, dann erst beginnt das Gespräch mit dem Partner, bei dem sich die Kinder ihre Notizen vorlesen und mündlich ausführlicher ergänzen können. Dann schließen sich immer zwei Paare zusammen, lesen sich alle vier Notizen vor, ergänzen aber nur mehr so viel (das stärkste Mitteilungsbedürfnis wurde schon durch das Paargespräch zufrieden gestellt), als ihnen dringend nötig erscheint.
Der Reihe nach liest nun jedes Kind das durch das Bild ausgelöste Gefühl vor und klebt es auf einen dafür bestimmten Bogen Packpapier. Der Gruppenleiter sollte gleiche Benennungen möglichst eng aneinander kleben lassen und bei neu genannten Bezeichnungen einen größeren Abstand frei lassen. Die beiden anderen Antworten werden dann in der gleichen verlängerten „Zeile“ auf das nächste Plakat geklebt, sodass sich die Antworten eines Kindes nachvollziehen lassen.

Hinweis: Die Situationen, in denen bei Kindern ähnliche Gefühle auftreten, werden gesammelt und dienen als Material für Rollenspiele und deren Bearbeitung (vgl. Abschnitt Gefühle ausdrücken/Rollenspiele ab Seite 90).

Welches Gefühl löst dieses Bild in mir aus?	In welcher Situation empfinde ich ähnliche Gefühle?	Was trägt in solchen Situationen dazu bei, dass sich meine Gefühlslage verbessert oder ändert?
Ärger	wenn mir mein Bruder was wegnimmt	mich bei Mutti beschweren
ärgerlich	wenn ich eine Strafe bekomme	weiß ich nicht
Wut	wenn Daniel mich anzipft	ihm sagen, dass es mir egal ist oder ihn auch anzipfen

Weiterführung: Mit anderen Situationskarten werden neue Gesprächsrunden durchgeführt und weitere Situationen für Rollenspiele gesammelt.

Gemeinsame Überlegungen: Wie erklärst du dir, dass das gleiche Bild unterschiedliche Emotionen auslöst?

Geschichten und Bilderbücher lösen Gefühle aus

1. Geschichten

Im Grunde eignen sich fast alle Geschichten, um den Kindern im Anschluss daran die Frage *„Welches Gefühl hat die Geschichte bei dir ausgelöst?"* zu stellen. Um einen bestimmten Gefühlsbereich gezielt ansprechen zu können, bedarf es passender Geschichten. Einige Vorschläge dafür:

Pestum: Der Feuerkopf. Geschichten vom Anderssein.
Themen: Fremdenfeindlichkeit, Vorurteile, Ängste, Missverständnisse, Freundschaften
Donelly: Ich-hab-dich-lieb-Geschichten.
Merz: Was Kinder bewegt.
Themen: Freundschaften, Vorurteile, Angst, Hilfsbereitschaft, Fest im Jahreskreislauf, Leben mit Natur und Umwelt, Geschwister
Badegruber: Geschichten zum Problemlösen.
Ortner: Märchen, die den Kindern helfen.
Ortner: Neue Märchen, die den Kindern helfen.
Brett: anna zähmt die monster.
Themen: Scheidung, Stieffamilien, Alkoholismus der Eltern, Angst vor Dunkelheit, Bettnässen, Zwanghaftigkeit, Schüchternheit etc.
Stein-Fischer: Komm, sei wieder gut!
Stein-Fischer: Neue Geschichten vom Liebhaben.
Stein-Fischer: Geschichten vom MUT-Haben und MUT-Brauchen.
Stein-Fischer: Geschichten vom Wünschen und Träumen.
Harranth: Ich glaub, ich hab dich lieb.
Pausewang: Frieden kommt nicht von allein.
Modler: Frieden fängt zu Hause an.
Portmann: Mut tut gut!
Boldt/Krahl: Mädchen dürfen stark sein Jungen dürfen schwach sein.
Mai: Mutmach-Geschichten.

2. Bilderbücher

Becker: Und was wird aus uns?
Enders: Auf Wieder-Wiedersehen
Zavrel: Der letzte Baum.
Moost: Alles meins!
Resch: Ein Elefant mit rosaroten Ohren.
Resch: Anderswo ist überall.
Pfister: Der Regenbogenfisch.
McBratney/Jeram: Weißt du eigentlich, wie lieb ich dich hab?
Sendak: Wo die wilden Kerle wohnen.
Jullien: Eine Geschichte zum Fürchten.
Sacré/Mylo: Der magische Schal.
Sacré/Strnad: Der schüchterne Drache.
Ostheeren: Martin hat keine Angst mehr.
Tidholm/Widerberg: Heut schlafe ich bei Frederik.
Martinez: Die Nacht.

Gedichte lösen Gefühle aus

Wolfgang Fischbach
Liebe[1]

Wir haben eine Neue in der Klasse.
Manchmal lacht sie mich so an.
Dann wird mir ganz komisch.
Aber das Komische ist schön.
Es kribbelt überall,
und meine Ohren werden ganz warm.
Sie lacht wunderbar.
Ihr ganzes Gesicht lacht.
Der Mund lacht, die Augen lachen,
die Grübchen lachen.
Sogar die Nase lacht ein bisschen.
Jetzt kann ich sogar unseren Lehrer leiden.
Ich möchte nur wissen, woher das kommt.

Hans Manz
Beim Anhören von Geschichten[2]

Wenn der Drachen gegen den Hund kämpfte,
habe ich mit dem Hund,

wenn der Hund die Katze verfolgte,
habe ich mit der Katze,

wenn sich Katze und Maus stritten,
habe ich mit der Maus mitgelitten.

Shel Silverstein
Angst vor dem Dunkel[3]

Ich heiße Regina Kunkel
und habe Angst vor dem Dunkel.
Das Licht muss bei mir immer an sein.
Ich brauch' den Teddy zum Wuscheln
und mein Tuch zum Kuscheln.
Und den Daumen, schwupp, in den Mund rein.
Drei Gute-Nacht-Geschichten und zweimal aufs Klo,
vier Küsse von Mutti, damit ich gut ruh'!
Ich heiße Regina Kunkel
und habe Angst vor dem Dunkel.
Jetzt klapp bloß nicht das Buch auf mir zu!

Shel Silverstein
Das Allerschlimmste[4]

Singt ihr eure Grusellieder
laut und schaurig auf und nieder,
dass sogar die Wände wimmern,
möchte ich euch dran erinnern
(falls es geht),
dass das allerschlimmste,
elf Zentner schwere, zehn Meter hohe,
gluppige, schluppige Blutsaufgespenst
hinter euch steht.

Shel Silverstein
Die spinnen, die Fledermäuse[5]

Der kleine Fledermäusemann
fing plötzlich an zu gellen:
„Nun knips doch mal das Dunkel an;
ich hab so Angst im Hellen.“

[1] In: Gelberg, Hans-Joachim: Das achte Weltwunder. Beltz, Weinheim und Basel 1979.
[2] In: Manz, Hans: Die Welt der Wörter. Beltz, Weinheim und Basel 1991.
[3] In: Silverstein, Shel: Wo der Gehweg endet. Middelhauve, Köln 1987.
[4] Ebda.
[5] In: Silverstein, Shel: Ein Licht unterm Dach. Middelhauve, Köln 1988.

Shel Silverstein
Angst[1]

Benno von Brincken
hat Angst vorm Ertrinken.
Schwimmen? Nein!
Bootfahren? Nein, nein!
In die Badewanne?
Nein, nein und abermals nein!
Und er springt über keinen Graben,
und sei er noch so klein.
Er sitzt nur Tag und Nacht,
und die Tür hat er zugemacht,
und die Fenster sind verklebt,
und er zittert, und er bebt,
und er weint in seiner Zelle
aus Angst vor der großen Welle,
in der das Haus versinkt,
und er weint, bis er ertrinkt.

Fredrik Vahle
Wenn ich ein Tiger wäre[2]

Wenn ich ein Tiger wäre,
dann zitterte das Geschirr.
Ich hätte vor nichts und niemandem Angst,
ich wäre ein Tiger – grrr!

Ich hätte ein seidig geflammtes Fell
und müsste nie zum Friseur,
hätt' Pratzentatzen, gefährliche – grrr!,
weil ich ein Tiger wär'.

Meine Zähne wären wie Messer so scharf,
schneeweiß, gefährlich und schön.
Ich wäre der Größte und müsste nie
auch nur einmal zum Zahnarzt gehn.

Auf der Hauptstraße gäb' es ein Riesengeschrei
und Gelaufe, dann wäre es still,
weil niemand den wildesten Tiger der Welt
aus der Nähe sehen will.

Ich hätte gern jemand, der mich mag
und mich streichelte, mich alleine,
weil ich gefährlich wäre und wild.
Nein, Freunde – schluchz – hätte ich keine.

Doch käme einer und streichelte mir
vertraulich meine Tatze
und sagte, ich wäre doch eigentlich nur
'ne zu groß geratene Katze –

Was wär' ich froh! Aber vielleicht
würd' ich bald wieder fauchen und schrein,
denn es tut manchmal gut, nur für einen Tag
– grrr – ein ganz wilder Tiger zu sein.

Gemeinsame Überlegungen: Welche Gefühle werden in den Gedichten angesprochen? In welchen Situationen empfindest du so ein oder ein ähnliches Gefühl?

Mir fällt an dir auf, dass du heute ...

Anleitung: Diese Übung kann zu einem sich täglich wiederholenden Gruppenritual werden. Dabei bietet sich die Möglichkeit, Veränderungen an anderen wahrzunehmen und auszusprechen. Aus diesem Grund ist es gleich wichtig, ob festgestellt wird, dass jemand beim Friseur war oder im Gegensatz zu sonst auffallend still ist.
Wichtig ist alleine die Aufforderung dazu durch den Gruppenleiter, der sich anfangs verstärkt einbringen wird, um den Kindern durch eigene Wahrnehmungsbeschreibungen Möglichkeiten der individuellen Beobachtung zu demonstrieren *„Mir fällt an dir heute auf, dass du ...“*.

3.3. Gefühle anderer Personen wahrnehmen und deuten

Interpretieren von Gefühlsausdrücken

Material: Klebeetiketten für jedes Kind, Stifte, Wäscheleine, Kluppen, Papierstreifen;
Fotos der Kinder mit verschiedenen Gesichtsausdrücken oder Fotoserie Körperhaltung und Gesichtsausdruck

[1] Ebda.
[2] In: Vahle, Fredrik: Fischbrötchen beim Friseur. Middelhauve, Köln 1993.

aus: Petermann: Training mit aggressiven Kindern; oder aus: Molcho: Körpersprache; Comicabbildungen (siehe Kopiervorlage 10) oder gezeichnete Comicbilder – Körperhaltung und Gesichtsausdruck, aus: Aliki: Gefühle sind wie Farben; oder aus: Aliki: Sag's, tu's – aber freundlich; oder aus: Reichling/Wolters: Hallo, wie geht es dir?

Anleitung: Die Bilder werden nummeriert und hängen auf einer Wäscheleine, jedes Kind bekommt mehrere Klebeetiketten, die es auch nummeriert.
Die Kinder gehen, ohne miteinander zu sprechen, von Bild zu Bild und schreiben jenes Gefühl auf das entsprechende Klebeetikett, das sie als dargestellt empfinden.
Anschließend sucht sich jeder einen Partner und tauscht seine Wahrnehmungen und Notizen mit ihm aus.
Der Gruppenleiter betrachtet nun mit den Kindern das erste Bild. Alle Kinder lesen ihre Wahrnehmung vor und befestigen ihre beschrifteten Klebetiketten zu diesem Bild auf einem gemeinsamen Papierstreifen, der dann zum Bild dazugehängt wird. So werden der Reihe nach alle Bilder bearbeitet (vgl. Seite 11f.).

Erfahrung: Kaum ein Bild lässt eine eindeutige Interpretation zu. Bei Gesichtsbildern fällt die Deutung schwerer, weil Körperhaltung und Gestik als zusätzliche Deutungshilfe wegfallen. Da die Interpretationen immer sehr eng mit den persönlichen Lebenserfahrungen verknüpft sind, können sich bei einigen Bildern sehr unterschiedliche Gefühlsbenennungen ergeben. Dadurch erfahren die Kinder, dass der Ausdruck eines Gefühls sehr unterschiedlich wahrgenommen und gedeutet werden kann.

Gemeinsame Überlegungen: Welches vorangegangene Erlebnis könnte diesen Gesichtsausdruck ausgelöst haben? Welches Ereignis könnte bei dir so eine Gefühlslage auslösen? In welchen Situationen empfindest du ähnliche Gefühle? Woran, glaubst du, könnte es liegen, dass zu nur einem Bild unterschiedliche Begriffe genannt wurden?

Zum Weiterlesen:

Birkenbihl: Signale des Körpers.
Rückle: Körpersprache.

„Gesichter-Sprache": Was bedeutet dein Gesichtsausdruck?

Anleitung: *„Glaubt ihr, dass man ohne zu sprechen nur mit dem Gesicht mitteilen kann, in welcher Stimmungslage man gerade ist?"*
„Wer von euch möchte versuchen, mit seinem Gesicht ein Gefühl auszudrücken, das wir dann erraten müssen?"
Wenn sich ein Kind meldet, zeigt es zum Beispiel ein ärgerliches Gesicht vor. Gruppenleiter: *„Es schaut für mich so aus, als ob du ein ärgerliches Gesicht machen würdest. Willst du uns mit deinem Gesicht mitteilen, dass du ärgerlich bist?"* Das Kind sagt nun, ob die Interpretation zutrifft oder nicht. Dann kann das nächste Kind ein anderes Gefühl ausdrücken und ein zweites Kind kommt zum Raten und Deuten dran.

Hinweis: Sollte sich anfangs kein Kind melden, zeigt der Gruppenleiter zuerst zum Beispiel ein erstauntes Gesicht vor und bittet die Kinder mitzuteilen, welchen Ausdruck sie wahrnehmen. In diesem Fall gibt er den Kindern auch die Art der Fragestellung vor: Als Erstes wird die eigene Wahrnehmung genannt (*„Es schaut für mich so aus, als ob du ... „* oder *„Ich glaube, du schaust ...“*), dann wird gefragt, ob diese Beobachtung richtig ist

(*„Bist du gerade ...?“* oder *„Willst du mit deinem Gesicht mitteilen, dass du gerade ... bist?“*).

Variante: Der Gruppenleiter kann auch Zettel vorbereiten, auf denen jeweils ein Gesichtsausdruck steht, und die Zettel ziehen lassen:

ängstlich	glücklich	überrascht
enttäuscht	traurig	verlegen
beleidigt	erschrocken	neugierig
angeekelt	müde	zornig

Gemeinsame Überlegungen: Welche Gefühle kannst du mit deinem Gesicht deiner Meinung nach am besten ausdrücken? Welche Gefühle können andere Kinder der Gruppe deiner Meinung nach am besten ausdrücken? Welche Gefühle drücke ich (als Gruppenleiter) mit meinem Gesicht deiner Wahrnehmung nach oft aus? Welche Gesichtsausdrücke waren für dich schwer, welche leicht deutbar? Woran liegt das? Was bedeutet es, wenn man sagt *„Jemand hat viele Gesichter“*?

Beobachtungsauftrag: Gesichter lesen

Dieser Auftrag erstreckt sich über einen längeren Zeitraum, zum Beispiel eine Woche.

Material: Beobachterkarten (Kopiervorlage 11)

Anleitung: *„Die Gesichter anderer Menschen geben oft interessante Hinweise darüber, in welcher Stimmung sie gerade sind. Würdet ihr zum Beispiel eure Mutter fragen, ob ihr einen Freund oder eine Freundin einladen dürft, wenn sie gerade ein wütendes Gesicht macht? Wenn ihr nicht darauf achtet, kann es leicht passieren, dass die Antwort anders ausfällt als zu einem Zeitpunkt, wenn sie gerade ein freundliches Gesicht macht.*
Es ist überhaupt gut, sich genau das Gesicht eines Gesprächspartners anzuschauen. Um das genaue Wahrnehmen zu trainieren, könntet ihr untereinander immer wieder versuchen, die Gefühlslage in den Gesichtern der anderen Kinder zu 'erlesen'.
Wir werden heute und in den nächsten Tagen jeweils einige Kinder bitten, sich als Beobachter zur Verfügung zu stellen. Sie sollen neben ihrer eigenen Tätigkeit während der gesamten Zeit, die wir täglich miteinander verbringen, die Gesichtsausdrücke der anderen Kinder beobachten. Die anderen Kinder bitte ich, wenn möglich keine Grimassen zu schneiden oder absichtlich ihr Gesicht zu verziehen. Wenn ein Beobachter also glaubt herausgefunden zu haben, was ein anderes Gesicht ausdrückt, kann er durch Nachfragen überprüfen, ob die Einschätzung mit dem Gefühl des Betroffenen übereinstimmt. Alle Beobachter werden ihre Beobachtungen notieren, damit sie uns ihre Wahrnehmungen später genau mitteilen können. Welche Kinder möchten mit den Beobachtungen beginnen?“

Vor Ausgabe der Beobachterbögen füllt der Gruppenleiter mit allen Kindern ein Beispiel aus, vor jeder Auftragsvergabe an eine neue Beobachtergruppe wird die Vorgehensweise kurz wiederholt und Unklarheiten werden besprochen.

Gemeinsame Überlegungen über die Rolle als Beobachter: Haben eure Wahrnehmungen mit den tatsächlichen Gefühlen der Beobachteten eher übereingestimmt oder sich eher stark unterschieden? Was glaubt ihr, woran das liegen könnte? Wie seid ihr beim Beobachten vorgegangen? Wer hat ausschließlich eine bestimmte Gruppe beobachtet und gewartet, bis es bei einem dieser Kinder „was zu sehen“ gab? Wer hat versucht, die ganze Gruppe „im Auge“ zu haben, um auf lesbare Gesichtsausdrücke zu stoßen? Welche Erfahrungen habt ihr beim Mitteilen eurer Vermutungen gemacht?

Gemeinsame Überlegungen mit den beobachteten Kindern: Wie war euer Gefühl, ständig beobachtet zu werden? Wessen Gesichtsausdruck wurde öfter als einmal richtig „gelesen“? Wie oft? Woran, glaubst du, könnte das liegen? Wessen Gesichtsausdruck wurde nie richtig gedeutet? Woran, glaubst du, könnte das liegen? Was bedeutet die Redewendung: „Ich kann in deinem Gesicht lesen wie in einem offenen Buch“?

Fotos von Gefühlsausdrücken sammeln und sortieren

Material: verschiedene Zeitungen und Illustrierte, Packpapierbögen, leere Kärtchen, Stifte, Scheren, Klebstoff

Anleitung: Die Kinder werden beauftragt, Fotos aus Illustrierten mit verschiedenen Gesichtsausdrücken auszuschneiden. Jedes Kind nimmt sich nun ein Foto und notiert sich den Begriff, den es auf dem Foto dargestellt sieht. Nun legen die Kinder der Reihe nach ihre Fotos mit den Kärtchen am Boden auf, wobei ähnliche Begriffe (und Fotos) näher zusammengelegt werden und für neue Begriffsgruppen beliebig viele neue weiter entfernte Plätze gewählt werden können.

Auf diese Weise entsteht eine Bilder-Liste von Gefühls- und Stimmungsbegriffen. Diese ist zwar unvollständig, stellt aber sicher für viele Kinder eine Wortschatzbereicherung dar, durch die sie eigene und auch fremde Gefühle differenzierter wahrnehmen bzw. benennen können.

Gemeinsame Überlegungen: Welche Stimmungsbegriffe wurden mehrfach genannt? Welche Emotionen fallen dir noch ein, die auf keinem Foto abgebildet sind?

Hinweis: Gefühlsbezeichnungen, die zwar genannt, für die aber kein Foto gefunden wurde, können auch nur durch eine Karte, auf der das Wort steht, der Liste hinzugefügt werden.

Mein Bild von dir, mein Bild von mir

Material: Kopiervorlage 12, Stifte

Anleitung: Zwei Kinder finden sich zusammen und zeichnen zuerst auf, in welcher Stimmung sich der Partner ihrer Wahrnehmung nach befindet. Dann zeichnen sie ihre eigene Gefühlslage auf. Unter jede Zeichnung schreiben sie das Gefühlswort, das sie mit der Zeichnung ausdrücken wollen. Im Anschluss daran vergleichen sie ihre Zeichnungen auf Übereinstimmungen oder Unterscheidungen.

Gemeinsame Überlegungen: Vgl. „Mein Bild deiner Stimmung", Abschnitt Fremdbild, Seite 47.

„Geräusche-Sprache"

Material: Packpapier, Stifte, Kärtchen mit Anweisungen (Kopiervorlage 13), Fallschirm- oder Schwungtuch

Anleitung: Die Kinder bekommen den Auftrag, in Kleingruppen stimmliche Geräusche oder tönende Laute zu finden, die Gefühle ausdrücken und die jeder versteht, obwohl dabei nicht über das Gefühl gesprochen wird. Der Gruppenleiter kann zum besseren Verständnis ein Beispiel anfügen und die Kinder raten lassen, was er damit ausdrücken möchte:
„Häääääää?" Dabei geht die Stimme zum Schluss des lang gezogenen „ä" fragend in die Höhe. (Statt einem *„Wie bitte, was hast du gesagt?"* verwenden Kinder gerne diese abgekürzte Frageform.)
In der Anfangsrunde bekommt jede Gruppe einen Zettel mit einer Aufgabenstellung für einen Laut, den sie suchen sollen. Danach können die Gruppen ihre eigenen Ideen und Vorstellungen entwickeln. Die Geräusche oder Laute werden leise geprobt, damit die anderen Gruppen sie vorher noch nicht hören können. Um sicher zu sein, dass die Gruppe der Ratenden sich nur am Gefühlsgeräusch orientiert, wird die Gruppe der Vorführenden hinter dem Schwungtuch verborgen.

Mögliche stimmliche Laute dazu lassen sich verbal nur schwer beschreiben. Meiner Erfahrung nach mangelt es den Kindern nicht an Ideen, diese Anweisungen umzusetzen. Trotzdem ist es für den Gruppenleiter interessant, sich vor der Übung selbst Beispiele für jede Variante zurechtzulegen.

Gemeinsame Überlegungen: Welche anderen Geräusche kennst du, die etwas „bedeuten"? (Hupe, Sirene, Nebelhorn, Alarmanlage, Wecker, Pfeifen des Wasserkessels usw.) Welche Geräusche stimmen dich ängstlich?

„Körper-Sprache“

Anleitung: *„So wie man mit dem Gesicht oder mit einem stimmlichen Geräusch etwas mitteilen kann ohne zu sprechen, kann man das auch mit dem ganzen Körper tun. Ich werde euch mit meinem Körper etwas sagen und ihr beobachtet mich genau. Anschließend werde ich euch fragen, welche Teile meines Körpers an der Mitteilung beteiligt waren.“*
Der Gruppenleiter nimmt die Körperhaltung eines entsetzten Menschen ein. Die Augen sind weit geöffnet, der Mund bleibt offen, der Körper ist angespannt, die Schultern hochgezogen, die Hände an der rechten und linken Wange verdecken fast den Mund.
Auf diese Weise werden Begriffe wie Mimik, Gestik und Körperhaltung eingebracht. So können den Kindern noch weitere Beispiele vorgeführt werden, je eher sie aber selber aktiv werden können, desto eindrucksvoller wird ihnen diese Übung im Gedächtnis bleiben und desto mehr Spaß werden sie dabei empfinden.

Weiterführung mit einem Gedicht:

Hans Manz
Körpersprache[1]

zittern
schwitzen
frösteln
erröten
erblassen
erstarren
steif dastehen
zurückweichen
Kopf senken
Kopf aufwerfen
Lippen zusammenkneifen
Mund offen stehen lassen
Arme hängen lassen
mit den Zähnen klappern
mit den Zähnen knirschen
zusammenzucken
aufblühen
die Stirn runzeln
die Nase rümpfen
Fäuste ballen
Gänsehaut bekommen
die Haare sträuben
von einem Fuß auf den anderen treten
u. s. w.

Anleitung und Erfahrungen: Damit die Kinder das Gedicht besser darstellen können, ist es notwendig, die verwendeten Beschreibungen umzuformulieren bzw. mit den Kindern gemeinsam zu überlegen, in welchen Situationen sie so reagieren könnten. So konnte die Bedeutung des Beispieles „Kopf aufwerfen“ erst richtig erfasst werden, als wir es zu einem *„Was willst denn du von mir?“* umgestalteten. Bei einem dieser Umgestaltungsgespräche veränderten wir das Beispiel „von einem Fuß auf den anderen treten“ in *„Wenn ich dringend aufs Klo muss“*. Diese Darstellungsvariante wurde in der Folge mit großer Begeisterung in das Ausdrucksrepertoire aufgenommen.

Hinweis: Es ist sehr wichtig, die Kinder erfahren zu lassen, dass jede Darstellung vielfältig deutbar und nur äußerst selten eindeutig interpretierbar ist. Um den Kindern dies zu veranschaulichen, stellt der Gruppenleiter zum Beispiel folgende Standbildfigur dar: in Gehbewegung, den Kopf hängen lassen, die Augen auf den Boden gerichtet.

Erfahrung: Auf meine Frage, was ich damit ausdrücken möchte, wurden von den Kindern oft Begriffe wie „Bedrücktheit, Niedergeschlagenheit, Trauer usw.“ genannt. Dass diese Haltung aber auch bedeuten könnte, dass ich am Boden etwas suche, wurde eher selten erkannt.

Gemeinsame Überlegungen: Welche Situationen fallen dir ein, in denen du dich sehr stark über die Körpersprache ausdrückst? Welche Körpersprachesignale fallen dir ein, wenn du an mich als Spielleiter denkst?

Weitere Durchführungsmöglichkeiten: Vgl. Abschnitt: Gefühle ausdrücken/szenisch, Anleitung „Standbilder“, Seite 97f.

[1] In: Manz, Hans: Die Welt der Wörter. Beltz, Weinheim und Basel 1991.

Redewendungen rund um die Körpersprache

Material: Packpapier, Stifte

Anleitung: Wie schon beim „guten Geschmack“ oder beim „richtigen Riecher“ (beide Seite 66) ergeht auch hier der Auftrag an die Gruppe, über einen längeren Zeitraum Redewendungen zu sammeln, die mit dem Körper, der Mimik oder Gestik in Zusammenhang stehen, und sie aufzuschreiben. Über mögliche Bedeutungen wird entweder bei jeder Eintragung oder im Anschluss an die Sammelphase gesprochen.

Beispiele: „gute Miene zum bösen Spiel machen“, „für etwas den Kopf hinhalten müssen“, „sich etwas hinter die Ohren schreiben“, „Haltung bewahren“, „jemandem etwas unter die Nase reiben“, „die Hände über dem Kopf zusammenschlagen“, „händeringend nach einer Lösung suchen“, „die Verantwortung lastet auf den Schultern“, „halsstarrig sein“, „jemandem den Rücken stärken“, „vor Angst gelähmt sein“, „vor Staunen Augen und Mund offen lassen“, „die Zähne zusammenbeißen“, „sich lieber auf die Zunge beißen, als …“, „in die Knie gehen“, „ein Gesicht machen wie sieben Tage Regenwetter“, „jemandem den kleinen Finger reichen“, „alle zehn Finger nach etwas ablecken“, „die Hand für jemanden ins Feuer legen“, „jemandem etwas in den Schlund werfen“, „einen breiten Rücken wie ein Elefant haben“ usw.

Stimmungs- oder Gefühlsbarometer

Die an sich selbst wahrgenommenen Gefühle können auf einem Gefühlebarometer ausgedrückt werden, an dem man auch die augenblickliche Stimmung der anderen Kinder wahrnehmen bzw. ablesen kann.

Genauere Anleitungen zur Herstellung eines Stimmungs- oder Gefühlsbarometers sind im Kapitel „Umgang mit den eigenen Gefühlen und den Gefühlen anderer“ auf den Seiten 127 – 129 beschrieben.

4. Gefühle ausdrücken

4.1. Gefühle verbalisieren

4.1.1. Gefühle benennen

Gefühlsbegriffe sammeln

Es gibt verschiedene Möglichkeiten des Sammelns von Begriffen, die das Befinden eines Menschen ausdrücken. Der Umfang des Ergebnisses hängt dabei von mehreren Faktoren ab:

1. der Zeitdauer der Sammelphase
2. der Anzahl der befragten Personen
3. der Fragestellung

Ad 1.:

- Jede befragte Person nennt oder schreibt zwei bis drei Minuten lang alle Gefühlsbezeichnungen auf, die ihr einfallen (vgl. nachfolgende Anleitung: „Welche Gefühle kennst du?").
- Einen Nachmittag lang werden alle Menschen, die einem begegnen, in einer Art Interview befragt.
- Alle Zustandsbezeichnungen, die während des gesamten Zeitraumes einer Interaktionsübung genannt werden, aufschreiben.
- Die Phase des Sammelns kann sich von der ersten bis zur letzten Anleitung des gesamten Kapitels erstrecken, was im konkreten Fall bedeutet, dass jede Gefühlsbezeichnung, die bei Übungen, Spielen, Gesprächen und Reflexionen genannt wurde, auf eine Karte geschrieben und gesammelt wird. Diese Aufgabe kann vom Gruppenleiter oder aber auch von den Kindern selbst übernommen werden.

Ad 2.:

- Entweder beschränkt sich die Zahl auf die beteiligten Kinder der Gruppe, oder
- es werden Kinder aus anderen Gruppen oder Klassen befragt, oder
- es werden die Familien der Kinder mit eingebunden, oder
- es werden zusätzliche Interviews mit fremden Personen durchgeführt.

Ad 3.:

- Welche Emotionen und Stimmungen kennst du?
- Welche Gefühle kennst du? (vgl. nächste Übung)
- Nenne einen Gefühlszustand!
- Nenne alle Gefühlsbegriffe, die du kennst!
- In welcher Stimmung bist du im Moment? (mündliche Umfrage in der Gruppe)
- Schriftliche Stimmungsumfrage: „Wie fühlst du dich gerade?"
- Welches Gefühl hat diese Musik, diese Geschichte ... bei dir ausgelöst?
- Was glaubst du, was die Hauptfigur der Geschichte in einer bestimmten Situation empfunden hat? usw. (vgl. dazu Projektbeschreibung/1. Gefühle sammeln, ab Seite 11)

Welche Gefühle kennst du?

Material: leere Karten, Stifte, große Pinwand, Stecknadeln

Anleitung: Die Kinder werden aufgefordert, innerhalb einiger Minuten (mindestens drei, maximal fünf Minuten) alle Gefühle, die sie kennen, auf einzelne Karten aufzuschreiben.
Anschließend tauschen die Kinder mit ihrem Sitznachbarn den Platz, lesen dessen Karten durch, zählen die Karten ab, notieren die Anzahl der beschrifteten Karten auf einem eigenen Zettel und kehren an ihren eigenen Platz zurück.

Erfahrung: Das Interesse der Kinder an dem, was der Nachbar geschrieben hat, ist ohnehin vorhanden und sie würden auch ohne Auftrag des Gruppenleiters versuchen, sich über die Begriffsbenennungen des Nachbarn zu informieren („Zeig einmal, was du geschrieben hast!" usw.). Um in der Folge zu vermeiden, dass den weiteren Aufträgen ungenau zugehört wird, ist es geschickter, das natürliche Interesse der Kinder zu berücksichtigen und als konkret gelenkten Zwischenschritt (Karten lesen, zählen, aufschreiben, an den Platz zurückkehren) in den Prozess miteinzubeziehen.

Im nächsten Schritt werden die Kinder beauftragt, ihre eigenen Gefühlsbegriffe-Karten in *angenehme* und *unangenehme* Gefühle zu ordnen und die jeweilige Karten-Anzahl dieser beiden Gruppen auch auf den Zettel zu schreiben, auf dem der Nachbar vorher den Gesamtbestand notiert hat.
Alle Paare werden nun aufgefordert, ihre Zahlen zuerst miteinander zu vergleichen und festzustellen, ob ein ausgewogenes Ergebnis zwischen den beiden Gefühlsgruppen herrscht, oder ob eine Kategorie überwiegt. Wenn Letzteres der Fall sein sollte, überlegen die beiden Kinder, woran das liegen könnte.
Eine erste Form des Sortierens in angenehme und unangenehme Gefühle haben die Kinder bereits selber vorgenommen, um sich aber einen plakativen Gruppenüberblick verschaffen zu können, eignet sich folgende Vorgangsweise:
Auf der Pinwand hat der Gruppenleiter eine räumliche Aufteilung in „+"- und „–"-Gefühle vorgenommen. Ein Kind nennt nun den Begriff einer Karte und steckt diese in das vorgesehene Feld auf die Pinwand. Alle Kinder, die denselben Begriff aufgeschrieben haben, zeigen auf und legen diese Karte verdeckt auf ihren Tisch. Ein Kind notiert die Anzahl dieser Meldungen auf der Karte an der Pinwand. Nun nennt ein anderes Kind einen weiteren Begriff und die beschriebene Vorgangsweise wiederholt sich. In dieser Weise wird fortgefahren, bis alle Bezeichnungen genannt wurden.

Gemeinsame Überlegungen: Welche Gefühle wurden am öftesten genannt? Woran, glaubst du, könnte das liegen? Welche dieser häufig genannten Gefühle hast du in deiner Liste? Welche hast du nicht in deiner Liste? Welche der Gefühle kennst du nicht? Welche Begriffe gehören deiner Meinung nach zusammen?

Schriftliche Stimmungsumfrage: „Wie fühlst du dich gerade?"

Material: kopierte Umfragebögen, Stifte

Anleitung: Diese Umfrage geht über die bloße Frage nach der momentanen Befindlichkeit hinaus und bietet die Möglichkeit, Gründe für das entsprechende Befinden anzugeben. Nachdem die Kinder die Bögen ausgefüllt haben, lesen sich immer zwei nebeneinander sitzende Kinder ihre vervollständigten Sätze vor. Dabei bekommen sie genügend Zeit, um sich genauere Einzelheiten schildern zu können. Anschließend wiederholt einer der beiden vor der Gruppe, was er über die Stimmung seines Partners erfahren hat, dann wird gewechselt. Auf diese Weise erfahren die Kinder, ob sie vom Partner richtig verstanden wurden.

Gemeinsame Überlegungen: Hat sich deine Stimmung verändert, seit du sie auf dem Bogen aufgeschrieben hast? Woran glaubst du liegt das? Welche Empfindung hattest du, als dein Partner der Gruppe über deine Gefühle erzählt hat? Möchtest du an der Aussage deines Partners noch etwas ergänzen oder wurde alles genau wiedergegeben, so wie du es gesagt hast? Möchtest du dich anders fühlen? Was kannst du dazu beitragen, dass sich deine Stimmung verändert/verbessert? Was könnte die Gruppe oder einzelne Kinder dazu beitragen, dass sich deine Stimmung verändert/verbessert?

Wie fühlst du dich gerade?
Im Moment fühle ich mich ...
Der Grund dafür ist ...
Am meisten wünsche ich mir im Moment ...

Weitere mögliche Fragestellungen:

Am angenehmsten war heute für mich ... weil ...

Jetzt fühle ich mich ...

Am unangenehmsten war heute für mich ... weil ...

Jetzt fühle ich mich ...

Wie „spricht" man ohne Sprache über seine Gefühle?

Material: Packpapier, Stifte
Anleitung: *„Wie könnt ihr mir ohne zu sprechen mitteilen, dass euch langweilig ist?"* Die Kinder werden auf diese Frage sicherlich sofort mit Darstellungen rea-

gieren. *„Was habt ihr unternommen, um eure Langeweile auszudrücken?“* Die Antworten werden vom Gruppenleiter am Plakat so mitgeschrieben, dass durch ihn schon eine Einteilung in Ausdrucksmittel wie Mimik, Gestik und Körperhaltung bzw. Körpersprache vorgenommen wurde, ohne sie aber so zu benennen. Nun wählt er die Fragestellung so, dass die Antworten der Kinder mit einbezogen werden, z. B.: *„Ihr sagt, ihr habt euer Gesicht verzogen, mit den Augen nach oben geschaut usw. Wie heißt das Wort, mit dem man die Veränderungen der Gesichtsmuskeln und die Bewegungen der Augen bezeichnet?“* Wer die Antwort nennt, schreibt sie auch auf das Plakat. *„Wie heißt das Wort, mit dem man die Handbewegungen benennt, mit denen man etwas ausdrücken möchte?“* usw.

Gemeinsame Überlegungen: Was, glaubst du, kann man ohne Sprache nicht ausdrücken? Warum kann man es deiner Meinung nach nicht ausdrücken?

Trauer				
Was spürt man im Körper innerlich?	**Was sieht man am Körper äußerlich?**			
Wie fühlt es sich an?	**Mimik**	**Gestik**	**Körperhaltung**	**Stimme/Tonfall**
Wenn man traurig ist, ...				

An welchen Merkmalen erkennen wir eigene und die Gefühle anderer Menschen?

Material: Packpapierbögen, Stifte, Bildmaterialien aus Zeitschriften oder Fotos mit Personen, die eines der angeführten Gefühle ausdrücken

Vorbereitung: Aufzeichnen und Beschriften der Plakate wie im obigen Beispiel, Sammeln von Bildmaterialien durch die Kinder

Anleitung: Die Kinder bekommen den Auftrag, „innerliche“ und äußere Wahrnehmungen der Grundgefühle Trauer, Freude, Ärger, Angst zu beschreiben. *„Welche inneren Reaktionen meines Körpers nehme ich wahr, welche äußeren Reaktionen beobachte ich bei mir und anderen?“* Für diesen Auftrag stellt der Gruppenleiter den Kindern einen längeren Zeitraum zur Verfügung, um Beobachtungen sammeln zu können. Erst wenn die Kinder mitteilen, dass sie keine neuen Beiträge mehr einzubringen haben, wird ihnen das nächste Plakat zur Bearbeitung ausgegeben.
Die Rubrik „Wenn man traurig ist, ...“ oder „Wenn ich traurig bin, ...“ bietet den Kindern die Möglichkeit, hier jene Beschreibungen über den Gefühlszustand eintragen zu können, die sie den anderen Feldern nicht zuordnen konnten, z. B.: „... verkrieche ich mich am liebsten im letzten Winkel“ oder „... sage ich mir selber: ‘Es wird schon wieder werden!’“
Es hat sich auch bewährt, den Kindern entsprechendes Bildmaterial zur Verfügung zu stellen oder sie es selbst sammeln zu lassen, um zum Beispiel gezieltere Beschreibungen einzelner Ausdrucksmöglichkeiten vornehmen zu können.

Gemeinsame Überlegungen: Welches Merkmal reicht aus, um einen bestimmten Gefühlszustand erkennen zu können?

Hinweis: Hier kommt es auf die schauspielerische Fähigkeit des Gruppenleiters an: Er muss das genannte Merkmal ganz exakt und ohne Hinzufügen eines weiteren Merkmales vorzeigen. Dann stellt er der Gruppe die Frage, was dieser Ausdruck sonst noch heißen könnte. Zusammengezogene Augenbrauen zum Beispiel können „Ärger" darstellen, ebenso aber auch „konzentriertes Nachdenken". Die Kinder werden beauftragt zu überprüfen, ob es sich bei der Darstellung wirklich nur um ein Merkmal handelt oder ob nicht noch weitere Ausdrucksveränderungen stattgefunden haben.

Sammeln von Gefühlssituationen

Material: Packpapierbögen, Stifte, Wäscheleine, Wäscheklammern, Schreibpapier

Vorbereitung: Auf Impulsplakate wird rechts der Titel aufgeschrieben und links eine passende Zeichnung oder ein entsprechendes Bild aufgeklebt (Beispiele dafür auf der Kopiervorlage 14).

Anleitung: Die Kinder werden durch die Text-Bild-Überschrift aufgefordert, Situationen, in denen sie dem Thema entsprechende Gefühle wahrgenommen haben, aufzuschreiben (vgl. Seite 20).

In welcher Art und Weise der Gruppenleiter diesen Auftrag an die Kinder weitergibt, hängt davon ab,

- ob er für diese Arbeitseinheit
  a. einen längeren Zeitraum oder
  b. einen kürzeren Zeitraum einplanen möchte,
- ob der Auftrag
  a. neben dem Tagesgeschehen eher „nebenher laufen" soll oder
  b. in den Mittelpunkt des Geschehens gestellt wird,
- ob der Gruppenleiter
  a. eher Wert auf Freiwilligkeit der Eintragungen legt oder
  b. alle Plakate von allen Kindern bearbeitet haben möchte.

Variante 1: a./a./a.

Der Auftrag wird den Kindern erklärt, alle Plakate werden zugleich auf eine Wäscheleine gehängt und bleiben dort längere Zeit hängen. Jedes Kind kann seine Situationsbeschreibung dazu kleben, wann immer es möchte. Der Gruppenleiter fördert das Interesse der Kinder, indem er jenen Kindern, die neue Zettel dazugehängt haben, im Gespräch rückmeldet, dass er sie wahrgenommen hat. Er kündigt der Gruppe den letztmöglichen Eintragungstag an, bevor die Plakate abgenommen werden. Im Anschluss an diese Sammelphase wird täglich ein Plakat vorgelesen und mit der Gruppe besprochen. Dabei haben die Kinder die Möglichkeit, den Verfassern der Beschreibungen Fragen zu stellen, Situationen miteinander zu vergleichen oder sie als Rollenspiel darzustellen. Wenn es sich um unangenehme Gefühle handelt, können Ideen gesammelt werden, wie man diese Situationen positiv bewältigen könnte bzw. was man tun könnte, um das Gefühl zu verändern oder zu verbessern. Diese Lösungsmöglichkeiten könnten ebenfalls szenisch dargestellt werden.

Variante 2: a./b./b.

Zuerst wird nur ein Plakat aufgehängt. Jedes Kind schließt die Augen und der Gruppenleiter bittet die Kinder, sich vorzustellen, wie jemand ausschaut, der sich in dieser Stimmung befindet. Dabei beschreibt er die für diese Stimmung typischen Merkmale der Körperhaltung und Mimik. *„Stellt euch vor, wie ihr ausschaut, wenn ihr in dieser Stimmung seid. Was könnte vorher passiert sein, was könntet ihr vorher erlebt haben, dass diese Empfindung bei euch ausgelöst wird? Schreibt auf, was euch dazu einfällt!"* Die Kinder bekommen ausreichend Zeit, um ihre Gedanken dazu zu notieren. So wie in Variante 1 werden anschließend für negative Gefühle Veränderungsideen erarbeitet: *„Was würde ich tun, wenn ich in so einer Situation wäre?"* Die Lösungsvorschläge werden vom Gruppenleiter mitgeschrieben und können auch durchgespielt werden.
Täglich bzw. in regelmäßigen Abständen wird ein neues Plakat dazugehängt.

Variante 3: b./b./b.

Die Kinder bilden Paare oder Dreiergruppen und die Plakate werden im Rotationsverfahren von einer Gruppe an die nächste zur Bearbeitung weitergegeben. Dabei werden die Situationen, die den Kindern einfallen, auf Karten geschrieben. Die Überschrift jeder Karte lautet:

Was würdest du in diesem Fall sagen oder tun?

Auf diese Weise sammeln die Kinder in einer Karteibox Fallbeispiele zum szenischen Bearbeiten. Je nach Möglichkeit können diese Beispiele für die weitere Arbeit mit den Kindern eingesetzt werden, zum Beispiel für Rollenspiele.

Hinweis: Natürlich kann bei jeder Variante jede mögliche Lösungsform angewendet werden, bei den angegebenen Anleitungen handelt es sich lediglich um Vorschläge.

Gemeinsame Überlegungen: Welche Gefühle wurden in dir beim Beschreiben der Situationen ausgelöst? Was empfindest du jetzt? Welche Gefühle wurden in dir beim Zuhören ausgelöst?

Sage ich immer, was ich denke?

Material: kopierte Blätter (Kopiervorlage 15)

Anleitung: *„Wenn man eine starke Gefühlsempfindung hat, drückt sich das nicht nur über eine Handlung aus, meistens gehen einem dabei auch irgendwelche Gedanken durch den Kopf. Denkt an Situationen, in denen ihr ängstlich, wütend, verwirrt, fröhlich, beleidigt oder traurig seid und schreibt auf, was ihr in solchen Situationen zuerst denkt und was ihr dann wirklich sagt. Sagt ihr immer, was ihr denkt?“*

Gemeinsame Überlegungen: Wer sagt immer, was er denkt? Welchen Vor- oder Nachteil hat das? Wer sagt nicht immer, was er denkt? Woran, glaubst du, liegt das? Wem gegenüber sagt ihr immer, was ihr denkt, wem nicht? Was könnte ein Grund dafür sein?

Fühlen – denken – sprechen – handeln

Material: Vorlagekarten (Kopiervorlage 16), leere Karten zum Selberbeschriften, Stifte, Packpapierbögen

Anleitung: Die Kinder versuchen sich die vorgegebene Situation vorzustellen und überlegen ihre in Frage kommenden Gefühls-, Gedanken-, Sprach- und Handlungsreaktionen dazu vorerst einzeln und schriftlich.

Um die Kinder untereinander zum Austausch ihrer Reaktionen anzuleiten, stehen dem Gruppenleiter mehrere Möglichkeiten zur Verfügung:

1.
- Die gesamte Gruppe bekommt die gleiche Situationsbeschreibung zur Bearbeitung.
- Nachdem alle ihre individuellen Reaktionen notiert haben, sucht sich jedes Kind einen Partner. In diesem Partnergespräch werden zuerst die Notizen vorgelesen, dann können sich die Kinder erzählen, ob sie schon einmal in einer ähnlichen Situation waren und wie diese verlaufen ist.
- Im Anschluss daran sammelt der Gruppenleiter auf einem Bogen Packpapier, der die gleichen Felder wie die Vorlagekarte hat, alle Reaktionen der Kinder. Mehrfachnennungen von gleichen Reaktionsweisen werden entweder dementsprechend oft unterstrichen oder für jede weitere Nennung mit einem Haken hinter dem Wort gekennzeichnet.
- Die sichtbaren Reaktionen (sprechen und handeln) werden in Rollenspielen dargestellt und von der Gruppe hinsichtlich ihrer Wirksamkeit bewertet.

2.
- Die Kindergruppe wird halbiert, beide Teilgruppen bekommen eine andere Situationsbeschreibung.
- Nach dem individuellen Beschreiben der Eigenreaktionen sucht man sich ein Kind aus der anderen Gruppe. Diesem Kind wird die Situation vorgelesen, die vom Partner genannten Äußerungen dazu werden am eigenen Zettel aufgeschrieben. Dann liest das zweite Kind seine Situation vor und interviewt das erste Kind über dessen Reaktionen.

• Das Sammeln der Reaktionen auf Plakaten und das Darstellen erfolgt wie in Variante 1.

3.

• Die Kinder bilden Vierergruppen, jede Gruppe bekommt eine unterschiedliche Situationsdarstellung.
• Jedes Kind schreibt zuerst seine eigenen Reaktionen nieder, danach liest sich die Gruppe reihum ihre Notizen vor.
• Alle Beiträge werden auf einem Plakat gesammelt, die allen Kindern am wirksamsten erscheinende Formulierung wird gekennzeichnet. Voraussetzung für diese Phase der Entscheidungsfindung ist, dass die Kinder bereits Erfahrung im Diskutieren und Bewerten haben.
• Jede Kleingruppe gestaltet die beschriebene Situation als kurzes Rollenspiel aus und spielt es der gesamten Gruppe vor.
• Entweder wird die gemeinsam erarbeitete Lösung auch gleich vorgespielt, oder die gesamte Gruppe erörtert kurz, wie man in dieser Situation reagieren könnte, und die Kleingruppe spielt ihre Version erst im Anschluss an die Diskussion vor.

Weitere Beispiele:

• Stell dir vor, du hast eine neue Frisur, die dir sehr gut gefällt. Als du deine Freunde triffst, lachen sie dich deswegen aus.
• Stell dir vor, dein Freund macht dir den Vorschlag, zu einer Party zu gehen; doch du bist davon überhaupt nicht begeistert.
• ... dein Sitznachbar will dir während der Mathematikstunde unbedingt etwas erzählen. Du möchtest aber dem Unterricht folgen, weil du die Rechnung sonst nicht verstehst.
• ... du bist am Spielplatz und eine Gruppe von Mädchen (Buben) geht an dir vorbei. Sie stoßen sich an und beginnen zu lachen.
• ... deine Eltern streiten sich neben dir sehr heftig wegen einer Kleinigkeit.
• ... du kommst später als ausgemacht nach Hause. Deine Mutter erwartet dich schon an der Türe und schimpft mit dir.
• ... du hast dich mit deiner Freundin (deinem Freund) verabredet, doch sie (er) kommt nicht. Am nächsten Tag trefft ihr euch in der Schule wieder.
• ... du sollst mit anderen Kindern ein Plakat gestalten, doch ihr müsst noch besprechen, wer welche Aufgabe übernimmt. Da erklärt ein Kind, dass es der Chef der Gruppe ist und sagt, was jeder tun soll.
• ... dass bei einer Diskussion ein Kind sehr lange redet. Ihr habt nur noch wenig Zeit, du möchtest aber deine Ideen auch noch mitteilen.
• ... du hast dich vorgedrängt und deine Freundin sagt dir, dass ihr das an dir nicht gefällt.

Sortieren

Material und Vorbereitung: Die gesammelten Gefühlsbezeichnungen werden auf einzelne Karten geschrieben. Große Pinwand, Stecknadeln.

Anleitung: Zum Sortieren eignen sich drei verschiedene Methoden:

1.

Die erste Karte wird vorgelesen und auf die Pinwand gesteckt. Bei jeder weiteren Karte entscheidet die gesamte Gruppe, ob der Begriff einer bestehenden Gefühlsgruppe zugeordnet wird oder ob diese Bezeichnung die Anfangskarte einer neuen Gefühlsgruppe darstellt. Oberbegriffe werden erst gegen Ende der Sortierphase gesucht, wenn notwendig, können die Kinder selber welche erfinden (vgl. Projektbeschreibung/Begriffe „ordnen“ Seite 13f.), z. B.:

ausgeglichen	happy	überrascht	ängstlich
entspannt		verwundert	schüchtern
locker			verzagt
cool			Angst haben
			sich fürchten

2.

Bei dieser Variante werden zuerst Oberbegriffe gesucht, denen dann die Karten zugeordnet werden. Das bedeutet unter Umständen für den Gruppenleiter, dass mit den Kindern zuerst die Bedeutung „Oberbegriff“ geklärt werden muss.

3.
Die Begriffe werden in „angenehme“ und „unangenehme“ Gefühle geordnet (vgl. Anleitung „Welche Gefühle kennst du?“ Seite 77f.).

Erfahrung: Im Gegensatz zur 1. Version sind die Kinder bei der Variante 2 durch die (eigene) Vorgabe der Oberbegriffe in ihrer Kreativität eingeschränkter, da sie versuchen, alle Karten „unterzubringen“. Es ist leicht möglich, dass sie sich auf die Nennung der vier Grundgefühle Ärger, Angst, Wut, Freude beschränken, dadurch geht aber der Prozess des Sortierens zügiger voran.
Bei Variante 3 kann ein und derselbe Begriff von den Kindern auf beiden Seiten gewünscht werden, zum Beispiel bei „gespannt“ im Sinne von positiver oder negativer Spannung, oder bei „aufgeregt“, „nachdenklich“ usw.

Hinweise: Da im Vorhinein nicht absehbar ist, um welche Begriffe es sich in dieser Phase handeln wird, lässt sich auch nur schwer eine gezielte Anleitung für den Gruppenleiter formulieren. Daher füge ich an dieser Stelle noch einige allgemeine Hinweise an:

- Es gibt kein absolutes Kriterium für die richtige Anzahl von Gruppierungen.
- Versuchen Sie sich als Gruppenleiter so gut wie möglich zurückzunehmen.
- Lassen Sie die Kinder ihre eigene Wertung treffen und begründen.
- Karten, die umstritten sind, werden zunächst auf eine Art Warteliste gesetzt.
- Die gesammelten Wörter können zuerst beurteilt werden, ob sie eine Emotion oder einen „neutralen“ Zustand beschreiben. Eine Grenze zu ziehen erweist sich als schwierig, da es kein objektives Kriterium dafür gibt, ob ein Wort einen Gefühlszustand oder einen neutralen Umstand bezeichnet.
- Abschließend besteht die Möglichkeit, innerhalb jeder Gruppe eine Differenzierung der einzelnen Begriffe bezüglich ihres Intensitätsgrades vorzunehmen.

Gemeinsame Überlegungen: Was war für dich im Umgang mit den anderen Kindern beim Ordnen der Karten schwer, was war für dich leicht? Warum ist es dir gelungen, andere Kinder von deiner Meinung zu überzeugen? Warum ist es deiner Meinung nach anderen Kindern gelungen, den Rest der Gruppe von ihrer Ansicht zu überzeugen?

Intensitäts-Skalen

Material: Karten mit den Gefühlsbegriffen, Pinwand, Stecknadeln, eine Karte mit der Zahl 1, eine mit der Zahl 10, lange Kordel oder langes Band

Vorbereitung: Mit der Kordel und den beiden Zahlenkarten wird auf der Pinwand eine Art Skala aufgesteckt.

Anleitung: Die Karte mit dem Oberbegriff der zu wertenden Gefühlskategorie wird über die Skala gesteckt, die Begriffskärtchen stecken in etwas größerem Abstand zur Skala. Der Gruppenleiter erklärt, dass die Kinder nun eine Einteilung vornehmen können, wie stark jede einzelne Bezeichnung das Gefühl ausdrückt, zu dessen Gruppe es gehört.

Beispiel zum Oberbegriff „Angst“ anhand der oben genannten Begriffe *ängstlich, schüchtern, verzagt, Angst haben, sich fürchten*.
„Welches Wort drückt für euch die geringste oder kleinste Form von Angst aus?“ Nachdem die Kinder einen Begriff genannt haben, steckt der Gruppenleiter diese Karte zur Einser-Karte auf der Skala. Sind sich die Kinder in ihrer Antwort uneinig, regt der Gruppenleiter sie zur näheren Begriffserklärung an oder bittet sie, Situationen zu nennen, in denen sie selbst dieses Gefühl empfunden haben. Wenn sich die Kinder gar nicht einigen können, werden die Karten einstweilen nebeneinander gesteckt.
„Welches Wort drückt für euch etwas mehr Angst aus als das 1. Wort?“ usw.

Variante
Jedes Kind nimmt seine persönliche Reihung vor. Anschließend vergleichen die Kinder ihre Aufstellungen miteinander. Das kann bei einem Rundgang durch die Gruppe, paarweise oder in Vierergruppen geschehen. Dabei begründen die Kinder ihre Einteilung.

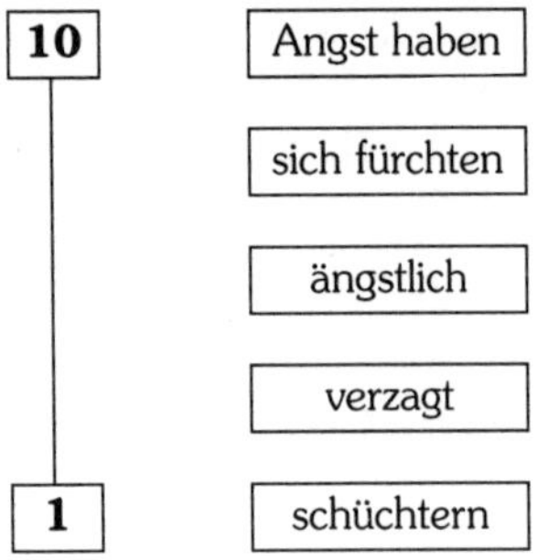

4.1.2. Kommunikationsübungen

„Du hast mich gefragt, ..."/ „Du hast mir gesagt, dass ..."

Eine häufige Ursache von sprachlichen Missverständnissen liegt oft darin, dass der Zuhörer seine Antwort bereits formuliert, während er eigentlich dem Sprecher noch „zuhört".

Anleitung: Zwei Kinder, Kind A und Kind B, setzen sich in die Mitte des Kreises. Der Gruppenleiter gibt Kind A (Sender) einen Zettel, auf dem eine Frage (Nachricht) steht, die es Kind B (Empfänger) stellen soll. Kind B wiederholt die gestellte Frage. Wurde die Frage sinngemäß richtig wiedergegeben, bestätigt Kind A mit „richtig". Kind B gibt nun eine Antwort. Diese Antwort wird von Kind A wiederholt und muss erst von Kind B bestätigt werden, bevor A einen neuen Satz formulieren kann.
Wurde ein Satz sinngemäß nicht richtig wiedergegeben, wird er mit „nicht richtig" abgelehnt und muss noch einmal formuliert werden. Sollte auch dieser Versuch nicht gelingen, wiederholt der Sender des Satzes die Nachricht nochmals.
Die Gruppe beobachtet das Gespräch und hat die Möglichkeit sich einzumischen, wenn ausgemachte Regeln nicht eingehalten werden.

Zum Beispiel:
Kind A: „Mit welchem Spielzeug hast du als kleines Kind am liebsten gespielt?"
Kind B: „Du hast mich gefragt, mit welchem Spielzeug ich als kleines Kind am liebsten gespielt habe."
Kind A: „Richtig."
Kind B: „Als kleines Kind habe ich am liebsten mit richtigen Werkzeugen und richtigem Küchengeschirr gespielt, das mir meine Eltern aber oft nicht geben wollten."
Kind A: „Du hast gesagt, dass du als kleines Kind am liebsten mit richtigem Küchengeschirr gespielt hast, das dir deine Eltern aber nicht geben wollten."
Kind B: „Nicht richtig."
Kind A: „Du hast gesagt, dass du als kleines Kind am liebsten mit richtigem Werkzeug und richtigem Küchengeschirr gespielt hast, das dir deine Eltern aber nicht geben wollten."
Kind B: „Richtig."
usw.

Mögliche Gesprächsanfänge:
Welche sind außer deinen Eltern die für dich wichtigsten Personen?
Was verstehst du unter einem Freund?
Was bedeutet Freundschaft für dich?
Welches ist deine liebste Tageszeit und warum?
Womit beschäftigst du dich in deiner Freizeit am liebsten?
Aus welchem Grund kannst du richtig wütend werden?
Womit kann dir jemand eine besonders große Freude bereiten?
Worüber wunderst du dich manchmal?
usw.

Nach jedem Gespräch teilt die Gruppe den beiden Gesprächspartnern ihre Beobachtungen mit. Natürlich kann diese Übung auch innerhalb jedes anderen Gespräches kurzfristig eingeblendet werden, besonders, wenn man als Gesprächsbeobachter bemerkt, dass die Kinder aneinander vorbeireden.

Gemeinsame Überlegungen: Warum wäre es eurer Meinung nach von Vor- oder von Nachteil, wenn man in allen Gesprächen zuerst den Satz des Gesprächspartners wiederholen müsste, bevor man selbst eine Antwort gibt? Der Gruppenleiter kann die Pro- und Contra-Argumente auf einer Tafel mitnotieren.

Was ist dir in der letzten Zeit besonders gut gelungen?

Material: Papier, Stifte

Anleitung: Der Gruppenleiter stellt allen Kindern die Frage „*Was ist dir in der letzten Zeit besonders gut gelungen? Woran hast du gemerkt, dass es dir gut gelungen ist?*“ Jedes Kind notiert sich dazu eine Antwort auf seinem Blatt. Die Kinder gehen paarweise zusammen und erzählen sich ihre notierten Antworten. Um sich die Antworten besser merken zu können, fertigen die Kinder kleine Zeichnungen an. Dabei ist es nicht erlaubt, etwas aufzuschreiben oder Schrift in irgendeiner Weise zu verwenden.
Im Gesprächskreis erzählt nun jedes Kind über die Antwort, die es bekommen hat, und zeigt die angefertigte Zeichnung. Derjenige, über dessen Antwort berichtet wurde, erhält anschließend die Möglichkeit, Ergänzungen anzufügen oder Richtigstellungen vorzunehmen.

Gemeinsame Überlegungen: Was glaubst du, woran es liegen könnte, dass deine Antwort ganz, nur zum Teil oder überhaupt nicht richtig wiedergegeben werden konnte? Welches Gefühl hattest du, als du etwas über dich hörtest, das du über dich nicht gesagt hast?

Ich beschreibe das, was ich sehe

Als Vorübung zur Beschreibung von Körperhaltungen eignet es sich, zuerst Gegenstände zu beschreiben, weil sich deren Form während des Beschreibens nicht verändert.

1. Gegenstände

Material: z. B. Nadel, Nagel, Lineal, Schere, Trinkglas, Münze, Gabel usw., einen Sack, in den alle Dinge gelegt werden.

Anleitung: Ein Kind greift in den Sack und nimmt einen Gegenstand in die Hand. Es beschreibt den anderen Kindern diesen Gegenstand so exakt wie möglich, nennt aber nicht, wofür er gebraucht oder eingesetzt wird. Die restliche Gruppe rät, worum es sich bei dem Ding handeln könnte. Damit die Kinder nicht einfach drauflosraten, hat jedes nur einen einzigen Versuch, seine Vermutung zu nennen.

Erfahrung: Es ist von Vorteil, wenn der Gruppenleiter in der ersten Runde selbst die Beschreibung eines Gegenstandes übernimmt.

Gemeinsame Überlegungen: Was war beim Beschreiben des Gegenstandes für dich leicht, was war schwer? War es leicht oder schwer, sich das Bild des Gegenstandes vorzustellen, und warum war das so?

Variante: Jedes Kind beschreibt einen Gegenstand schriftlich, die Zettel werden gemischt und der Reihe nach vorgelesen. Die Gruppe versucht, den Gegenstand zu erraten.

2. Körperhaltung

Ziel: Bei diesem Auftrag geht es um das genaue Wahrnehmen und Beschreiben von Körperhaltungen.

Anleitung: Ein freiwilliges Kind nimmt irgendeine beliebige Körperhaltung ein. Es kann stehen, sitzen oder liegen, wie es will. Hat es eine Position gefunden, die ihm passt, verharrt es. Zuvor wurden einem anderen Freiwilligen die Augen verbunden, sodass dieser die endgültige Körperhaltung des Darstellers nicht sehen konnte. (In allen weiteren Runden reicht es, wenn das Kind die Augen schließt.) In der ersten Runde übernimmt der Gruppenleiter die Funktion desjenigen, der dem „blinden“ Kind die Körperhaltung des darstellenden Kindes beschreibt. Das blinde Kind versucht, seine eigene Körperhaltung der Beschreibung anzugleichen. Der Rest der Gruppe hat die Funktion des Beobachters.
Eine besondere Schwierigkeit besteht in der Spielregel, dass das blinde Kind keine Fragen stellen darf, sondern nur den Anweisungen des Sprechers folgen muss. Der Sprecher kann seine Beschreibung so lange ergänzen, bis beide Kinder die gleiche Haltung einnehmen.
Die Beobachter bewerten zum Schluss, wie ähnlich die Körperhaltung der beiden Kinder ist, ob auf Details geachtet wurde oder nicht.

Für die nächsten Runden bilden die Kinder Vierergruppen, mit den Funktionen Darsteller, Blinder, Beschreibender, Beobachter, und wiederholen die Vorgangsweise vier Runden lang, sodass alle einmal die Möglichkeit haben, sich in jeder Funktion zu erleben.

Gemeinsame Überlegungen: Welche Funktion war für dich die schwierigste, welche war die leichteste? Warum war das so? Wie war dein Gefühl, als du Anweisungen erhieltst und nicht nachfragen durftest? Was kannst du mit diesen Erfahrungen im täglichen Leben anfangen?

Variante: In Dreiergruppen beschreibt ein Kind eine Minute lang das Gesicht des zweiten Kindes. Dieses darf seinen Gesichtsausdruck zwischendurch verändern, auch die Veränderungen werden beschrieben. *„Ich sehe, wie dein Mund sich öffnet und ich sehe deine Zähne. Ich sehe, wie deine Mundwinkel sich nach oben verziehen. Ich sehe, wie du lächelst."* Das dritte Kind gibt Acht, dass nur die Wahrnehmungen beschrieben und keine Interpretationen formuliert werden, zum Beispiel *„Ich sehe, dass du fröhlich bist, weil du lachst."*

3. Formengebilde (nach Antons 1996, S. 73-76)

Material: Jedes Kind A eines Paares erhält Blatt A mit einem Formengebilde, nach der ersten Übung erhält Kind B eines jeden Paares Blatt B. Schreibsachen, je ein leeres Blatt für jedes Kind.

Anleitung: Jedes Paar setzt sich Rücken an Rücken, Kind A bekommt Blatt A.
„Das erste Kind hat ein Blatt vor sich, auf dem Quadrate und Kreise aufgezeichnet sind. Es wird diese Quadrate und Kreise dem zweiten Kind jetzt beschreiben und das zweite Kind kann mitzeichnen, was es hört. Zum Schluss werdet ihr vergleichen, ob sich die Formengebilde ähnlich sind.
Die wichtigste Regel bei dieser Runde ist, dass das zweite Kind nicht sprechen darf, das heißt, dass es nicht nachfragen darf, wenn es zum Beispiel etwas nicht verstanden hat."

Kind B bekommt nun Blatt B.
„Im Unterschied zu vorher darf nun das zeichnende Kind dem Kind, das das Formengebilde beschreibt, Fragen stellen, wenn es etwas nicht genau verstanden hat. Anschließend vergleicht ihr eure Blätter wieder."

Erfahrung: Auf die Frage, aus welchen Gründen welche Übung leichter gefallen wäre, nannten die Kinder in mehreren Fällen die zweite Übung. Erstaunlicherweise reihten sie dabei die Möglichkeit nachfragen zu können an zweite Stelle. Als hauptsächlicher Grund wurde einerseits genannt, dass sie sich die Zeichnung beim zweiten Blatt besser vorstellen konnten, da sie eine ähnliche Zeichnung ja schon selber in der ersten Runde beschrieben hatten. Andererseits war festzustellen, dass die Kinder in der zweiten Runde ihre Wahrnehmungen viel besser und genauer mitteilen konnten, was ihnen selbst das Zeichnen sehr erleichtert hätte.

Variante: Beim ersten Blatt ist das Nachfragen erlaubt, beim zweiten Mal nicht.

Erfahrung: Auf die Frage, warum was schwer gefallen ist, antwortete einmal ein Bub: *„Das kann ich nicht sagen. Ich glaube, wenn mir mein Partner beim zweiten Mal besser gesagt hätte, was ich zeichnen soll, wäre es leichter gewesen, so aber passen unsere Zeichnungen gar nicht zusammen. Aber wahrscheinlich ist es dann am leichtesten, wenn man alles gut erklärt bekommt und im Notfall trotzdem fragen darf."*

Gemeinsame Überlegungen: In welcher Funktion hast du dich besser gefühlt, in welcher schlechter und warum? Welche Übung war für dich schwieriger und warum? Welche Situationen in deinem Leben kennst du, in denen es für dich wichtig wäre nachzufragen? Was könntest du daran verändern? Wie könntest du das tun?

Wie sich Informationen verändern

1.

Material: Ein Unfallbericht, abgestimmt auf das Alter der Gruppe, oder eine sehr kurze Geschichte, wird auf einen Bogen Packpapier geschrieben, ein leerer Bogen Packpapier, Stifte, Kassettenrekorder, Kassette

Vorbereitung: Bevor fünf Freiwillige den Raum verlassen, erklärt der Gruppenleiter, dass Informationen sich verändern können, wenn sie von einer an die nächste Person weitergegeben werden.

Anleitung: Der Gruppenleiter liest einem Kind den Bericht oder die Geschichte langsam vor. Dann wird ein Kind hereingeholt, diesem erzählt das erste Kind, was der Gruppenleiter ihm vorgelesen hat. Der zweite Sprecher wiederholt alles, was er vom ersten Kind gehört hat, dem dritten Kind usw. Aufgabe des Gruppenleiters ist es Acht zu geben, dass jeder Sprecher seine Informationen ohne fremde Hilfe an den nächsten weitergibt. Das fünfte Kind schreibt alles, was ihm gesagt wurde, auf einem Bogen Packpapier auf, sodass es alle Kinder lesen können.
Eine auf Packpapier geschriebene Version des ursprünglichen Textes wird daneben aufgehängt, damit die Gruppe beide Texte besser vergleichen kann. Der gesamte Ablauf der Übermittlung kann auch auf Kassette aufgenommen werden, damit das Entdecken der Textveränderungen besser nachvollzogen werden kann.

Gemeinsame Überlegungen

Frage an:
• die „Freiwilligen": Wie ist es dir beim Zuhören und Weitergeben der Information gegangen?
Was war für dich leicht, was war schwer und warum?
• die Beobachter: Was ist dir Besonderes aufgefallen?
• alle Kinder: Welche Erfahrungen ziehst du daraus? Wie kannst du diese Erfahrungen in deinem Alltag künftig einsetzen und nützen?

2.

Material: Ein Bild oder Foto, das mehrere Menschen bei irgendeiner Handlung oder Interaktion zeigt.

Zum Beispiel:

Vorbereitung: Wie bei Anleitung 1.

Anleitung: Der Gruppenleiter zeigt das Bild einem Kind, das versucht, sich das Bild gut einzuprägen. Es beschreibt das Bild dem ersten Kind, das hereingeholt wird, dieses wiederholt die Beschreibung dem nächsten Kind usw. Das fünfte Kind versucht auf einem großen Bogen Papier aufzuzeichnen, was es gesagt bekommen hat.
Eine vergrößerte Version des Originalbildes wird daneben aufgehängt, damit die Gruppe beide Bilder vergleichen kann. Die Informationsübermittlung kann wie bei Anleitung 1 aus genanntem Grund aufgenommen werden.

Gemeinsame Überlegungen: Gleich wie bei Anleitung 1.

Gerüchteküche[1]

Material: Kärtchen, Stifte, Plakatpapier, Kreide

Vorbereitung: Der Spielleiter schreibt drei Satzanfänge auf ein Plakat, z. B.:
1. Wenn ich mich ärgere ...
2. Gestern freute ich mich, als ...
3. Wenn ich das Wort *Gefühl* höre, ...

Anleitung: Jeder Spieler vervollständigt die drei Satzanfänge in Gedanken. Jeden dieser drei Gedanken stellt er durch eine einfache Zeichnung dar.
Die Satzvervollständigungen könnten in etwa so lauten:
1. ... spreche ich denjenigen, über den ich mich ärgere, an und sage ihm, was mich ärgert.
2. ... ich einen Brief von meinen Freunden aus Kanada erhielt.
3. ... fällt mir ein, dass es Gefühle gibt, die ich nicht fühlen kann, zum Beispiel: Ich habe keine Geschwister, daher kenne ich das Gefühl nicht, das man für Geschwister empfinden kann.

Jeden dieser Sätze versucht man nun zeichnerisch darzustellen, entweder durch eine Strichmännchenzeichnung, ein Symbol oder nonfigurativ. Wichtig ist dabei nur, dass während des Zeichnens nicht gesprochen wird und dass beim Zeichnen keine Form von Schrift eingesetzt wird.
Auf die Rückseite der Karte wird der eigene Name geschrieben.

Nun sucht sich jeder einen Gesprächspartner und man erzählt sich, welche Gedanken man aufgezeichnet hat. Dann werden die Kärtchen gegenseitig ausgetauscht und man sucht sich einen neuen Partner. Der erste Spieler zeigt mit dem Finger auf den Autor jener Karte, die er gerade in der Hand hält, und sagt dazu: *„Das ist der ... , von ihm habe ich diese Karte erhalten."* Nun wiederholt er, was er vom ersten Spieler zu den Zeichnungen gehört hat. Anschließend ist der zweite Spieler dieses Paares dran. Auch er zeigt seinem Partner (mit dem Finger), von wem er die Karte erhalten hat, und erzählt darüber. Wieder werden die Karten getauscht und der Vorgang beginnt von vorne.
Nachdem die Gesprächspartner mehrfach gewechselt wurden, unterbricht der Spielleiter: *„Sucht euch jetzt diese Person, deren Karte ihr in der Hand haltet, und erzählt ihr anhand der Karte, was ihr über sie wisst. Derjenige, dem die Karte gehört, muss stillschweigend zuhören, was ihm über sich erzählt wird, auch wenn es nicht mehr dem entspricht, was er dem ersten Zuhörer über sich gesagt hat. Jeder bekommt dann seine Karte zurück."*

\+ Der Spielleiter malt mit Kreide eine einfache Skala auf den Boden, auf die eine Seite schreibt er ein „+", auf der die andere Seite ein „–".

„Ordnet eure eigenen Karten auf der Skala so an, dass sie ausdrücken, wie sehr das, was ihr vom letzten Gesprächspartner über euch selbst gehört habt, dem entspricht, was ihr selbst über euch gesagt habt! Wenn jemand seine Karte ganz zum '+' reiht, würde das bedeuten, dass das Gehörte mit dem ursprünglich Gesagten total übereinstimmt. Die Karte neben das '–' zu legen würde dann also bedeuten, dass es sich bei der wiedergegebenen Aussage um ein absolutes Gerücht handelt, an dem so gut wie nichts wahr – *ist."*

Nachdem alle ihre Karten zugeordnet haben, bietet der Spielleiter denen, die sich dem Minus am nähesten befinden, die Möglichkeit an, das Gerücht aufzuklären.

Gemeinsame Überlegungen: Welche Erfahrungen hast du bei diesem Spiel gemacht? Was folgt daraus? Wie könntest du diese Erfahrungen in deinem Alltag künftig einsetzen und nützen? Was müsstest du dafür im Gegensatz zu früher anders machen?

[1] Nach einer Idee von Paul Lahninger, Salzburg.

Wünsche und Bitten annehmen oder ablehnen

Material: pro Kleingruppe zwei große Würfel (auf einem Würfel steht auf drei Seiten das Wort „Wünsche" und auf den anderen drei Seiten „Bitten". Auf den zweiten Würfel wird auf je drei Seiten „erfüllen" sowie „ablehnen" geschrieben), für jede Gruppe mehrere Kärtchen, auf denen Bilder von Gegenständen aufgeklebt sind (Haushaltsgeräte, Sportsachen, Schulsachen usw.), Papier, Stifte

Vorbereitung: Die Kinder können die Kärtchen selbst herstellen, je unterschiedlicher die Gegenstände sind, desto abwechslungsreicher gestaltet sich die Übung.

Ziel

Die Kinder üben sich bei diesem Auftrag einerseits im offenen und direkten Äußern von Wünschen und Bitten, andererseits können sie sich im Annehmen oder Ablehnen von Wünschen und Bitten erproben, ohne dabei den Fragenden als Person zu verletzen, da ihre Antwort vom Würfel bestimmt wird.

Anleitung: In der Kleingruppe (sechs bis acht Kinder) würfelt ein Kind den Wünsche/Bitten-Würfel einem anderen Kind zu. Es nimmt dann eine Karte und bezieht den Gegenstand in seinen Wunsch oder in seine Bitte mit ein.

Zum Beispiel:

„Ich wünsche mir von dir, dass du mich manchmal mit deiner Füllfeder schreiben lässt."

Nun würfelt das Kind, an das der Wunsch formuliert war, mit dem anderen Würfel, ob es dem Wunsch zustimmen oder ihn ablehnen soll.

Zum Beispiel:

„Ich weiß, dass du gerne mit meiner Füllfeder schreiben würdest, aber ich borge sie nie her."

„Es freut mich, dass dir meine Füllfeder gefällt. Ich borge sie dir morgen für die Hausübung."

Beim Ablehnen von Forderungen geht es in erster Linie darum, keine „verdeckten" Antworten zu geben, d. h. keine passiven oder aggressiven, sondern solche, die den anderen nicht verletzen, die eigenen Bedürfnisse aber nennen und die Ablehnung gegebenenfalls begründen. Dadurch entsteht die Selbstsicherheit, gegen Probleme selbst etwas unternehmen zu können.
Ein Kind der Gruppe schreibt jeweils die Wünsche/Bitten und Antworten mit. Diese Protokolle können zwischen den Gruppen ausgetauscht und diskutiert werden.

Gemeinsame Überlegungen: Wie wurde den Forderungen zugestimmt, wie wurde abgelehnt? Was ist dir bei dieser Übung sonst noch aufgefallen?

Variation: Wirklich vorhandene Wünsche oder Bitten werden an Kinder der Gruppe formuliert. Diese Kinder antworten aus ihrem eigenen Empfinden heraus.

Gemeinsame Überlegungen: Wie war es für dich, als du Wünsche oder Bitten abgelehnt hast? Wie war es, als dir Bitten oder Wünsche abgelehnt wurden? Hast du wirklich vorhandene Wünsche geäußert oder eher unwichtige? Welches Gefühl hast du im alltäglichen Leben, wenn du jemandem etwas abschlagen musst oder einfach „nein" sagst?

4.2. Gefühle szenisch darstellen

4.2.1. Mimik als Ausdrucksmittel

„Mimürfel"

Material: Würfelbox von Hajo Bücken (vgl. Seite 21)

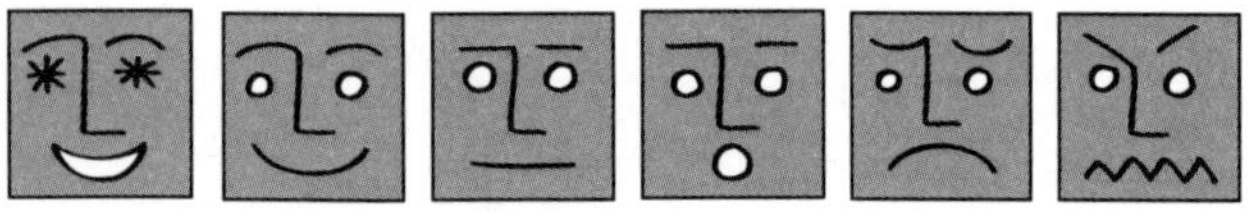

Anleitung: Auf die Spielanleitungen von Hajo Bücken wird hier nicht näher eingegangen, sie werden durch einige andere Vorschläge ergänzt:

• Vgl. Projektbeschreibung (Seite 21)/„Die Verwendung der Mimürfel" – die eigene Stimmung durch ein Würfelbild ausdrücken.

• Die Gruppe sitzt im Kreis, der Würfel wird am Boden einem anderen Kind zugewürfelt. Wer den Würfel erhält, handelt nach einem vorgegebenen Auftrag:
- die Mimik des Würfelbildes übernehmen (vergleichbar dem Spiel „Masken zuwerfen")
- eine gegenteilige Mimik zum Würfelbild annehmen

• Zur gleichen Zeit werden drei Würfel anderen Kindern zugewürfelt. Jeder nimmt die entsprechende Mimik an, zeigt mit dem Finger auf ein anderes Kind, das die gleiche Mimik annimmt und beibehält, bis es entweder selbst den Würfel bekommt oder ihm von einem weiteren Kind eine Mimik zugewiesen wird. Je geübter die Kinder dabei werden, desto schneller kann das Spiel gespielt werden.

• Die Kinder teilen sich in zwei gleich große Gruppen und stellen sich parallel in zwei Reihen hintereinander auf. Das erste Kind jeder Gruppe würfelt, nimmt die Mimik an, dreht sich zum Hintermann, der übernimmt die Mimik, dreht sich um, gibt sie weiter und so fort bis zum letzten Kind. Jedes Kind behält seinen Gesichtsausdruck, bis die Mimik beim letzten Kind angekommen ist. Das letzte Kind ruft: *„Ich hab's!"* und die ganze Kinderreihe dreht sich zur anderen Reihe.

• Paarweise entscheiden sich die Kinder für drei Gesichtsausdrücke des Würfels, die sie darstellen wollen. Auf *„1, 2, 3!"* des Spielleiters nimmt jeder Spieler des Paares einen dieser Gesichtsausdrücke an. Das Spiel wird von jedem Paar so lange gespielt, bis die ausgewählte Mimik der beiden übereinstimmt.

• Das gleiche Spiel kann man auch als Gruppe gegeneinander spielen. Gemeinsam entscheidet man sich zuerst für drei Darstellungen, dann einigt sich jede Gruppe leise auf einen Gesichtsausdruck, den sie auf *„Los!"* der anderen Gruppe zeigt. Gespielt wird so lange, bis beide Gruppen die gleiche Mimik darstellen.

Gemeinsame Überlegungen: Wodurch konntest du die unterschiedlichen Gefühle identifizieren? Welche Gefühle werden mit dem Gesicht so ausgedrückt, dass man sie leicht mit anderen Empfindungen verwechseln kann? Welche Gesichtsausdrücke lassen sich leicht, welche schwer darstellen bzw. erkennen?

Spiegelbilder

Anleitung: Zwei Kinder sitzen sich gegenüber, eines davon hat die Funktion des Spiegels. Das andere schaut in den Spiegel und erblickt darin sein Spiegelbild. Der Spiegel reagiert natürlich auf jede Veränderung des darstellenden Gesichtes. Auf ein Zeichen des Gruppenleiters tauschen die Kinder die Rollen. Je öfter und schneller die Rollen vertauscht werden müssen, umso lustiger ist das Spiel.

Der Spielleiter kann den Kindern auch Aufträge geben:
„Beobachte dich im Spiegel beim Grimassenschneiden!"
„Du stehst am Morgen nach dem Aufstehen vor dem Spiegel!"
„Du versuchst eine Wimper, die dir ins Auge gekommen ist, zu entfernen!"
„Du schminkst dich für ein Kostümfest!"
„Du probierst dein nettestes Lächeln im Spiegel!"
usw.

Gemeinsame Überlegungen: Wie gut ist es deinem Spiegelbild gelungen, dich wiederzugeben? Was war für dich an diesem Spiel lustig, was war eher fad?

Gesichtsausdrücke sammeln und sortieren

Material: Zeitungen, Illustrierte, Scheren, Klebstoff, große Bögen Packpapier, Stifte

Anleitung: Aus verschiedensten Zeitungen und Illustrierten werden fürs Erste wahllos Gesichter ausgeschnitten. Dann ordnen die Kinder ihre eigenen Bilder in angenehme und unangenehme Gefühle. In dieser Zuordnung werden nun alle Bilder auf zwei verschiedenen Plätzen im Raum zusammengetragen und aufgelegt. Für die weitere Vorgangsweise steht zur Auswahl:

- der Gruppenleiter gibt den Kindern Gefühlsbegriffe vor, denen die Kinder die Fotos zuordnen
- die Kinder suchen sich selber Oberbegriffe, denen sie die Fotos zuordnen
- Fotos, die das gleiche Gefühl ausdrücken, werden zuerst zusammengelegt, dann erst suchen die Kinder nach dem Begriff, der diese Mimik benennt. Dabei kann in der Art, wie sie im vorhergehenden Abschnitt „Gefühle verbal ausdrücken – Begriffe sortieren" (Seite 82f.) beschrieben ist, vorgegangen werden.

Die Bilder werden auf Plakate aufgeklebt, mit dem Oberbegriff beschriftet und aufgehängt. Die Plakate können noch eine Zeit lang mit Bildern ergänzt werden.

Gemeinsame Überlegungen: Welche Bildzuordnungen fielen dir schwer und warum? Welche Gefühle werden mimisch sehr ähnlich ausgedrückt?

Weiterführung:

Material: Jede Vierergruppe bekommt Punkte-Etiketten in einer anderen Farbe.

Anleitung: Jede Vierergruppe bekommt ein Plakat zur Bewertung: *„Durch welches Bild wird das genannte Gefühl am treffendsten ausgedrückt?"* Die Kinder überlegen zuerst für sich alleine und geben ihre Meinung und die Begründung dafür dann in der Kleingruppe bekannt. Die Gruppe versucht, sich möglichst auf ein Bild zu einigen, dieses Bild bekommt dann einen Klebepunkt angeheftet. Das Plakat wird der nächsten Gruppe zur Bearbeitung weitergegeben. Nachdem alle Plakate von allen Gruppen besprochen und bewertet wurden, werden die Plakate wieder aufgehängt, damit sich die Gruppe einen Gesamtüberblick verschaffen kann.

Gemeinsame Überlegungen: Wie war die Stimmung in eurer Gruppe? Woran lag es, dass ihr euch leicht oder schwer einigen konntet? Welches Gefühl hattet ihr dabei? Woran lag es, dass sich manche Kinder mit ihren Begründungen besser oder weniger gut durchsetzen konnten? Wie habt ihr es geschafft, euch zu einigen? Woran lag es, dass ihr euch nicht einigen konntet? Wie fühlt ihr euch jetzt?

Erfahrung: Wenn sich die Kinder schwer oder gar nicht einigen konnten, kann es passieren, dass sie aufgrund der Fragen des Gruppenleiters beginnen, Schuldzuweisungen vorzunehmen. In diesem Fall ist es wichtig, dass der Gruppenleiter eine nicht wertende und nicht parteiliche Haltung einnimmt, alle beteiligten Kinder zu Wort kommen lässt, aktiv zuhört usw. Mehr zum Thema Nicht-Parteilichkeit des Gesprächsleiters findet man im Abschnitt „Projektbeschreibung" auf Seite 8 und im Abschnitt „Umgang mit den eigenen Gefühlen und den Gefühlen anderer" unter „Konflikte bearbeiten" auf Seite 116.

Gesichtsausdruck von Smilies „gestalten"

Beim Zeichnen von Gesichtsausdrücken erreichen Kinder oft nicht gleich das gewünschte Ergebnis, da schon ein kleiner Strich mehr oder weniger die gesamte Mimik verändert. Daher erweist es sich als hilfreich, vor dem Zeichnen mit den einzelnen Elementen experimentierend ein Gesamtbild „zusammenzustellen".

Material: Schwarze „Pfeifenputzer", Seitenschneider, schwarzer Filz, Schere, Aufbewahrungsschachtel für die Materialien; mit Stoff oder Jute überzogene Styroporplatten als Unterlage

Vorbereitung: Die Pfeifenputzer werden für die Gestaltung von Mund, Nase und Augenbrauen in unterschiedlich lange Stücke geschnitten und an den Enden umgebogen, damit sich die Kinder daran nicht verletzen können. Aus dem Filz werden paarweise verschieden große Augen zugeschnitten.

Anleitung: Die Kinder können mit den vielen Einzelelementen verschiedene mimische Gefühlsdarstellungen entweder einfach „entstehen" lassen oder versuchen, einen ganz bestimmten Gesichtsausdruck zusammenzustellen.

Gemeinsame Überlegungen: Welche Erfahrungen hast du beim Legen der Gesichter gemacht?

Bildnerische Darstellungsmittel

1. Halbe-Halbe

Material: Illustrierte, Schere, Klebstoff, Zeichenpapier, Bleistifte, schwarze Fineliner

Anleitung: Zwei Kinder suchen gemeinsam nach einem Bild eines Gesichtes, das sie interessant finden. Dieses Bild wird der Länge nach zerschnitten, eine Hälfte wird auf ein Zeichenblatt geklebt. Jedes Kind zeichnet nun (eventuell aus dem Gedächtnis) die fehlende Gesichtshälfte dazu.

Gemeinsame Überlegungen: Warum habt ihr euch für dieses Bild entschieden? Wie kam die Entscheidung zustande?

2. Gesichter, die verschiedene Gefühle ausdrücken

Material: Farb- oder Filzstifte

Anleitung: Bei den Zeichenaufträgen sollen die Kinder versuchen, einen dem vorgegebenen Thema entsprechenden mimischen Ausdruck in ein Gesicht einzuzeichnen.
Der Gruppenleiter gibt allen Kindern entweder das gleiche Zeichenthema oder unterschiedliche Themen vor, oder er hängt Plakate mit verschiedenen Themenstellungen als Impuls auf und stellt es den Kindern frei, je nach ihren Interessen ein Thema auszusuchen.

Verschiedene Themenstellungen:
- „Wie schaut das Gesicht von jemandem aus, der ...?"
  - ... gerade im Lotto gewonnen hat
  - ... gerade seine Arbeitsstelle verloren hat
  - ... seit einer Stunde vergeblich auf einen Bekannten wartet
  - ... sich in einer fremden Stadt verlaufen hat
  - ... sich gerade verliebt hat
  - ... gerade seine Brieftasche verloren hat

  usw.

- „So schaue ich drein, wenn ich ..."
  - ... einen Wutanfall habe
  - ... eine schlechte Note bekommen habe

  usw. (vgl. Abschnitt Selbstbild/„Ich-über-mich-Buch" Seite 36f.)

- „So schaut mein Vater/meine Mutter/mein Bruder/meine Freundin/meine Horterzieherin/meine Lehrerin, wenn ..."
  - ... das Auto kaputt ist
  - ... er/sie krank ist
  - ... ich eine gute/schlechte Note bekommen habe
  - ... er/sie etwas weiß und es mir nicht verraten will

  usw.

3. Augen, Augenbrauen, Nase und Mund

Die „gelegten" Gesichter aus der Anleitung „Gesichtsausdruck gestalten" (Seite 91) werden abgezeichnet.

4. Entwürfe für Mimikwürfel

Wenn die Kinder schon mit den Mimürfeln von Hajo Bücken vertraut sind, wird die Idee, eigene Mimikwürfel herzustellen, sicher eine große Herausforderung für sie darstellen.

Material: kleine Zeichenblätter, Stifte, Packpapierbögen, Wäscheleine, Wäscheklammern, Klebstoff, Punkte-Klebeetiketten

Anleitung: Zuerst wird mit den Kindern überlegt, welche Gefühlsbegriffe am Würfel mimisch ausgedrückt werden sollen. Wenn eine Einigung auf sechs Begriffe schwer fallen sollte, kann auch die Möglichkeit eines zweiten Würfels erwogen werden. Als nächstes werden Gesichtsausdrücke gezeichnet und gesammelt, damit sie dann von der Gruppe bewertet werden können. Dazu hängt der Gruppenleiter für einen bestimmten Zeitraum Impulsplakate auf, damit die Kinder in Ruhe sammeln können (vgl. Seite 16).

Beispiele für Impulsplakate:

Das Bewerten erfolgt in der Art, wie es schon in der Anleitung „Gesichtsausdrücke sammeln und sortieren/Weiterführung“ (Seite 91) beschrieben ist.
Jene Bilder, für die sich die meisten Gruppen entschieden haben, kommen in die engere Wahl. Entweder sind es ohnehin nur sechs verschiedene Entwürfe, oder die Gesamtgruppe muss noch einmal diskutieren, welcher Ausdruck der gelungenste ist. Im Zweifelsfall kann der Gruppenleiter aber noch immer die Variante eines zweiten Würfels vorschlagen.

Gemeinsame Überlegungen: Wie war die Stimmung in eurer Gruppe? Woran lag es, dass ihr euch leicht oder schwer einigen konntet? Welches Gefühl hattet ihr dabei? Woran lag es, dass sich manche Kinder mit ihren Begründungen besser oder weniger gut durchsetzen konnten? Wie habt ihr es geschafft, euch zu einigen? Woran lag es, dass ihr euch nicht einigen konntet? Wie fühlt ihr euch jetzt?

Herstellung von Mimikwürfeln
Material: Holzwürfel, Schleifpapapier, glänzender Klarsichtsprühlack, wasserfeste Stifte
Die Würfel werden abgeschliffen und lackiert. Nach dem Trocknen werden die ausgewählten Zeichenentwürfe von den Kindern mit den wasserfesten Stiften aufgezeichnet.

5. Mein Bild von dir, mein Bild von mir

Anleitung siehe Abschnitt „Gefühle wahrnehmen/Gefühle anderer Personen wahrnehmen und deuten“ auf Seite 74.

Wofür die vielen gezeichneten Mimikbilder verwendet werden können:

1. Mimik-Ausstellung/Raumdekoration

Die gezeichneten Bilder werden verkleinert kopiert, themenweise auf Tonpapier geklebt, beschriftet, gerahmt und als Ausstellung aufgehängt, zu der benachbarte Gruppen/Klassen oder die Eltern eingeladen werden.

2. Fensterdekoration

Die Zeichnungen werden auf buntes Transparentpapier übertragen und auf die Fensterscheiben geklebt.

3. Mimik-Buch

Alle Bilder werden themenweise geordnet, einzeln auf Blätter geklebt und als Buch gebunden.

4. Ansichtskarten

Dafür eignen sich Zeichnungen mit nur einem Gesicht genauso wie eine Zusammenstellung unterschiedlicher Gesichtsausdrücke, die verkleinert kopiert auf A6-Kartonblätter geklebt und mit selbstklebender Klarsichtfolie überzogen werden. Diese Karten können insgesamt vervielfältigt werden und als Gruppen- oder Klassengeldaufbesserung an Eltern oder Interessierte verkauft werden. Die besten „Verkaufsmöglichkeiten“ ergeben sich meiner Erfahrung nach mit bemalten und danach farbkopierten Karten.

5. Gefühlsbarometer

Genauere Angaben zur Herstellung eines Gefühlsbarometers befinden sich im Abschnitt „Umgang mit den eigenen und den Gefühlen anderer“ (Seite 127 – 129).

6. Mimik-Karten

• Von jedem Ausdruck werden zwei gleiche Karten hergestellt. Damit kann man zum Beispiel **Duett** spielen (ähnlich wie bei Kartenspiel Quartett: Die Mitspieler ziehen gegenseitig Karten, wer zwei gleiche Karten hat, legt sie als Duett ab).
• Wenn die Kinder diesem Kartensatz eine Karte zufügen, zum Beispiel mit einer Griesgram-Mimik, kann angelehnt an die Spielregeln vom „Schwarzen Peter“ **„Griesgram“** gespielt werden.
• Jede Bilderkarte wird durch eine Wortkarte, die den Ausdruck benennt, ergänzt, um damit **Mimik-Memory** zu spielen.
• **„Mi Mik“** heißt ein Spiel, bei dem alle Karten verdeckt auf einem Stapel liegen. Der erste Spieler zieht eine Karte, legt sie auf den Tisch und sagt *„Mi!“* Der zweite Spieler zieht die nächste Karte, legt sie drauf und sagt: *„Mik!“* Gehören beide Karten zur selben Gefühlsgruppe, schlägt der Spieler, der dies zuerst erkannt hat, mit der Hand auf den Stapel und ruft *„Mimik!“* Ist der Kartensatz aufgebraucht, wird er kurz gemischt und das Spiel kann fortgesetzt werden. Wer nach der vereinbarten Zeit öfter „Mimik“ gerufen hat, darf eine Grimasse schneiden, die vom Spielpartner nachgemacht werden muss.
• Alle Spielvarianten, die in der Anleitung beim „Mimik-Fotorätsel“ beschrieben sind, können auch mit den gezeichneten Karten als **Mimik-Rätsel** gespielt werden.

Mimik-Fotorätsel

Material: Illustrierte, Zeitungen, A4-Kartonblätter, Schere, Klebstoff, Klarsichtfolien, Schachtel

Vorbereitung: Bilder mit unterschiedlichen Gesichtsausdrücken ausschneiden und auf Kartonblätter aufkleben. Zum Aufbewahren der Mimikbilder wird eine Schachtel (große Cornflakesschachteln eignen sich für dieses Format besonders gut) als Kartenbox zugeschnitten und von den Kindern gestaltet.

Variierte Anleitungen: Mit den Karten können verschiedene Spiele und Übungen durchgeführt werden:
• Ein Freiwilliger verlässt den Raum, fünf Kinder der Gruppe setzten sich in die Mitte des Kreises und ziehen sich aus der Box eine Karte. Sie übernehmen die Mimik und legen die Karten vermischt auf den Boden. Das Kind wird hereingeholt und ordnet nun die Karten den Kindern zu. Je nach Wunsch und Zutrauen des Kindes, das den Raum verlässt, können sich auch mehr oder weniger Kinder in die Mitte setzen und einen Gesichtsausdruck nachmachen.
• „Klappen auf!“ (Spielanleitung dazu siehe Seite 60)
• Ein Kind zieht eine Karte, übernimmt die Mimik des Bildes, die anderen Kinder raten, um welchen Gefühlsausdruck es sich bei der Darstellung handeln könnte.
• Zwei Kinder ziehen eine Karte, nehmen die Mimik des Bildes an und schicken wie beim Spiel „Masken zuwerfen“ den Gesichtsausdruck an ein anderes Kind weiter. Dieses übernimmt und schickt es seinerseits jemandem weiter.

Spiegel-Bilder

1. Selbstporträt

Material: für jedes Kind einen Spiegel, Zeichenpapier, Bleistifte, Wasserfarben, Pinsel

Anleitung: a. Das Kind betrachtet sich im Spiegel und zeichnet sein Gesicht mit Bleistift auf das Blatt.
b. Das Gesicht wird ohne vorzuzeichnen gleich auf das Blatt gemalt.
Anschließend werden die Selbstporträts ausgestellt, z. B. am Gang als „Galerie“.

Gemeinsame Überlegungen: Was gefällt dir an deinem Gesicht? Womit bist du nicht zufrieden? Was gefällt dir an deinem Gesichtsbild? Was gefällt dir an den Gesichtern der anderen Kinder?

2. Mit meinem Gesicht das Spiegelbild nachahmen

Material: ein langer Spiegel, der quer aufgelegt oder -gestellt ist, wasserlösliche und wasserfeste Stifte

Anleitung: Der Gruppenleiter zeichnet mit den wasserfesten Stiften mehrere Kreise nebeneinander in der Größe der Kindergesichter auf den Spiegel. Je ein Kind stellt sich vor einen Kreis, schneidet mit seinem Gesicht eine Grimasse und zeichnet mit wasserlöslichem Stift die markantesten Merkmale seiner Grimasse in das Spiegelgesicht ein. Das nächste Kind versucht, die gezeichnete Grimasse zu übernehmen.

Variante: Der Gruppenleiter kann als Überraschung für die Kinder täglich/wöchentlich unterschiedliche Gesichtsausdrücke einzeichnen.

Gemeinsame Überlegungen: Was hat dir bei dieser Übung Spaß gemacht? Was ist dir schwer gefallen? Warum ist es dir schwer gefallen?

Zu diesem Thema sind im Handel folgende Spiele erhältlich: **Gesichtsausdrücke:** 32 große Fototafeln und 4 Lottogrundtafeln sowie 32 kleine Lottokärtchen aus Karton; **Mimix:** ein lustiges Grimassenspiel mit zweimal 33 Karten und Spielsteinen; **Sprechbewegungsbilder:** 26 verschiedenfarbige Karten 15 x 21 cm mit Lautbildungsdarstellungen, zweimal 24 Mundstellungen mit Lautbildungskriterien auf kleinen Kärtchen 5 x 5 cm

Mimik-Fotografie

Ideen, wie man zu einer eigenen Mimik-Fotosammlung kommen kann, sind ausführlich im Projektbeschreibungsteil unter „Fotografie" auf Seite 23f. nachzulesen.

4.2.2. Körperhaltung und Gestik als Ausdrucksmittel

Im Abschnitt „Gefühle wahrnehmen" wird schon in der Anleitung „Körper-Sprache" (Seite 75) auf nonverbale Ausdrucksformen eingegangen.

Gesichtsmasken

Sinn und Zweck der Gesichtsmaske ist es, die Aufmerksamkeit der Kinder nur auf die Haltung des Körpers und auf die Hände des Darstellers zu lenken, damit die Merkmale dieser nonverbalen Ausdrucksmittel stärker hervorgehoben bzw. erarbeitet werden können.

Material: Karton, runder Einziehgummi, Schere

Herstellung: Die „Maske" selbst besteht aus einer ovalen Kartonscheibe, an deren seitlichen Enden das Gummiband befestigt wird. Der Gruppenleiter stellt den Kindern eine Maskenschablone zur Verfügung, die die Kinder auf den Karton übertragen, ausschneiden und die seitlichen Öffnungen für das Gummiband vorbereiten.
Anleitung für ein Experiment: Ein Kind verlässt den Raum, ein anderes wird gebeten, mit dem ganzen Körper das Gefühl „Trauer" auszudrücken. Nachdem die Gruppe bestätigt, dass das Gefühl zu erkennen ist, legt der Gruppenleiter dem Darsteller die Gesichtsmaske an und ruft das wartende Kind herein. Dieses Kind versucht nun zu erraten, um welches Gefühl es sich bei der Darstellung handelt (vgl. dazu Projektbeschreibung/„Gesichtsmasken" ab Seite 21f.).

Gemeinsame Überlegungen: Was konntest du beobachten, als dem Darsteller die Maske umgelegt wurde?

Gestik – die Sprache der Hände

Material: Packpapier, Stifte

Anleitung: Oft ergänzt man mit den Händen die Verbalsprache. Wenn jemand zum Beispiel zwei Eistüten oder zwei Getränke bestellt, lässt sich beobachten, dass derjenige dann auch zwei Finger in die Höhe hält. Mit dieser Art von Gesten möchte man etwas hervorheben oder besonders betonen. Es gibt aber noch andere Arten von Gesten, solche,

- die auf etwas hinweisen,
- die etwas demonstrieren, z. B. wie groß etwas ist,
- die beruhigen,
- die drohen oder beeindrucken und
- die um Unterstützung bitten.

Die Kinder bekommen den Auftrag, die eigene Gestik und die Gestik anderer Menschen zu beobachten und, so gut es geht, am Plakat aufzuschreiben. Vielleicht wird der Gruppenleiter beim Formulieren behilflich sein müssen. Die Kinder können versuchen, die gesammelten Gesten den oben genannten Gestik-Gruppen zuzuordnen. Nach dieser Sammelphase kann die Gruppe diskutieren, was Gesten alles ausdrücken können.

Gemeinsame Überlegungen: Was hast du durch die Beobachtung Neues an dir entdeckt? Welche Gesten verwende ich als Gruppenleiter oft?

Modelliermeister

Material: Gesichtsmasken

Anleitung: Die Kinder bilden Vierergruppen, ein Kind ist der „Tonklotz", hat die Maske vor dem Gesicht und wird von den drei Modelliermeistern zu einer Statue geformt. *„Modelliert eine Statue nach eurer Fantasie!"* lautet der Auftrag, und nun darf jeder Modelliermeister an der Figur so lange Veränderungen vornehmen, bis alle drei zufrieden sind. In einem kurzen Rundgang können die Modelliermeister die anderen Statuen betrachten. Dann stellt sich ein anderes Kind als Tonklotz zur Verfügung. (Siehe auch Seite 22.)

Gemeinsame Überlegungen: Welches Gefühl hattest du, als du „modelliert" wurdest? Welches Gefühl hatten die Modelliermeister beim Modellieren? Worüber haben die Modelliermeister beim Formen gesprochen? Wie war die Stimmung in eurer Gruppe?

Weiterführung:

Material: Gesichtsmasken, Karten mit Arbeitsaufträgen

Anleitung: Für alle weiteren Versuche erhalten die Gruppen Auftragskarten, nach denen sie ihre Figuren formen sollen. Sie dürfen ihre Aufträge den anderen nicht bekannt geben, da im Anschluss an das Modellieren gegenseitig geraten werden soll, um welche Darstellung es sich handelt. Besonders interessant ist es, manchen oder allen Gruppen in einer Runde den gleichen Auftrag zu geben, um anschließend die Varianten zum selben Thema zu vergleichen.

Zum Beispiel:

Modelliert eine **traurige** Statue!
Modelliert eine **ängstliche** Statue!
Modelliert eine **fröhliche** Statue!
Modelliert eine **wütende** Statue!

oder

Eure Statue soll **Betroffenheit** ausdrücken!
Eure Statue soll **Neugierde** ausdrücken!
Eure Statue soll **Schüchternheit** ausdrücken!
Eure Statue soll **Langeweile** ausdrücken!
Eure Statue soll **Neid** ausdrücken!
Eure Statue soll **Verzweiflung** ausdrücken!
Eure Statue soll **Gier** ausdrücken!
Eure Statue soll **Überraschung** ausdrücken!
Eure Statue soll **Nachdenklichkeit** ausdrücken!
Eure Statue soll **Freude** ausdrücken!
Eure Statue soll **Müdigkeit** ausdrücken!
Eure Statue soll **Abwehr** ausdrücken!
Eure Statue soll **Stärke** ausdrücken!
Eure Statue soll **Schwäche** ausdrücken!
Eure Statue soll **Hilflosigkeit** ausdrücken!
Eure Statue soll **Geborgenheit** ausdrücken!
Eure Statue soll **Hass** ausdrücken!
Eure Statue soll **Schmerz** ausdrücken!
Eure Statue soll **Zufriedenheit** ausdrücken!
Eure Statue soll **Einsamkeit** ausdrücken!

Gemeinsame Überlegungen: Warum, glaubst du, konnten manche Statuen sehr schnell erraten werden? Woran liegt es, dass manche Gefühlsdarstellungen nur schwer oder gar nicht erraten werden konnten? Welche Fragen ergaben sich für dich beim Modellieren?

Variante 1

Bei älteren Kindern kann folgendes Experiment durchgeführt werden: Angenommen, es wurden sechs Vierergruppen gebildet. Der Gruppenleiter erklärt noch vor dem ersten Modellierversuch, dass drei Gruppen beim Arbeiten an der Figur nicht miteinander sprechen dürfen, die anderen drei Gruppen schon. Diese Spielregel wird in der nächsten Runde umgeändert: Wer zuvor sprechen durfte, muss nun schweigend arbeiten und umgekehrt.

Gemeinsame Überlegungen: War es ein Vor- oder ein Nachteil, dass ihr in der ersten Runde sprechen/nicht sprechen konntet? Warum war es von Vorteil, warum von Nachteil bzw. was waren die Vorteile, was die Nachteile? Welche Erfahrung habt ihr beim gemeinsamen Arbeiten gemacht? Wie könnt ihr eure Erfahrungen für den täglichen Umgang mit anderen Menschen nützen?

Die Kinder berichten ihre Erfahrungen zuerst in der Kleingruppe, fassen sie zusammen, präsentieren sie den anderen Gruppen und vergleichen und bewerten die unterschiedlichen Erfahrungen. Der Gruppenleiter notiert die Beiträge der Gruppen auf einem Plakat.

Schattenfiguren

Material: starke Schreibtischlampe, großes weißes Leintuch, das z. B. im Türrahmen aufgespannt wird

Anleitung: Es eignen sich hierfür die gleiche Vorgangsweise und die gleichen Aufträge wie beim „Modelliermeister".

Gemeinsame Überlegungen: Welche Erfahrungen und Beobachtungen hast du bei diesen Übungen gemacht?

Mit den Händen sehen

Material: Fallschirmtuch

Anleitung: Ein Kind nimmt unter dem Fallschirmtuch stehend eine beliebige Körperhaltung ein. Ein anderes Kind tastet mit den Händen seine Haltung ab und versucht, sich in die gleiche Stellung zu begeben. Dann wird das Tuch weggenommen und die Gruppe vergleicht, ob die Körperhaltungen übereinstimmen.

Gemeinsame Überlegungen: Welches Gefühl hattest du, als du abgetastet wurdest? Welches Gefühl hattest du beim Abtasten? Woran lag es, dass du die Körperhaltung sehr detailgetreu/sehr ungenau übernehmen konntest?

Hinweis: Alle Aufträge dieses Abschnittes können auch ohne Gesichtsmaske durchgeführt werden.

4.2.3. Mimik, Gestik und Körperhaltung als Ausdrucksmittel

Standbilder

Anleitungsvarianten mit einem Fallschirmtuch

- Ein einzelnes Kind begibt sich unter den Fallschirm und drückt mit seinem gesamten Körper irgendeinen Gefühlszustand aus. Wenn es mit der Vorbereitung fertig ist, gibt es das durch Zuruf zu erkennen. Die restliche Gruppe nimmt das Fallschirmtuch an den Enden und lässt es einmal hoch schwingen. Während dieser Zeit raten die Kinder, um welchen Ausdruck es sich handeln könnte bzw. welcher Zustand ausgedrückt wird.
- Eine kleine Gruppe von Kindern überlegt sich ein Gefühlsbild und stellt es als Gruppe dar.
- Der Gruppenleiter gibt dem Einzel- oder den Gruppendarstellern einen Darstellungsauftrag, den die restlichen Kinder dann zu erraten versuchen, zum Beispiel:

trauriger Abschied	romantischer Heiratsantrag
zufälliges Treffen	Ekel erregender Gestank

- Die Kinder schreiben eigene Aufträge auf Karten, diese werden gemischt und vom Darsteller gezogen.

Darstellungsvarianten ohne Fallschirm

- Alle Kinder nehmen auf Zuruf des Gruppenleiters gemeinsam die gleiche Körperhaltung ein.
- Die Kinder denken sich selbst etwas aus und lassen die anderen raten.
- Das Gedicht „Körpersprache" von Hans Manz (Seite 75) eignet sich sehr gut, um es darstellen zu lassen.

• Die verschieden Körperhaltungen werden auf Karten geschrieben und jeweils von einem Kind gezogen und vorgeführt. Die restlichen Kinder erraten, was dargestellt wird.
• In einer Partnerübung bekommt jedes Kind eine Liste von darzustellenden Körperhaltungen (siehe Kopiervorlage 17). Abwechselnd wird eine Position eingenommen, das andere Kind muss raten. Findet es den (annähernd) richtigen Begriff, wird das auf der Liste mit „+“, bei Nichterraten mit „–“ verzeichnet. In einem anschließenden Gespräch überlegen die beiden, woran es liegen könnte, dass gewisse Darstellungen nicht bzw. schwer zu deuten waren.

Bei den Darstellungsspielen oder -übungen könnten die Kinder zusätzlich beobachten,

• ob bei allen Darstellungen Körperhaltung, Mimik und Gestik eingesetzt wurden,
• in welchem Verhältnis der Einsatz stand, welches Element bei der Ausführung überwog,
• welcher dieser drei Faktoren unbedingt notwendig war, um die Gefühlslage auszudrücken, welcher eine eher unterstützende Funktion hatte,
• durch welchen der drei Bestandteile der Gefühlsausdruck am ehesten auch alleine dargestellt bzw. wahrgenommen und in seinem beabsichtigten Sinn auch gedeutet werden konnte.

Gemeinsame Überlegungen: Welche Darstellungen ließen sich schwer erraten? Warum war das so? Welche Bilder ließen sich leicht darstellen? Warum fiel es dir leicht?

Statuen bauen

Im Gegensatz zur Anleitung „Modelliermeister“ (vgl. Seite 96) wird nun zusätzlich zu Körperhaltung und Gestik auch die Mimik eingesetzt.
Außerdem wird die Haltung der Statue nicht durch einen konkreten Gefühlsbegriff, sondern durch eine Situationsbeschreibung auf einer Auftragskarte bestimmt.

Material: Auftragskarten, z. B.:

Gewonnen!
Mir ist so schlecht!
Was ist jetzt wieder passiert?
Es brennt!
Ich bin ein echt cooler Typ!
Schon wieder eine schlechte Note!
Ihr könnt mich gern haben!
Hoffentlich sieht mich niemand!
Ich weiß auch nicht, was los ist!
Das will ich nicht!
Schon wieder den Bus verpasst!
Hallo! Hier bin ich!
Geh sofort in dein Zimmer!
Kannst du sehen, was dort los ist?
Ich könnte schreien vor Freude!
Bitte hilf mir!

Anleitungsmöglichkeiten
1. Einigen Freiwilligen teilt der Gruppenleiter eine Auftragskarte aus. Die Kinder versuchen, die beschriebene Situation darzustellen, und verharren dann als Statue.
2. Je ein Kind formt ein anderes Kind entsprechend der Auftragskarte zu einer Statue oder einer Skulptur.
Die restliche Gruppe wandert nun von einer Statue zur anderen und versucht den Gefühlszustand zu erraten. Schwieriger ist der Auftrag, auch die Situation, in der sich die Statue befindet, zu erraten.

Gemeinsame Überlegungen: Was fällt dir leichter darzustellen: „Freude“ oder „Gewonnen!“? Warum fällt es dir leichter? Gab es Skulpturen, die sich trotz eines unterschiedlichen Themas in der Darstellung ähnlich waren? Welche waren das?

Sich mitteilen und doch nichts sprechen

Material: ein Plakat für die Fragestellung, zwei Plakate zum Mitschreiben

Anleitung: *„Ich werde euch jetzt zwei verschiedene Szenen vorspielen und ihr beobachtet mich dabei*

sehr genau. Nachdem ich die erste Situation gespielt habe, wird euch ein Kind ein Plakat zeigen, auf das ich euch eine Frage aufgeschrieben habe, die ich euch selber stellen würde, wenn ich nicht gerade diese Rolle spielen würde. Bitte behaltet eure Antwort für euch, sprecht nicht darüber, merkt sie euch nur. Dann werde ich euch die zweite Szene ankündigen und sie spielen. Das Kind wird euch wieder ein Plakat mit einer Frage zeigen, über deren Antwort wir uns später unterhalten werden."

1. Szene: Der Gruppenleiter betritt den Raum, stellt sich vor die Kinder, schaut sie an, legt seinen Finger vor den Mund, um ihnen zu deuten, still zu sein. Sollte ein Kind sprechen, zeigt er mit dem Finger auf den Mund des Kindes, schüttelt verneinend den Kopf, unterstützt dies noch mit einer verneinenden Geste des ausgestreckten Zeigefingers. Dann setzt er sich zu einem Tisch und beginnt zu schreiben. Sollte ein Kind sprechen, steht er auf, geht zu dem Kind hin, schaut es mit strengem Blick an, schüttelt den Kopf, droht mit dem Zeigefinger, legt wieder den Finger an seinen Mund und kehrt zu seinem Platz zurück.

Auf ein vereinbartes Zeichen hebt ein Kind das Plakat in die Höhe, auf dem steht: *„Möchte ich, dass ihr mich ansprecht? Ja oder nein?"*

2. Szene[1]**:** Der Gruppenleiter betritt den Raum, schaut über die Kinder hinweg, sein Blick ist starr. Er geht geradewegs auf einen leeren Sessel zwischen den Kindern zu, setzt sich hin, ohne mit einem Kind Blickkontakt aufzunehmen, lehnt sich zurück, verschränkt die Hände und schließt die Augen. So bleibt er starr sitzen.

Auf ein vereinbartes Zeichen hebt ein Kind das Plakat in die Höhe, auf dem steht: *„Möchte ich, dass ihr mich ansprecht? Ja oder nein?"*

Gemeinsame Überlegungen: *„Wollte ich in der ersten Situation haben, dass ihr mich ansprecht? Wer dies glaubt, hebt die Hand."* Wie viele Kinder auch immer die Hand heben, der Gruppenleiter nimmt dies einfach zur Kenntnis. *„Woran meint ihr bemerkt zu haben, dass ich das wollte oder nicht wollte?"* Die Kinder nennen ihre Beobachtungen und Vermutungen, der Gruppenleiter notiert die Aussagen auf einem Plakat. In der gleichen Weise wird die zweite Szene bearbeitet.

1. Szene: „Woran meint ihr bemerkt zu haben, dass ich

das wollte	nicht wollte?"

Erfahrung: Wenn die Überlegungen ins Stocken geraten sollten, kann der Gruppenleiter die Aussagen zusammenfassen. Sind nicht alle Kinder derselben Meinung, kann er den Satz mit *„Viele von euch vertreten also die Meinung, dass ..."* beginnen. Sollte er direkt gefragt werden, ob er tatsächlich nicht angesprochen werden wollte, beantwortet er die Frage zum Beispiel so: *„Ich wollte auf zwei verschiedene Arten ausdrücken, dass ich nicht angesprochen werden möchte. Einmal wollte ich es euch direkt mit meinem Blick, meiner Gestik und meiner Körpersprache zeigen, einmal wollte ich es indirekt ausdrücken, als ich so tat, als gäbe es euch gar nicht. Wenn das nicht alle Kinder so aufgefasst haben, dann helft mir bitte zu überlegen, wie ich es besser hätte darstellen können."*

Weiterführung: *„Beobachtet, welche Signale andere Menschen direkt und welche sie fast nur nebenbei aussenden!"*
„Überlegt euch, wie ihr in folgender Situation reagieren würdet: Ein Lehrer kommt in die Klasse, schaut die Kindern an und sagt: 'Heute werde ich prüfen!'"

Pantomime

Anleitung: In Dreier- oder Vierergruppen bereiten sich Kinder kleine pantomimische Szenen vor. Hierfür können die Anregungen aus den Anleitungen „Standbilder" oder „Statuen bauen" verwendet werden (Seite 97f.). Das Ausgestalten der Szenen und der inhaltliche Verlauf bleiben der Fantasie und den Ideen der Kinder überlassen. Es muss vorher nur ausgemacht werden, ob für das Spiel Utensilien verwendet werden können oder ob diese nur fiktiv vorhanden sind.

[1] Die zweite Szene ist angelehnt an die Situationsbeschreibung vom „Mann im Wartesaal" (Watzlawick 1990, S. 51), der das Axiom zugrunde liegt: „Man kann *nicht* nicht kommunizieren."

Zum Beispiel:
„Eine traurige Abschiedsszene am Bahnhof"
„Ein Kind bringt eine schlechte Note nach Hause"
„Schon wieder den Bus verpasst!"
„Ein bedrohliches Treffen" usw.

Gemeinsame Überlegungen: Wie war die Stimmung beim Vorbereiten der Pantomime? Wie habt ihr euch geeinigt, was ihr spielen wollt? Was war daran einfach, was war daran schwer?

Gedicht: Gehen – laufen – springen

Material: zerschnipseltes Gedicht

Anleitung: Der Gang eines Menschen hängt auch von seiner Stimmung ab. Jedes Kind bekommt einen Zettel, auf dem eine „Gangart" aufgeschrieben steht, und führt sie auf ein Zeichen des Gruppenleiters vor. Die anderen Kinder raten, um welche Fortbewegungsart es sich handeln könnte, und stellen Vermutungen an, in welcher Stimmung dieser Mensch wohl sein könnte.

Rosemarie Künzler-Behncke
Gehen – laufen – springen[1]

Ich gehe – ich eile – ich laufe – ich springe
ich renne – ich rase – ich sause – ich schwinge
ich flitze – ich wandre – ich schlendre – ich schreite
ich hüpfe – ich hopse – ich tänzle – ich gleite
ich stelze – ich taumle – ich torkle – ich schleiche
ich stampfe – ich tripple – ich hinke – ich weiche
ich humple – ich schlurfe – ich bummle – ich schwanke
ich husche – ich trotte – ich trödle – ich wanke ...

4.2.4. Stimme und Tonfall als Ausdrucksmittel

Geräusche-Sprache

Anleitung siehe „Gefühle wahrnehmen/Geräusche-Sprache" (Seite 74)

Gefühlsbetontes Sprechen

Material: Fallschirmtuch oder Paravent, Karten mit Gefühlsbegriffen (Kopiervorlage 17 oder 19)

Anleitung: Ein Freiwilliger bekommt einen vorgegebenen Satz und zieht eine Karte, auf der ein Gefühlsbegriff steht. Er stellt sich hinter den Paravent und spricht der Gruppe den Satz in der jeweiligen Gefühlslage vor. Die Gruppe rät nun, um welche Stimmung es sich handelt.

Hinweis: Damit sich die ganze Aufmerksamkeit auf die Stimme und den Tonfall konzentriert, haben diese Sätze einen möglichst sachlichen Inhalt.
Zum Beispiel:
Ich stelle das Rad in die Garage.
In der Pause esse ich meine Jause.
Ich hole den Korb am Markt ab.
Meine Schwester hat kurze Haare.
usw.
Gefühlsbegriffe: fröhlich/ärgerlich/ängstlich/traurig/hysterisch/verzweifelt/lustig/freundlich usw.

Variante: Zwei Kinder sprechen einen Dialog.
Beispiele für Dialogkarten:

„Komm, wir gehen einkaufen!" – „Hast du genügend Geld?"
„Es schneit schon seit einigen Tagen." – „Ja, es schneit oft in letzter Zeit."
„Wann kommst du wieder zurück?" – „Das weiß ich noch nicht genau."
„Wir können heute zu Hause bleiben." – „Wir können aber auch fortgehen."

Gemeinsame Überlegungen: Welches Gefühl hattest du beim Sprechen des Satzes? Was fiel dir beim Sprechen leicht, was fiel dir schwer und warum? Wie leicht oder schwer fiel es dir, die Gefühlslage alleine an der Stimme zu erkennen? Warum war es leicht oder schwer für dich? Welche Erfahrung hast du bei diesem Spiel gemacht? Wie kannst du diese Erfahrung für dich nützen?

---

[1] In: Gelberg, Hans-Joachim (Hrsg.): Überall und neben Dir. Beltz, Weinheim und Basel 1986.

Telefonbuch lesen

Material: Telefonbuch, Auftragskarten (Kopiervorlage 18)

Anleitung: Der Gruppenleiter bittet ein Kind, eine Seite im Telefonbuch laut vorzulesen. Während das Kind liest, legt er ihm Zettel mit unterschiedlichen Sprechaufträgen hin, die das Kind in seinen sprachlichen Ausdruck einbauen soll.

Gemeinsame Überlegungen: Was hat dir an dieser Leseübung Spaß gemacht, was fandest du weniger lustig? Wie sprichst du selbst? Wessen Art zu sprechen gefällt dir gut? Was fällt dir zum Sprechverhalten der anderen Kinder deiner Gruppe ein?

4.2.5. Mimik, Gestik, Körperhaltung, Stimme und Tonfall als Ausdrucksmittel

2-Satz-Dialoge

Material: Dialogkarten (Kopiervorlage 20), Karten mit Gefühlsbegriffen (Kopiervorlage 17 oder 19)

Anleitung: Jeder sucht sich einen Partner, zieht eine Dialog- und eine Gefühlskarte und bereitet sich die Szene kurz vor. Dann spielt ein Paar nach dem anderen seinen Dialog vor, die anderen Kinder raten, welche Gefühlslage die Spieler auszudrücken versuchten. Anfangs können alle Paare den gleichen Dialog, aber in unterschiedlichen Stimmungen, spielen, danach ist es für die Kinder lustig, wenn die Inhalte der Dialoge wechseln. Bei diesem Spiel kommt es nicht so sehr auf einen rein sachlichen Inhalt der Sätze an (vgl. Seite 23).

Einige Beispiele:

„Warum kommst du erst jetzt?" – „Ich konnte nicht früher kommen."

„Hör mir jetzt einmal zu!" – „Warum denn?"

„Was, du?" – „Ja, ich."

„Die Suppe ist angebrannt." – „Das ist nicht mein Problem."

„Warum ärgerst du dich denn?" – „Ich ärgere mich doch gar nicht."

Gemeinsame Überlegungen: Was hat dir an diesem Spiel Spaß gemacht, was war weniger lustig für dich? Was ist dir besonders aufgefallen, was konntest du beobachten?

Ein-Satz-Theater

Material: leere Karten, Auftragskarten (Kopiervorlage 19)

Anleitung: Die Kinder denken sich lustige Sätze aus, z. B. *„Großmutters Hund verkleidete sich letzten Fasching als Rotkäppchen"* und schreiben sie auf die leeren Karten. Die Karten werden vermischt, ein Freiwilliger zieht eine Satzkarte und eine Auftragskarte. Dann führt er der Gruppe sein „Ein-Satz-Theater" vor.

Gemeinsame Überlegungen: Was war an diesem Spiel lustig, was war langweilig? Was fandest du schwierig, was leicht?

Würfel-Spiel

Material: je ein Würfel aus Karton oder Holz für Mimik, Körperhaltung und Gestik, zwei Würfel für Tonfall und Stimme, leere Karten

Vorbereitung: Die Kinder formulieren Sätze und schreiben sie auf die Karten, die Würfel werden mit Begriffen, die dem jeweiligen Ausdrucksmittel entsprechen, beschriftet.

Mimik	Körperhaltung und Gestik	Tonfall oder Stimme oder Lautstärke oder Tempo	
ärgerlich/zornig ängstlich/unsicher traurig/weinerlich fröhlich/lustig überrascht/entsetzt verzweifelt/enttäuscht	ärgerlich/zornig ängstlich/unsicher traurig/weinerlich fröhlich/lustig überrascht/entsetzt verzweifelt/enttäuscht	schrill deutlich flüsternd langsam tief laut	ärgerlich/zornig ängstlich/unsicher traurig/weinerlich fröhlich/lustig überrascht/entsetzt verzweifelt/enttäuscht

Anleitung: Bei diesem Auftrag handelt es sich um eine sehr schwierige Darstellungsart, die einerseits besonders viel Konzentration erfordert, andererseits aber (besonders den Zusehern) sehr viel Spaß macht. Für die ersten Versuche lässt man die Kinder zuerst nur den Mimik- und Körperhaltungswürfel verwenden, um den aufgeschriebenen Satz, der von der Karte abgelesen wird, darzustellen. Später erst wird die Übung durch einen der beiden Tonfallwürfel erweitert.

Erfahrung: Die Darstellung wird den Kindern durch den Hinweis erleichtert, zuerst die Körperhaltung einzunehmen und danach erst die Mimik „einzurichten". Es ist (nicht nur) für die Kinder erstaunlich zu beobachten, wie sich zwischendurch die beiden Ausdrucksmittel aneinander „anzugleichen" versuchen.

Hinweis: Mimik und Körperhaltung sozusagen „getrennt" voneinander einzusetzen fällt (ebenso nicht nur) vielen Kindern recht schwer. Der Gruppenleiter sollte daher unbedingt vorher selbst ausprobieren, welche Kompliziertheit dieser Auftrag in sich birgt.

Gemeinsame Überlegungen: Was stellte für dich die größte Schwierigkeit dar? Was fiel dir eher leicht?

Wenn Wörter- und Körpersprache sich widersprechen ...

Anleitung: *„Oft ist zu beobachten, dass Menschen in ihrer Mimik, Gestik und Körperhaltung das Gegenteil von dem ausdrücken, was sie mit ihren Worten sagen. Versucht solche Widersprüchlichkeiten zu finden und spielt sie euch vor!"*

Hier sind einige einfache Beispiele, falls den Kindern anfangs nichts einfallen sollte:

- *„Versucht 'Ja, ich will!' zu sagen und den Kopf dabei verneinend zu schütteln!"*
- *„Nein, ich will nicht" sagen und dabei nicken,*
- *„Servus, ich freue mich sehr, dass ich dich endlich treffe!"* – dabei die Hände am Rücken halten, sehr ernstes Gesicht machen

Gemeinsame Überlegungen: Woran könnte es deiner Meinung nach liegen, dass jemand etwas anderes sagt, als er meint? Warst du auch schon in so einer Situation? Möchtest du darüber erzählen?

Vorgetäuschte und verborgene Gefühle

Material: Geldstück

Anleitung: Bei einer sehr großen Gruppe werden die Kinder in Teilgruppen bis zu maximal 10 Kindern aufgeteilt.
Alle Kinder sitzen um einen Tisch herum, ein Geldstück wird unter dem Tisch vom einen zum anderen Spieler weitergegeben. Ein Kind steht, darf um den Tisch herumgehen und versucht herauszufinden, wer die Münze gerade hat.

Für die Spieler, die die Münze weitergeben, kommt es darauf an, ihre wahren Gefühle zu verbergen oder welche vorzutäuschen, d. h. so zu tun, als ob man das Geldstück gerade in Händen hielte, gleichgültig dreinzuschauen, auch wenn man gerade aufgeregt ist usw. Das suchende Kind kann als Suchhilfe Kommandos benützen. Bei *„Hände in die Höh'!"* stützen alle Spieler ihre Ellenbogen auf dem Tisch auf, die Hände sind zu Fäusten geschlossen. *„Hände auf den Tisch!"* bedeutet, dass alle Kinder ihre flachen Hände auf den Tisch fallen lassen. Wenn das nicht zugleich geschieht, hat das suchende Kind eine gute Chance, den Klang des Geldstückes beim Aufklatschen auf den Tisch wahrzunehmen. Beim Kommando *„Weitergeben!"* müssen die Spieler ihre Hände vorsichtig vom Tisch ziehen, um das Geldstück wieder in der Hand verbergen zu können. Fünf Versuche stehen dem suchenden Kind zur Verfügung, um die Münze zu finden. Schafft es das nicht, sucht es sich ein Kind aus, das statt ihm weitersucht. Gelingt es ihm, darf es ebenfalls den nächsten Spieler bestimmen und eine neue Runde anfangen.

Gemeinsame Überlegungen: Wie gut konntest du deine Gefühle verbergen? Wie hast du das gemacht? Wieso konntest du das suchende Kind so gut täuschen/nicht so gut täuschen? Woran hast du erkannt, wer die Münze in der Hand hatte?

4.2.6. Gelenkte Rollenspiele

Als Ausgangssituationen für Rollenspiele eignen sich
a. konstruierte oder
b. tatsächlich erlebte (Konflikt-)Situationen der Kinder

Vorschläge für Situationsbeschreibungen oder Bildimpulse, die für Rollenspiele verwendet werden können, befinden sich in folgenden Abschnitten:

- Fremdbild/„Vermute, wie ich reagieren könnte ...", Seite 52
- Gefühle wahrnehmen/„Gefühle auslösen ... durch Bilder/2", Seite 68f., Anleitung 2
- Gefühle verbalisieren/„Sammeln von Gefühlssituationen", Seite 80f.
- Gefühle verbalisieren/„Fühlen – denken – sprechen – handeln", Seite 81f.
- Umgang mit den eigenen Gefühlen ... / „Was ist wohl vorher geschehen?", Seite 111f.
- Umgang mit den eigenen Gefühlen .../„Worüber wir streiten und wie wir streiten", Seite 114
- Umgang mit den eigenen Gefühlen .../„Wohin mit der Wut?", Seite 125 – 127

Vorgangsweise:
Rollenspielaufbau und Auswertung

- Situationsdarstellung: Worum geht es?
- Rollenverteilung: Wenn eine Problemgeschichte eines Kindes oder ein aktueller Konflikt gespielt wird, spielen Kinder im Rollenspiel nicht sich selbst
- kurze Szenenvorbereitung der Darsteller, Eigenschaftsbeschreibung der Rollen vornehmen
- Zuschauer werden als Beobachter instruiert: *„Beobachtet, was geschieht und wie es geschieht!"*
- Rollenspiel
- Befragung der einzelnen Rollendarsteller: *„Wie hast du dich in der Rolle als ...* (Name der Rolle) *gefühlt? Wie hast du dich erlebt?"* usw.
- Befragung der Beobachter: *„Was ist dir aufgefallen? Was hast du beobachtet?"*
- Lösungsalternativen erarbeiten: *„Welche anderen Möglichkeiten gibt es, um die Szene zu beenden, zu verändern oder zu verbessern?" „Was würde ich in dieser Situation tun? Wie würde ich handeln?"*
- Die Gruppe oder das Kind, dessen Problem gespielt wurde, bewertet die Lösungsvorschläge.
- Die erarbeiteten Vorschläge werden in weiteren Rollenspielen dargestellt.

Konflikt-Standbild-Fotos

Material: Kamera

Anleitung: Die Kinder stellen aufgrund von (eigenen oder vorgegebenen) Situationsbeschreibungen Konflikte als Standbild dar, die vom Gruppenleiter fotografiert werden. Diese Fotos können als Bildimpulse zu Rollenspielen verwendet werden.

Bild-Impulse

Material: Bildvorlagen z. B. aus Bilderbüchern kopieren, aus Illustrierten ausschneiden, die Kinder selbst erlebte Konfliktsituationen aufzeichnen lassen oder Fotos aus der vorherigen Anleitung

Anleitung: Zwei oder mehrere Kinder wählen ein Bild als Ausgangssituation, denken sich dazu ein Szene aus, in der ein Konflikt entsteht, und führen es als Rollenspiel vor.
Die Szene beinhaltet entweder schon eine Lösung des Konfliktes oder sie wird, wie unter „Vorgangsweise für gelenkte Rollenspiele“ beschrieben, erarbeitet.

Wer – wie – was – wo

Material: A4-Karten, eine Schachtel mit vier Unterteilungen oder Registerkarten, Illustrierte, Schere, Klebstoff, Stifte, Einzelfotos der Kinder

Vorbereitung: Die Kinder schneiden aus den Illustrierten Bilder von Orten, Plätzen oder Landschaften aus und kleben sie auf die „Wo“-Karten, Personenbilder werden auf die „Wer“-Karten geklebt. Auf die „Was“-Karten werden die Inhalte der Situationen (Konflikt- oder Problemdarstellung) entweder aufgeschrieben und (zusätzlich) mit Bildern von Gegenständen ergänzt, oder der Inhalt wird nur durch Bilder dargestellt. Die „Wie“-Karten beschreiben die Eigenschaften der Personen und werden (eventuell durch ausgeschnittene Buchstaben) aufgeschrieben.
Alle Karten können aber auch „nur“ beschriftet werden.

Zum Beispiel:

Anleitung: Zwei Mitspieler ziehen für ein Rollenspiel je eine Personen- und Eigenschaftskarte, eine Karte für den Ort und eine für die Situation. Wenn auf der Situationskarte ein Bild klebt, denken sie sich eine Situation rund um dieses Bild aus, steht eine Kurzbeschreibung auf der Karte, gestalten sie diese zu einer kurzen Szene aus.
Die szenische Darstellung dauert einige Minuten, das Ende der Situation kann offen bleiben. In diesem Fall fragt der Gruppenleiter die Zuschauer und die Darsteller, wie sie persönlich wünschen würden, dass die Geschichte ausgeht. Entweder schreibt jedes Kind seine Version auf, oder die Kinder denken sich paarweise oder in Kleingruppen eine mögliche Ausgangsvariante aus und spielen sie der gesamten Gruppe vor.

Gemeinsame Überlegungen: Welches Ende gefiel dir am besten? Warum? In welcher Rolle hast du dich am wohlsten gefühlt? Ist dir eine ähnliche Situation selbst schon einmal passiert?
Im Falle einer Konfliktsituation werden Lösungsmöglichkeiten besprochen, szenisch dargestellt und im Anschluss daran von Spielern und Beobachtern bewertet.
Welche Lösung würdest du anwenden, wenn du in einer vergleichbaren Situation wärest? Warum würdest du dich dafür entscheiden? Welche Variante fandest du eher unpassend? Warum? Warst du selbst schon einmal in einer vergleichbaren Situation?

4.2.7. Geschichten weiterführen

Eigentlich kann am Höhepunkt fast jeder Geschichte die Frage gestellt werden: *„Wie könnte die Geschichte weitergehen?“* oder *„Was würdest du an dieser Stelle tun?“*

Literatur: Schwindt: Wie mag das wohl weitergehen?
Schwindt: Ende gut ...?
Badegruber: Geschichten zum Problemlösen.
Gsella: Wir fallen aus der Rolle.

4.3. Gefühle verbildlichen

Gefühle bildhaft ausdrücken

Material: Zeichenblätter, freie Wahl der Farben und Materialien

Anleitung: *„Malt ein trauriges (glückliches/ängstliches/aggressives/usw.) Bild! Welche Farben oder welche Technik ihr dazu wählt oder verwendet, bleibt euch selbst überlassen.“*

Gemeinsame Überlegungen: Welches Gefühl hattest du, als du das Bild gemalt oder gezeichnet hast? Welches Gefühl hast du jetzt?

Gefühlswörter in passenden Farben

Material: Zeichenblätter, freie Wahl der Farb- und Materialmittel

Anleitung: *„Schreibt das Wort ‘Zorn’ auf euer Zeichenblatt, so groß und wohin ihr wollt. Den Rest eures Blattes malt mit der Farbe aus, die für euch am besten zu diesem Gefühl passt!“* .

Die Blätter werden aufgelegt oder aufgehängt, bei einem Rundgang können die Kinder die verschiedenen Schriftgrößen, die jeweilige Ausrichtung des Wortes sowie die gewählten Farben miteinander vergleichen.

Zum Beispiel:

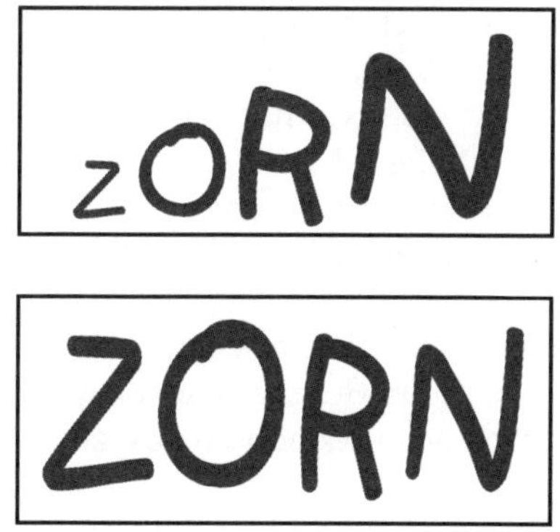

Hinweis: Der erste Auftrag gestaltet sich für alle Kinder deswegen gleich, weil sie sich dadurch besser in ihrer Unterschiedlichkeit wahrnehmen können. Für weitere Mal-Aktionen können sich die Kinder dann beliebige Gefühlswörter aussuchen.

Gemeinsame Überlegungen: Welches Gefühl hattest du, als du das Bild gemalt oder gezeichnet hast? Was ist dir bei den Bildern der anderen Kinder aufgefallen?

Bildschriftzeichen „Gefühl“

Material: Zeichenblätter, Farb- oder Filzstifte

Anleitung: *„Erfinde und zeichne ein Symbol oder Bildschriftzeichen, das das Wort ‘Gefühl’ ausdrückt!“* Nach dem Malen stellen alle Kinder ihre Zeichen vor und erklären ihre Überlegungen dazu.

Gemeinsame Überlegungen: Welches andere Wort fällt dir als erstes ein, wenn du das Wort „Gefühl“ hörst?

4.3.1. Figuratives Zeichnen

Weitere Anleitungen für figurative Zeichenaufträge sind in folgenden Kapiteln zu finden:

- Selbstbild/„Ich-über-mich-Buch“, Seite 36f.
- Selbstbild/„Wirf einen Blick in meinen Kopf!“, Seite 37 – 39

• Fremdbild/„Mein Bild deiner Stimmung“, Seite 47
• Fremdbild/„Typisch du!“, Seite 47f.
• Gefühle wahrnehmen/„Mein Bild von mir, mein Bild von dir“, Seite 74
• Gefühle szenisch ausdrücken/Mimik/„Bildnerische Darstellungsmöglichkeiten“, Seite 92f.

Einige der Aufträge aus den verschiedenen Abschnitten könnten (zum Beispiel von jüngeren Kindern) anstatt schriftlich auch bildnerisch ausgeführt werden, zum Beispiel:

• Selbstbild/„Wie bin ich?“, Seite 35
• Fremdbild/„Geburtstagswünsche“, Seite 42
• Fremdbild/„Verwandeln/Auf einer Burg“, Seite 51f.
• Gefühle ausdrücken/verbalisieren/„Sammeln von Gefühlssituationen“, Seite 80f.

Im Traum ...

Material: Zeichenblätter, Farb- oder Filzstifte

Anleitung: *„Stell dir vor, du träumst, dass du ein Gerät erfunden hast, mit dem du durch Wände schauen kannst! Zeichne das Gerät auf und gib ihm einen Namen!“*
„Du schaust mit diesem Wunderding durch eine Wand und entdeckst etwas, das dich sehr wütend/ fröhlich / ängstlich / traurig / neidisch / usw. macht! Zeichne auf, was du siehst!“

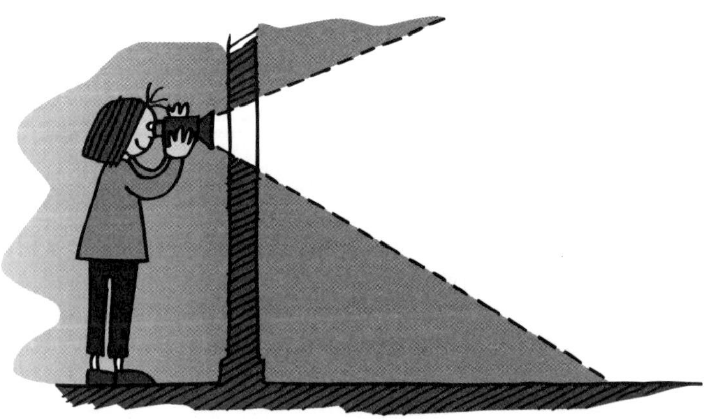

Erfahrung: Dieser Auftrag erfordert vom Gruppenleiter besonders dann viel Einfühlungsvermögen, wenn Kinder sich darauf einlassen, „Geheimnisse“ (welcher Art auch immer) aufzuzeichnen.

Gemeinsame Überlegungen: Was glaubst du, welche Auswirkungen hätte es, wenn es so ein Gerät wirklich gäbe? Welches Gefühl löst es bei dir aus, wenn du wüsstest, dass dich jederzeit jemand unbemerkt aus dem Nebenzimmer beobachten kann?

„Gefühlvolle“ Bildgeschichten

Material: a. Zeichenblätter, Farb- oder Filzstifte, Bleistifte, Fineliner
b. Diagläser mit Rahmen, wasserfeste Stifte

Anleitung: a. Ein Zeichenblatt wird für die Bildgeschichte entweder in mehrere Felder geteilt (vergleichbar einem Comic) oder jedes Bild wird auf eine neue Seite gezeichnet (wie in einem Bilderbuch oder Leporello[1]).
Die Kinder überlegen sich ein (eigenes) Erlebnis, bei dem eine Gefühlsregung eine besondere Rolle gespielt hat, und zeichnen diese Geschichte von Anfang bis zum Ende auf.
b. Für geübte Zeichner bietet sich auch die Möglichkeit, eine Bilderfolge auf Dias zu zeichnen, um sie dann der Gruppe vorzuführen.

Gemeinsame Überlegungen: Wodurch hast du versucht, den Gefühlszustand, den du besonders hervorheben wolltest, auszudrücken? Was gefällt dir an den Bildgeschichten der anderen Kinder?

[1] Ein Leporello ist ein harmonikaartig gefalzter Papier- oder Bilderbogen. Der Name stammt von dem Verzeichnis der Geliebten Don Juans (in Mozarts „Don Giovanni“), das dessen Diener Leporello angelegt hat.

4.3.2. Nonfiguratives Zeichnen und Malen

Siehe dazu den Abschnitt „Nonfiguratives Zeichnen und Malen", Seite 17f.

Gefühle mit Farben ausdrücken

Material: Zeichenblätter, Farb- oder Filzstifte, Wasserfarben; kleine leere Karten für jedes Kind

Anleitung: Es bilden sich Gruppen mit bis zu sechs Kindern. Die Gruppe einigt sich auf fünf verschiedene Gefühlsbegriffe, z. B. das Glück, die Sorge, die Wut, den Neid, die Freundschaft. Jeder notiert sich diese Begriffe auf seinen Karten. Die Frage bzw. das Thema für die Malerei lautet dann: *„Welche Farbe haben diese Gefühle?"* Die Kinder überlegen sich, mit welcher Farbe sie welches Gefühl ausdrücken möchten, verraten ihre Entscheidung aber den anderen nicht. Nachdem alle ihre Gefühlsfarben auf die einzelnen Blätter gemalt haben, legt das erste Kind seine Malereien und seine zugeordneten Begriffskarten am Tisch nebeneinander auf. Die Karten werden aber verdeckt aufgelegt. Die anderen Kinder können nun mit ihren Begriffskarten ihre Einschätzungen, mit welcher Farbe dieses Kind welches Gefühl dargestellt hat, abgeben, indem sie ihre Karte zum entsprechenden Bild legen. Anschließend werden die Karten des Kindes, von dem die Malereien stammen, aufgedeckt und die Gruppe vergleicht die Übereinstimmungen und Unterschiede.

Gemeinsame Überlegungen: Welche Erfahrung habt ihr beim Vergleichen gemacht? Haben sich viele Kinder an die traditionellen Gefühlsfarbgebungen (Liebe = rot, Trauer = schwarz usw.) gehalten? Welche anderen Farbzuordnungen kennt ihr noch?

Meine Gefühlsfarben

Material: gerasterte Zeichenblätter, Wasserfarben, Filz- oder Farbstifte

Anleitung: Der Gruppenleiter bespricht mit der Gruppe, welche Gefühlsbegriffe in die Felder eingetragen werden, oder gibt fertig kopierte Rasterblätter vor. Jedes Kind malt die Felder in seinen Farben aus, anschließend werden die Blätter ausgestellt und miteinander verglichen.

Weiterführung:
• Auf A5 verkleinerte Farbkopien der Gefühlsfarbenblätter ergeben hübsche **Ansichtskarten** oder **Billets.**
• Eine persönliche Gefühlsfarbenrasterung kann mit Stoff-Farben auch auf **T-Shirts** oder **Einkaufstaschen** gemalt werden.

.... : meine Gefühlsfarben				
Übermut	Zorn	Liebe	Angst	Entspannung
Trauer	Verzweiflung	Neid	Freude	Hoffnung
Spaß	Spannung	Müdigkeit	Neugierde	Kritik

Musikmalereien

Material: sehr große Zeichenblätter, Malfarben oder Ölkreiden, CD-Player, verschiedene CDs

Erfahrung: Als Einstiegsmusik ist es günstig, ein melodiöses Musikstück auszuwählen. Bei den ersten Versuchen muss auch durchaus nicht nur zu klassischer Musik gemalt werden, bei vielen Kindern kommt anfangs erst richtige „Stimmung“ auf, wenn sie nach ihnen bekannter Unterhaltungsmusik malen. Nicht allen Kindern ist klassische Musik oder rein instrumentale Musik bekannt, mit Walzermusik (den Donauwalzer kennen viele Kinder vom Sylvesterfeiern) lässt sich oft eine gute Verbindung zur Klassik herstellen.

Anleitung: Es gibt verschiedene methodische Ansätze, wie die Kinder ihre Arbeitsplätze vorbereiten:
a. mit dem Ertönen der Musik beginnen alle gleich mit ihren Malereien, die Art der Farbmaterialien wird vom Gruppenleiter vorgegeben;
b. die Kinder beginnen gleich zu malen, zwischendurch ist ein Wechsel der Mal- oder Zeichenfarben möglich;
c. zuerst wird die Musik nur zum Anhören vorgespielt, dann entscheidet sich jedes Kind, mit welcher Art von Malmaterialien es arbeiten will;
d. die Melodie wird von den Kindern angehört, jedes Kind wählt sich aus dem Musikstück ein Instrument, dessen Melodie es beim Malen folgen will. Diesem Instrument ordnet es eine bestimmte Farbe zu, die anderen Farben stellen die Begleitmusik dieses Instruments dar;
e. gleich wie Punkt d, nur ohne das Malen der Begleitmusik.

4.4. Gefühle musikalisch-rhythmisch zum Ausdruck bringen

Vergleiche folgende Abschnitte: Gefühle wahrnehmen/„Musikalische Gefühlsauslöser“, Seite 62
Gefühle wahrnehmen/„Musik, die mich traurig stimmt, Musik, die mich fröhlich stimmt“, Seite 63
Gefühle ausdrücken – verbildlichen/„Musikmalereien“, Seite 107f.

Gefühlsmelodien komponieren

Material: Orff-Instrumente, selbst hergestellte Geräusch-Instrumente

Anleitung: Die Kinder experimentieren in Kleingruppen, welches Gefühl sich ihrem Empfinden nach durch welches Instrument gut ausdrücken lässt. Auf diesem Instrument spielen sie dann eine kurze Tonfolge vor. Die restliche Gruppe versucht zu erraten, um welches Gefühl es sich dabei handeln könnte.

Gemeinsame Überlegungen: Wodurch gelang es dir, ein musikalisches Gefühl zu erraten? Warum fiel es dir schwer?

Klanggeschichten

Material: Orff-Instrumente, Rekorder, Kassetten, Papier, Stifte

Anleitung: Die Kinder erfinden eine Gefühlsgeschichte und setzen für jedes Gefühl eine kurze Melodie auf einem Instrument ein. Mögliche Themen oder Inhalte für Geschichten:
- Wut und Frieden treffen sich einmal zufällig in der Stadt
- Alle Gefühle beschließen ein Fest zu feiern, aber die Enttäuschung will die Einladung nicht annehmen.
- Die Geschichte vom Zauberer, der alle guten Gefühle in seinem Schloss gefangen hielt
- Warum die Angst den Mut nicht vertreiben konnte
- Wie sich der wütende Walter und die ärgerliche Agnes vertragen lernten
- Welchen Streich der Übermut spielte
- Welchen Gefühlen Karin auf ihrer Suche nach der Freundschaft begegnete

usw.

Die Geschichten werden kurz aufgeschrieben, die Rollen werden verteilt, ein Kind liest die Geschichte und die übrigen Kinder instrumentieren die Stimmen. Die Geschichte wird aufgenommen und der restlichen Gruppe vorgespielt.

Gemeinsame Überlegungen: Wie war die Stimmung in eurer Gruppe? Wie habt ihr es geschafft, euch auf eine gemeinsame Geschichte zu einigen? Wie wurden die Rollen verteilt? Wie seid ihr mit dem Gruppenergebnis zufrieden?

Trommel-Gespräche

Material: zwei oder mehrere verschiedene Trommeln

Anleitung: Zwei Kinder stehen an den Trommeln, der Gruppenleiter bittet sie, die beschriebenen Situationen durch Trommeln auszudrücken. Er hat die Möglichkeit, ihnen einen Weg aus dem Konflikt anzusagen oder sie vom Konflikt weg alleine agieren bzw. trommeln zu lassen. Wie geht das Gespräch aus? Verschiedene Kinder versuchen sich in den Trommelgesprächen. Der Gruppenleiter kann ihnen den Gesprächsverlauf im Vorhinein sagen, über Intensität und Länge ihrer Unterhaltung bestimmen sie dann selber.

Mögliche „Gesprächsanregungen“:
„Zwei Trommeln treffen sich, begrüßen sich, beginnen ein Gespräch, beginnen sich zu streiten, streiten immer heftiger, ...“ oder
„Zwei zerstrittene Trommeln sitzen im gleichen Musikgeschäft und müssen auf ihre Reparatur warten. Wie verhalten sie sich?“ oder
„Zwei Trommeln trommeln miteinander, eine dritte Trommel möchte mittrommeln. Was tut sie?“

Gemeinsame Überlegungen: Wie hast du dich beim Trommelgespräch gefühlt? Was war an diesem Gespräch schwierig, was war leicht? Warum war es schwer oder leicht?

Der Gefühlesong

Ärger, Neid, Verzweifeltheit,
Verliebtsein, Spaß und Fröhlichkeit,
kommen täglich einmal vor,
hör hin genau mit deinem Ohr.
R.: Denn es wird dir jeder zeigen,
sein Gefühl dir nicht verschweigen.
Frag doch einfach frei heraus:
„Wie schaut's in deinem Innern aus?“

Fühlst du dich manchmal nicht wohl,
weil keiner fragt nach deinem Groll.
Sag ganz einfach, wie's dir geht,
weil man dich dann erst recht versteht.
R.: Denn es ist leicht, Gefühl zu zeigen,
man braucht es nicht verschweigen.
Zeig ganz einfach frei heraus:
„So schaut's in meinem Innern aus!“

5. Umgang mit den eigenen Gefühlen und den Gefühlen anderer

5.1. Kommunikation

Direkt/indirekt

Indirekte Gefühlsäußerungen sind meistens in Du-Botschaften verpackt, in denen der Sprecher mehr über den Gesprächspartner als über sich selbst mitteilt. Eigene Gefühle werden dabei als Gefühle des anderen wahrgenommen. Zusätzlich veranlassen indirekte Äußerungen den Partner, sich zu verteidigen oder zu rechtfertigen. Das Umwandeln in direkte Äußerungen, also in Ich-Botschaften, die die eigene Gefühlslage beschreiben, fördert die Gesprächsbereitschaft beim Partner und die Möglichkeit eines offenen (Konflikt-)Gespräches.

1.
Anleitung: Um den Unterschied zwischen direkten und indirekten Gefühlsäußerungen wahrnehmen zu können, bittet der Gruppenleiter zwei Kinder, den anderen Kindern die gleiche Szene zweimal mit einem veränderten Text vorzuspielen. Die beobachtenden Kinder bekommen den Auftrag aufzuschreiben, welche Gefühle die Sätze der jeweiligen Szene bei ihnen ausgelöst haben.

Die erste, indirekte Gefühlsäußerung wird etwas ärgerlicher gesprochen als die direkte der zweiten Szene. Das entspricht auch der Realität, da durch das Benennen des eigenen Gefühls schon der „erste Dampf abgelassen" wird und die weiteren Sätze sachlicher gesprochen werden.

1. Zwei Kinder haben einen Treffpunkt verabredet, zu dem nur ein Kind pünktlich erscheint. Das andere lässt lange auf sich warten. Als es endlich kommt, sagt das wartende Kind: *„Da bist du ja endlich! Du hättest schon längst hier sein sollen! Nie bist du pünktlich!"*

2. Gleiche Szene, das erste Kind sagt: *„Ich ärgere mich, dass du erst jetzt kommst!"*

Gemeinsame Überlegungen: Welches Gefühl wurde bei dir durch die jeweiligen Sätze ausgelöst? In welcher Art und Weise wird dir durch den Satz vorgegeben, wie du als zu spät kommendes Kind reagieren wirst?

2.
Material: Memorykarten (Kopiervorlage Seite 21)

Anleitung: Bei diesem Memory suchen die Kinder zu einer indirekten Äußerung eine mögliche Art der direkten Aussage.

Gemeinsame Überlegungen: Welche indirekten Äußerungen fallen dir ein, die du selbst oft verwendest oder die dir oft gesagt werden? Wie könntest du sie in direkte Aussagen umformulieren?

Zuhören oder aneinander vorbeireden?

Material: Handpuppen, vorgegebene Texte, Papier, Stifte

Anleitung: Der Gruppenleiter bittet zwei Kinder, mit den Handpuppen zwei Gesprächssituation vorzuspielen, an deren Anfang jeweils das gleiche Problem zur Sprache kommt, die dann aber unterschiedlich verlaufen.

Zwei Freunde, A und B, unterhalten sich.

Text 1

A: *„Mein kleiner Bruder ist eine Nervensäge. Ständig kommt er in mein Zimmer und holt sich einfach irgendetwas von mir."*

B: *„Das kenne ich. Wenn ich an meine beiden Cousinen denke, die wollen auch ständig etwas von mir haben."*

A: *„Meine Eltern haben heute wieder mit mir geschimpft. Sie sehen nie, dass er mich ständig provoziert."*

B: *„Gott sei Dank sind meine Eltern da ganz anders. Die halten sehr oft zu mir. Aber meine Großeltern verteidigen immer meine Cousinen."*

A: *„Ich weiß, dass ich ihm irgendwann eine runterhauen werde. Dann haben meine Eltern wenigstens einen wirklichen Grund, um auf mich böse zu sein."*

B: *„Na ja, so tragisch wird's ja wohl nicht sein. Du wirst dich schon gegen ihn wehren."*

Text 2

A: *„Mein kleiner Bruder ist eine Nervensäge. Ständig kommt er in mein Zimmer und holt sich einfach irgendetwas von mir."*

B: *„Du bist ziemlich ärgerlich auf deinen kleinen Bruder, weil er sich Sachen von dir holt, ohne dich vorher zu fragen?"*

A: *„Ja. Meistens wenn ich auf ihn aufpassen muss, bekomme ich Streit mit meinen Eltern.*
Jeden Donnerstag sind wir am Nachmittag alleine zu Hause, das nützt er immer aus. Wenn ich mich bei meinen Eltern über ihn beschwere, sagen sie immer, ich bin der Ältere, ich müsse gescheiter sein als er."

B: *„Du ärgerst dich, weil deine Eltern immer zu ihm halten?"*

A: *„Ja. Ich finde es gemein, dass sie immer mich für den Streit verantwortlich machen."*

B: *„Du fühlst dich von deinen Eltern ungerecht behandelt, weil sie dir die Schuld an dem Streit geben und deinen Bruder für unschuldig halten. Das macht dich so wütend auf deinen Bruder."*

Gemeinsame Überlegungen: Worin besteht der Unterschied dieser beiden Gespräche? Was tut der Gesprächspartner im ersten, was im zweiten Gespräch? Woran erkennst du, ob dein Gesprächspartner dir aufmerksam zuhört? Woran erkennst du, dass er dir nicht zuhört? Welche Äußerungen deines Gesprächspartners fördern deine Gesprächsbereitschaft, welche Äußerungen hindern sie?

Weiterführung: Die Kinder werden in Kleingruppen geteilt und bekommen folgenden Auftrag: *„Angenommen, ihr habt ein Problem, das ihr gerne eurem Freund erzählen möchtet. Überlegt euch, durch welche Antworten eures Partners ihr euch aufgefordert fühlen würdet weiterzusprechen oder welche Aussagen euch daran eher hindern würden!"*

A: *„Ich hatte gestern in der Schule ziemlich großen Ärger."*

B: *„ ... "*
„ ... "

A: *„In der Zeichenstunde borgt sich mein Sitznachbar oft Zeichenblätter von mir aus und sagt, dass er sie mir wiedergeben würde. Aber er gibt sie mir nie zurück."*

B: *„ ... "*
„ ... "

A: *„Mein Freund hat mich zu seiner Party eingeladen, aber ich habe überhaupt keine Lust hinzugehen."*

B: *„ ... "*
„ ... "

Anschließend werden die Antworten vorgelesen und miteinander verglichen.

Gemeinsame Überlegungen: Welche Erfahrungen hast du bei dieser Übung gewonnen? Wie könntest du diese Erfahrungen künftig für dich nützen?

Weitere Kommunikationsübungen befinden sich im Kapitel Gefühle ausdrücken/verbalisieren:

„Du hast mich gefragt, ...", Seite 84
„Was ist dir in der letzten Zeit besonders gut gelungen?", Seite 85
„Ich beschreibe das, was ich sehe", Seite 85f.
„Wie sich Informationen verändern ...", Seite 87
„Gerüchteküche", Seite 88
„Wünsche und Bitten annehmen oder ablehnen", Seite 89

5.2. Konfliktbewältigung

Was ist wohl vorher geschehen?

Material: Bilder mit Konfliktsituationen aus Bilderbüchern (vgl. dazu Literaturangaben auf Seite 68 und 70) oder Zeitungen, leere Karten, Stifte

Anleitung: Der Gruppenleiter gibt jedem Paar die gleiche Bilderkarte und stellt an alle die Frage: *„Was könnte wohl vorher passiert sein?"* Im Paargespräch äußern die Kinder ihre Vermutungen über die mögliche Ursache des Konfliktes. Gibt es unterschiedliche Mutmaßungen, versuchen sich die Kinder auf eine Variante zu einigen. Diese wird zuerst auf einer leeren Karte bildhaft dargestellt und dann mit Text als Rollenspiel der übrigen Gruppe vorgespielt. Die Bilder mit den vermuteten Ausgangssituationen werden rund um das Konfliktbild gehängt. Auf diese Weise wird für die Gruppe plakativ ersichtlich, welche Vielfalt an unterschiedlichen Gründen die Entstehung eines einzigen Konfliktes verursachen kann.

Zum Beispiel:

Gemeinsame Überlegungen: Hattet ihr ähnliche oder unterschiedliche Vermutungen über die Ursache bzw. das Zustandekommen des Konfliktes? Wie habt ihr euch geeinigt? Hast du selbst schon einmal eine Situation erlebt, die der auf dem Bild dargestellten ähnlich ist? Wodurch kam sie zustande? Welche anderen Wörter für das Wort Konflikt kennst du? Erinnerst du dich an eine problematische Situation, in die du in der letzten Zeit verwickelt warst? Wodurch und wie ist sie zustande gekommen?

verwickelt warst? Wodurch und wie ist sie zustande gekommen?

Was passiert danach?

Anleitung: Der Gruppenleiter gibt den Kindern den Auftrag, Vermutungen anzustellen, wie die auf der Karte dargestellte Situation weitergehen bzw. wie der Konflikt konstruktiv bearbeitet oder sogar gelöst werden könnte. Jedes Paar versucht, sich auf eine Möglichkeit zu einigen, und zeichnet diese auf eine oder mehrere Karten auf.

Um diesen Sachverhalt als Rollenspiel darstellen zu können, werden, wenn nötig, zusätzliche Spieler ausgesucht, denen die entsprechenden Rollenanweisungen gegeben werden.
Gemeinsame Überlegungen: Welche Lösung erscheint dir am sinnvollsten und warum?

Vorher – nachher

Material: leere Karten, Stifte

Anleitung:
1. Die Kinder zeichnen individuelle Problemsituationen auf, die Karten werden vermischt, jedes Kind zieht eine Karte, überlegt sich, wie und wodurch diese Situation entstanden sein könnte, und sucht nach einer möglichen Lösungsvariante. Die „vorher"- und „nachher"-Situationen werden aufgezeichnet.
2. Der Gruppenleiter zeichnet die häufigsten Konflikte der Gruppe auf Karten und vervielfältigt die Karten. Weitere Vorgangsweise wie unter Punkt 1.

Worüber wir streiten und wie wir streiten

Material: Packpapier, Stifte

Anleitung: In Kleingruppen sammeln die Kinder jene Themen und Anlässe, die in der Gruppe oder zwischen einzelnen Kindern oft Streitigkeiten verursachen. Alle Punkte werden auf einem Plakat zusammengeschrieben. Jede Kleingruppe sucht sich ein Thema aus und spielt der gesamten Gruppe vor, wie der Streit ihrer Erfahrung nach abläuft.

Gemeinsame Überlegungen: Welche Gemeinsamkeiten hast du in den vorgeführten Streitabläufen entdeckt? Wie und wodurch hätten sich manche Auseinandersetzungen vermeiden lassen können? Die Aussagen dazu werden vom Gruppenleiter auf einem Plakat mitgeschrieben. Welche Vorschläge lassen sich deiner Meinung nach verwirklichen? Welche Vorschläge würdest du in Zukunft bei einer Auseinandersetzung anzuwenden versuchen?

Weiterführung: Aus den Ideen können die Kinder allgemeine und persönliche „Streit-Verhaltensregeln“ entwickeln.

Erfahrung: Auf diese Weise haben zwei Buben, die eigentlich sehr gut befreundet waren, sich auch sehr mochten, aber immer wieder in heftige (auch) handgreifliche Streitigkeiten geraten konnten, eine Lösung für ihr Problem gefunden. Nach jedem Streit waren sie einerseits zwar ärgerlich aufeinander, konnten aber andererseits nicht aufeinander zugehen, weil sie dadurch einen Imageverlust vor der restlichen Bubengruppe befürchteten. Alle Interventionen meinerseits schlugen fehl, bis sie eines Tages in einem Gespräch über den Ablauf ihrer Streitigkeiten Folgendes beschlossen: Sie wollten künftig versuchen, sich schon während des Streits selbst ein „Signal“ zu geben, um sich gar nicht erst so sehr zerstreiten zu können, dass das Sich-Versöhnen ein Thema werden konnte. Damit diese Abmachung aber vor der Gruppe geheim blieb, erfanden sie ein Geheimwort, um dessen Bedeutung nur wir drei wussten. Wenn es einem der beiden bei den folgenden Auseinandersetzungen „zu viel“ wurde, sagte er leise „dötschn“ und das bedeutete *„Stopp, gleich sind wir so weit, dass wir nicht mehr zurück können“.*

Diese Anregung hätte nie funktioniert, wäre sie von mir vorgeschlagen worden (abgesehen davon, dass mir eine derartige Idee nie in den Sinn gekommen wäre). Mit diesem Beispiel möchte ich darauf verweisen, dass man als Gruppenleiter ruhig auf die Problemlösungskompetenz der Kinder vertrauen darf. Eine ehrliche Anteilnahme des Gruppenleiters am Geschehen vermittelt den Kindern nicht nur, dass sie sich als Persönlichkeit und mit ihren Bedürfnissen ernst genommen fühlen können, sie führt im weiteren Verlauf zu einer ernsthaften Auseinandersetzung der Kinder mit sich selbst und mit anderen. Sollten sich die Kinder beim Erstellen der Streit-Regel-Liste anfangs nur auf einige Punkte beschränken, bemerken sie spätestens bei der ersten Anwendung, wo die Liste noch weiterer Ausführungen bedarf. Der Gruppenleiter übernimmt in dieser Phase eine Art Hebammen-Funktion, d. h. er hilft den Kindern, ihre eigenständigen Ansichten und Meinungen zu entwickeln.

Unser Konflikt aus deiner Sicht

Anleitung: Zwei Freiwilligen, die sich gegenüber sitzen, schildert der Gruppenleiter eine in der Gruppe öfters beobachtbare Konfliktsituation, zum Beispiel: *„Stellt euch vor, jeder von euch hat mit einem Freund vereinbart, nach dem Mittagessen Tischfußball zu spielen. Ihr kommt zur gleichen Zeit zum Tisch, und als ihr die anderen beiden bemerkt, beginnt ein heftiger Streit, wer zuerst drankommt. Ihr sitzt euch nun gegenüber und sollt versuchen, den Konflikt auf folgende Weise zu lösen: Tauscht eure Plätze und versetzt euch damit in die Position eures Konfliktpartners. Schildert nun den Streit aus seiner Sicht!“*
Der Gruppenleiter und die restlichen Kinder beobachten das Gespräch und dürfen nur eingreifen, falls sich die beiden nicht an die ausgemachten Regeln halten.

Gemeinsame Überlegungen: Was war an diesem Auftrag schwer, was war leicht und warum? Wodurch konnte der Konflikt gelöst werden? Warum kam keine Lösung zustande? Welches Gefühl hattest du, als du dich in die Lage deines Konfliktpartners versetzt hast? Welche Wahrnehmung haben die beobachtenden Kinder gemacht?

Hinweis: Um das Sich-in-den-anderen-Hineinversetzen und das Zurückstellen der eigenen Bedürfnisbefriedigung als Verhaltensweise in Ruhe und ohne Leistungsdruck ausprobieren zu können, wird es vielleicht in manchen Gruppen notwendig sein, anfangs ein Konfliktthema zu wählen, das in keinem aktuellen Bezug zur Gruppe steht. Ob diese „Technik" bei ungeklärten und ungelösten Konfliktsituationen angewandt werden kann und zu einem respektvolleren Umgang mit fremden Bedürfnissen führt, wird nicht zuletzt davon abhängen, welche Erfahrungswerte die Kinder bei der Erprobung dieser Übung sammeln konnten.

Konflikte bearbeiten und gemeinsam nach Lösungen suchen

• Damit Auseinandersetzungen zwischen den Kindern (einigermaßen) unter Kontrolle bleiben, ist es erforderlich, **rechtzeitig zu intervenieren** und die Kinder zum bewussten Austragen von Konflikten anzuregen und anzuleiten. Konfliktlösungsverfahren lassen sich natürlich nicht 1:1 übernehmen, sondern werden auf jede Gruppe neu angepasst. Die nachfolgend beschriebene Vorgehensweise stellt einzelne Arbeitsschritte einer möglichen Art der Konfliktbearbeitung dar und beruht auf den Erfahrungen aus meiner Berufspraxis als Horterzieherin und Hortleiterin sowie Fortbildungsseminaren, ergänzt um Anregungen aus der Fachliteratur.

• Den ersten Schritt stellt das **Unterbrechen** des Konfliktes dar. Oft genügt es, sich verbal einzuschalten (*„Stopp!", „Hört auf!", „Moment, wartet einmal!"* usw.), bei handgreiflichen Auseinandersetzungen erfolgt dies durch das Trennen der Kontrahenten. Um die Trennung zu stabilisieren, ist es manchmal notwendig, den eigenen Körper als Trennwand zwischen den Streitparteien einzusetzen.

Mögliche Schwierigkeiten dabei:
Durch eine emotionell extrem aufgeladene Situation sind Kinder manchmal „blind vor Wut". Aus diesem Grund kann es passieren, dass man aufgrund des Eingreifens entweder ins Geschehen hineingezogen wird oder dass sich die Wut eines Kindes plötzlich gegen einen selbst richtet, da sich das Kind durch die Einmischung des Erwachsenen am Abreagieren seiner Emotion gehindert fühlt.

• Alle Beteiligten werden eingeladen, den Konflikt an einem dafür geeigneten Ort zu besprechen. Durch das **räumliche Verlagern** des (Kriegs-)Schauplatzes ergibt sich eine weitere kurze Unterbrechung.
„Erzählt einmal, was passiert ist" oder *„Bitte erzählt mir, wie euer Streit entstanden ist"* oder *„Komm, wir setzen uns in die Gesprächsecke und dann erzählst du mir, was dir passiert ist, dass du so wütend geworden bist."* Wer am ehesten „Dampf ablassen" muss, beginnt.

Mögliche Schwierigkeiten dabei:
Hektik, Erregung und Lautstärke sind Begleiterscheinungen beim Dampf-Ablassen. Je mehr aufgestauten Druck die Kinder aber durch das Äußern von lautstarker Empörung loswerden können, desto weniger besteht die Gefahr, dass sie noch einmal körperlich aufeinander losgehen. Die Schilderung des ersten Kindes führt in den meisten Fällen zu einer neuerlichen Affektaufladung der übrigen Beteiligten. Auch als Gesprächsleiter wird man schnell davon erfasst, besonders wenn man sich darüber zu ärgern beginnt, dass die bereits erfolgte Beruhigung wieder in neuerliches unproduktives Chaos auszuarten droht. Eine neuerliche Unterbrechung vom Gesprächsleiter kann die Situation beruhigen helfen *„Halt! Einer nach dem anderen. Jeder kann seine Version der Geschichte erzählen. Jetzt ist der Erste dran, dann kommt sofort der Nächste an die Reihe."*

• Nachdem das erste Kind den Konflikt aus seiner Sicht zu schildern begonnen hat, erhalten auch alle anderen möglichst schnell die Gelegenheit, erste **Stellungnahmen** abzugeben.
„Ich möchte dich genau hier kurz unterbrechen, damit auch die anderen sagen können, wie sie die Situation genau bis zu diesem Punkt erlebt haben. Du kannst danach gleich fortsetzen." Zu den anderen: *„Ihr habt jetzt gehört, was Kind X gesagt hat. Wie war das denn aus deiner Sicht?"* oder *„Wie findest du*

das?" oder *„Kannst du alles eben Gehörte bestätigen, möchtest du noch etwas ergänzen oder hast du überhaupt eine ganz andere Sicht der Lage?"*

Mögliche Schwierigkeiten dabei:
Entgegen der Erwartung, dass eine Entspannung erfolgt, entsteht neue Spannung, weil alle Beteiligten zur gleichen Zeit reden wollen und weil alle etwas anderes als „Wahrheit" empfinden. Der Dampf ist noch nicht völlig abgelassen, das „Wasser im Kessel" noch heiß genug, um jederzeit erneut zu kochen zu beginnen. In der Funktion als Gruppenleiter beruhigt man hektische Situationen oder aufgeregte Kinder oft aus Gründen der Sicherheit. Als Gesprächsleiter würde man mit so einer Beruhigungsaktion (*„Sei du gescheiter und gib nach!"* oder *„Schau, so schlimm ist es ja nicht"* usw.) riskieren, dass die Kinder ihre Gesprächsbereitschaft aufgeben und ihr Gefühl unterdrücken. Unterdrückte Affekte brechen aber an der falschen Stelle wieder heraus, was in Folge zu erneuten Konflikten führen würde.

• **Verständnisvolles Zuhören** ermuntert die Kinder, ihre Wahrnehmungen, Gedanken und Gefühle auszudrücken, auch wenn diese negativ sind.
„Aha!" oder *„So hast du das also aus deiner Sicht wahrgenommen"* oder *„Ich verstehe, so war das also für dich."*

Mögliche Schwierigkeiten dabei:
Negative Äußerungen zulassen können bedeutet, sich einerseits zu überlegen, wie sich Drohungen, Beschuldigungen und Schimpfwörter auf die übrige Gruppe auswirken können. Man wird dadurch andererseits als Gesprächsleiter auch mit sich selbst konfrontiert. Es stellt sich die Frage, was man selbst zulassen kann und was nicht. In Gesprächen mit Kolleginnen wurde oft geäußert, dass zum Beispiel Schimpfwörter aus dem Fäkalbereich leichter zu „verkraften" seien als Schimpfwörter aus dem sexuellen Bereich, die oft mit *„Das sagt man nicht!"* oder *„So schlimme Wörter will ich nicht hören!"* diszipliniert werden.

• Wenn man als Gesprächsleiter beim Zuhören wertende Signale sendet (*„Stimmt!" „Genau!" „Das finde ich auch"* usw.), verliert man dadurch die Nicht-Parteilichkeit und **Neutralität** in Bezug auf den zu bearbeitenden Konflikt. Deshalb haben solche Äußerungen eine kommunikationshemmende Wirkung.

Mögliche Schwierigkeiten dabei:
Das Leichteste an der nicht-parteilichen Haltung ist, sie sich vorzunehmen. Das erkennt man schnell, wenn
– eines der beiden Kinder sich geschickt in den Vordergrund spielen kann und man versucht ist, die Aussagen des schwächeren Kindes durch eigene Aussagen zu unterstützen, um Ebenbürtigkeit herzustellen.
– eines der Kinder sehr oft in konfliktreiche Situationen verwickelt ist, für die es in vielen Fällen auch verantwortlich ist und das andere Kind „unschuldig" ist.
– man selbst die Entstehungsgeschichte beobachtet und sich längst ein Urteil gebildet hat bzw. man einem Kind die Schuld am Zustandekommen des Streits gibt.
– man sich als Gesprächsleiter zu einem der beteiligten Kinder mehr hingezogen fühlt als zu den anderen. Heute geht man zwar mit dem Eingeständnis, dass man nicht „alle Kinder gleich gern haben" kann, offener um, doch ergibt sich aus den unterschiedlichen Beziehungsintensitäten die Frage: Wie agiere ich profimäßig in Anbetracht des Zustandes, dass Kinder unterschiedliche Affekte in mir selbst auslösen?

• Beim **Paraphrasieren,** dem Wiederholen der Äußerungen mit eigenen Worten, kann jedes Kind „kontrollieren", ob es auch „richtig" verstanden wurde. Wenn das nicht der Fall ist, ergibt sich dadurch die Möglichkeit, zu verdeutlichen, zu ergänzen oder richtig zu stellen.
Kind: *„Immer spottet sie mich aus!"* Erz.: *„Du findest, dass sie dich, jedesmal wenn ihr euch seht, ausspottet."* Kind: *„Nein, nicht jedesmal, aber gestern und heute hat sie das öfters gemacht."* Erz.: *„Also gestern und heute hat dich X ausgespottet."* Kind: *„Ja, genau."*

Mögliche Schwierigkeiten dabei:
Oft sind Kinder mit dem Überprüfen des Wiederholten einfach überfordert, es ist jedoch auch für einen selbst schwierig. Indem man als Gesprächsleiter mehr wiederholt, als tatsächlich gesagt oder gemeint wurde, nimmt man auch erzieherischen Einfluss. Das hat zur Folge, dass sich die Kinder manipuliert und nicht wirklich verstanden fühlen.

• Das Gesagte immer wieder zusammenfassen, damit alle Beteiligten den aktuellen Stand bestätigen oder noch ergänzen können, bevor das Gespräch weiter fortgesetzt wird. **Zusammenfassungen** eignen sich auch, um das Gespräch in Gang zu halten, wenn es ins Stocken gerät. *„Bevor wir weitersprechen, möchte ich kurz zusammenfassen, was bis jetzt gesagt wurde.“* oder *„Es ist jetzt schon so viel gesprochen worden, dass ich noch einmal alle aufgezählten Punkte wiederholen möchte.“*

• Durch **Was-, Wie-, Wann- und Wo-Fragen** mit den Kindern Schritt für Schritt rekonstruieren, wie es zu der Konfliktsituation gekommen ist. Dabei kann es hilfreich sein, einzelne Punkte auf einem für alle sichtbaren Plakat mitzuschreiben oder für jüngere Kinder auch aufzuzeichnen.
„Was ist denn vorher geschehen?“ „Wie kam es dazu?“ „Wann bist du wütend geworden?“ „Wo warst du, als dies geschah?“ usw.

Mögliche Schwierigkeiten dabei:
Durch Warum-Fragen wird schnell eine anklagende Atmosphäre erzeugt. *„Ich weiß auch nicht“* oder *„Einfach so“*-Antworten sind die Folge. Wenn man als Gesprächsleiter vermitteln kann, dass man mit dem Warum nicht die Schuldfrage klären will, sondern die Ursache und Entwicklung eines Konfliktes, dann müssen sich die Kinder auch nicht in ausweichende Antworten flüchten.

• Die Möglichkeit erwägen, ob ein bestimmtes Verhalten vielleicht falsch gedeutet wurde, um eventuelle **Missverständnisse** aufzuklären.
„Kind X sagte, es hätte sich durch dein Tuscheln mit dem anderen Kind, gerade als es an euch vorbeiging, verspottet gefühlt. War es deine Absicht, in X dieses Gefühl zu erzeugen?“

Mögliche Schwierigkeiten dabei:
Manche Konfliktschilderungen erzeugen beim Gesprächsleiter die Erwartung, dass sich der Konflikt als Missverständnis erklären lässt, und plötzlich gibt ein Kind seine „böse“ Absicht zu.

• **Angst vor Bestrafung** hindert Kinder manchmal daran, überhaupt eine Antwort zu geben. In diesem Fall kann der Gesprächsleiter dem Kind seine Rolle bzw. Funktion erklären.
„Weißt du, wir sprechen hier jetzt nicht miteinander, damit anschließend Strafen verteilt werden können. Meine Aufgabe ist es hier nur, euch behilflich zu sein, euer Problem miteinander zu besprechen. Dabei können wir auch darüber reden, warum es zu dem Problem überhaupt gekommen ist.“

Das Nennen von Möglichkeiten verfolgt nicht die Absicht, dem Kind Worte in den Mund zu legen oder als Liste zum Ankreuzen verwendet zu werden. Vielmehr soll es durch das Ansprechen von üblicherweise nicht akzeptablen oder negativen Gründen vermittelt bekommen, dass man als Gesprächsleiter jene Gründe, die es zu einem bestimmten Verhalten bewogen haben, klären und nicht bestrafen will.
„Vielleicht war dir bloß langweilig, weil du niemanden zum Reden oder Spielen hattest, und du hast auf diese Weise mit jemandem in Kontakt kommen wollen. Vielleicht bist du auch schon länger ärgerlich auf X und zeigst den Ärger erst jetzt. Dann wäre es gut, wenn wir gemeinsam mit X über deinen Ärger sprechen könnten. Vielleicht finden wir auch eine Möglichkeit, dass dieser Ärger kleiner wird oder verschwindet. Oder vielleicht entdecken wir, dass ein Missverständnis die Ursache eures Konfliktes ist.“

Damit sich das Kind aber nicht in ein Schema gepresst fühlt, ist es wichtig, ihm weitere Möglichkeiten offen zu halten:
„Vielleicht gibt es auch einen ganz anderen Grund, den ich mir jetzt noch nicht vorstellen kann, weil ich deine Antwort noch nicht kenne. Bis jetzt kenne ich die Situation nur aus der Sicht von X. Es würde mich aber interessieren, wie du die Situation siehst.“

• Auch wenn keine Warum Fragen gestellt werden, geben Kinder beim Rekonstruieren, wie es zu dem Konflikt kam, manchmal als Antwort ***„einfach so“***. Diese Antwort kann, so wie sie ist, akzeptiert oder auf ihre Bedeutung erkundet werden. Neben dem oben diskutierten Grund kann *„einfach so“* auch bedeuten, dass das Kind den Konflikt nicht weiter rekonstruieren will oder auch nicht kann, weil es für es eine Überforderung darstellt, über etwas zu sprechen, was ihm nicht bewusst ist.

Wenn das Kind sich nicht näher einlässt, ist es im Moment vielleicht besser, nicht weiter nachzuhaken.
„Bedeutet deine 'einfach so'-Antwort, dass du es gar nicht direkt auf Kind X abgesehen hattest?"

Mögliche Schwierigkeiten dabei:
Vielleicht ist es für den Gesprächsleiter in der Folge schwierig, die Situation nicht als Niederlage zu empfinden oder persönlich beleidigt zu sein, dass er momentan an (s)eine Grenze gestoßen zu sein scheint.
Wie sich das Gesprächsverhalten dieses Kindes weiterhin entwickeln wird, wird nicht zuletzt davon abhängen, wie der Gesprächsleiter die Situation weiterführt. Das kann durch eine nicht wertende Zusammenfassung geschehen *„Es tut mir Leid, dass du auf die letzten Fragen nichts geantwortet hast, denn ich hätte es interessant gefunden, wenn du die Situation aus deiner Sicht geschildert hättest"* oder durch das Signalisieren weiterer Gesprächsbereitschaft: *„Wenn du später darüber sprechen möchtest, werde ich dir gerne zuhören."*

• Wenn ein Gespräch auf diese Weise in einer Sackgasse zu enden scheint, kann das für das Kind, dem Unrecht getan wurde, recht unbefriedigend sein, denn keine Antwort kann auch eine Antwort sein (vgl. Kapitel Gefühle ausdrücken/szenisch „Sich mitteilen und doch nichts sprechen", Seite 98f.). Als Gesprächsleiter könnte man diesem Kind zum Beispiel anbieten, seine Erwartung oder seinen **Wunsch an den Konfliktpartner** zu formulieren: *„Was hättest du denn gerne?"* oder *„Wie soll es nach deiner Vorstellung weitergehen?"* (*„Ich möchte, dass A. mich einfach in Ruhe lässt"*), oder ihn mit dem Gefühl, das durch seine Handlung beim ersten Kind ausgelöst wurde, zu konfrontieren.

Mögliche Schwierigkeiten dabei:
Die Aufforderung zur Konfrontation wird leicht als Aufforderung zu Beschuldigungen oder Vorwürfen gesehen (*„Du machst das immer!"*), was in Folge dazu führen könnte, dass der Konflikt erneut aufbricht.

• Beim Rekonstruieren vieler Konflikte ist es oft gar nicht möglich festzustellen, wer oder wie es begonnen hat. Dabei vermischen sich Ursachen und Wirkungen. Die Ursache für ein Kind, sich in einer bestimmten Weise einem anderen Kind gegenüber zu verhalten, gibt diesem wiederum Anlass, sich seinerseits zu verhalten usw. D. h. jedes Kind bestimmt willkürlich ein Ereignis als Ursache, wodurch es sich zu einer weiteren Reaktion legitimiert fühlt. Jedes Verhalten ist somit Ursache und Wirkung zugleich. Watzlawick[1] nennt dies unterschiedliche „Interpunktion von Ereignisfolgen".
Das führt zu Dialogen wie *„Ich hab angefangen, weil du ..."* und das andere Kind erwidert *„Und ich hab das nur gemacht, weil du ..."*.

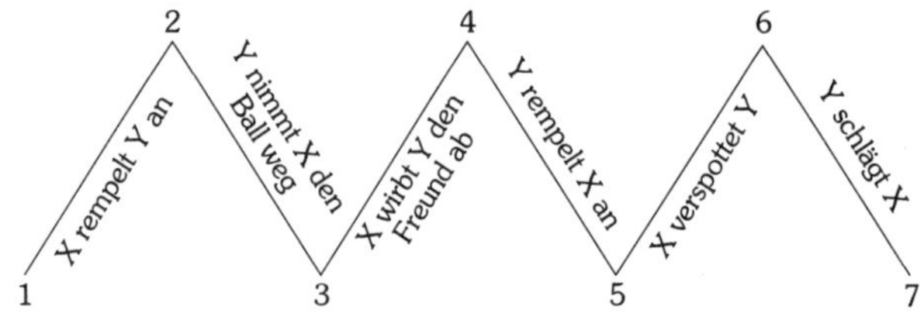

Mögliche Schwierigkeiten dabei:
„Interpunktionskonflikte" beinhalten die Gefahr, dass sich die Beteiligten Schuld zuweisen oder im anderen schlechtes Gewissen erzeugen: *„Du hast angefangen, daher bist du schuld am Konflikt!"* Als Gesprächsleiter ist man hier in zweifacher Weise gefordert: Einerseits darf man selbst nicht in diese Schuldzuweisungs-Falle tappen, andererseits sind die Beteiligten aus diesem Kreislauf herauszuführen, indem zum Beispiel ...

... die **„Vorgeschichte"**, auf die man sich einigen konnte, zusammengefasst oder die individuelle Sichtweise der Beteiligten bezüglich der Ausgangssituation möglichst wertfrei wiederholt wird.
„Euer Streit hat also im Garten begonnen" oder *„Du sagst, euer Streit hat angefangen, als du von Kind X im Garten angerempelt wurdest"* oder *„Euer Streit hat im Garten begonnen, als du, Y, von X angerempelt wurdest, weil X sich ärgerte, dass du mit einem anderen Kind gespielt hast, mit dem X gerne gespielt hätte."*

Mögliche Schwierigkeiten dabei:
Wenn die Beteiligten auf ihrer Sicht der Dinge beharren, lässt sich ein Konflikt auch nicht klären.

[1] In einem berühmten Beispiel beschreibt Watzlawick (1990, S. 57f) das Problem zweier Eheleute: Die Frau nörgelt an ihrem Mann herum, der Mann zieht sich zurück. Beide interpretieren ihr Verhalten als Reaktion auf das Verhalten des anderen.

„Wir werden das Problem jetzt anscheinend nicht klären können. Was sollen wir also tun? Fällt euch etwas ein?“

… zur Verdeutlichung kann man die Rekonstruktion des Konfliktes und die Rolle der Beteiligten auf ein Plakat schreiben oder zeichnen.

„Und jetzt sind wir hier. Wir haben viel von dem gehört, was vorher geschehen ist. Welche Vorschläge habt ihr, wie ihr euer Problem am besten lösen könntet?“

• Die Kinder suchen nach **möglichen Lösungen** und **alternativen Ideen.** Das kann in Form eines gemeinsamen Brainstormings sein, bei dem man als Gesprächsleiter die Vorschläge der Kinder auf einem Plakat (damit sie für alle sichtbar sind) aufschreibt. Die Kinder könnten ihre Ideen aber auch alleine auf einzelne Karten schreiben, die dann auf ein Plakat geklebt werden.

Mögliche Schwierigkeiten dabei:
Wichtig dabei ist, dass in dieser Phase nur gesammelt und noch nicht bewertet wird, auch wenn manche Vorschläge im ersten Augenblick sehr unrealistisch erscheinen mögen.

• Das Einschätzen und Bewerten der Ideen durch die Kinder kann zum Beispiel in einem Gespräch erfolgen:
„Welche der Lösungen könnten funktionieren, welche nicht? Welcher Vorschlag ist schwer, welcher ist leicht ausführbar?“
Oder direkt am Plakat: Dazu besprechen die Kinder zuerst Punkt für Punkt und schreiben neben die aus ihrer Sicht akzeptablen Ideen ihre Namen. Die verworfenen Ideen werden mit einem „nein“ gekennzeichnet. Übereinstimmungen werden sofort sichtbar.
Der Gesprächsleiter regt die Kinder noch einmal an zu überprüfen, an welche Abmachung man sich am besten wird halten können und welche Lösung für alle Beteiligten die meisten Vorteile bringt.

Mögliche Schwierigkeiten dabei:
Um zu vermeiden, dass die Kinder Lösungen favorisieren, die schwer umsetzbar erscheinen, fordert man die Kinder auf, das „Wie“ der Ausführung zu beschreiben. Die anderen Beteiligten geben dann ihre Kommentare dazu ab.

• Die Kinder entscheiden sich für eine **Lösung,** die alle akzeptieren und einhalten können. Die Lösung kann auch aufgeschrieben und von den Beteiligten unterschrieben werden.
„Bevor ihr euch endgültig entscheidet, möchte ich die Lösung noch einmal wiederholen.“

• Einen Konflikt zu lösen bedeutet aber nicht, dass sich die Beteiligten durch die Lösung auch wieder versöhnen und vertragen müssen. Eine derartige Haltung zwänge die Kinder in Pseudoverhaltensweisen und hätte nur **Scheinharmonisierung** zur Folge.

Mögliche Schwierigkeiten dabei:
Oft sagen Kinder, dass sie sich vertragen werden, nur um aus der Gesprächssituation herauszukommen. In diesem Fall wird nachgefragt, was sie dazu beitragen könnten, damit sie sich wieder vertragen. Man kann den Kindern auch anbieten, sich später noch einmal zu treffen, um zu schauen, wie es ihnen miteinander geht.
Wenn zwei Kinder, die sehr wütend aufeinander sind und sich gerade noch gerauft haben, als Lösung vorschlagen, sich den restlichen Tag zum Beispiel einfach meiden zu wollen, dann ist dies eine durchaus akzeptable Lösung.

• Als Abschluss fast aller Gespräche hat es sich bewährt, jedem noch einmal die Möglichkeit einer **abschließenden Wortmeldung** anzubieten:
„Möchtest du noch etwas sagen, bevor wir das Gespräch beenden?“

Konfliktbearbeitung in der Praxis

Ein Beispiel:

T = Thomas, W = Walter, BL = ich

Ort der Handlung: Garderobe

Am Boden liegend raufen zwei Buben miteinander, sie sind umringt von einem Kreis von Kindern, die sie lautstark anfeuern. Angelockt durch das Geschrei dränge ich mich durch die Umherstehenden durch.

BL: *„Stopp! Hört sofort zu raufen auf!“*, rufe ich, während ich zu ihnen durchkomme. Ich umfasse Walter von hinten, der gerade zum erneuten Angriff übergeht.

W: *„Ich hau dich nieder du, du …“*

BL: *„Schluss mit der Rauferei!“*

Mit einer Hand wehre ich Thomas ab, der Walters Lage, sich nicht wehren zu können – weil ich ihn festhalte – ausnützen will.

BL: *„Stopp! Hört auf und erzählt mir, was passiert ist!“*

Irgendwie gelingt es mir, die beiden voneinander fernzuhalten. Ich stelle mich einfach zwischen sie und warte einige Sekunden. Dann hocke ich mich hin und bin mit ihnen jetzt etwa auf gleicher Augenhöhe.

BL: *„Ihr seid aber ganz schön wütend! Was ist denn passiert, dass ihr so wütend aufeinander geworden seid?“*

Über meinen Kopf hinweg beginnen beide sofort wieder mit wüsten Beschimpfungen, Walter nimmt gleich wieder eine drohende Haltung ein. Einer der Umstehenden, die ich bis jetzt ganz vergessen habe, mischt sich ein:

Bub: *„Der Thomas hat angefangen, weil …“*

Sich hinzuhocken war wohl noch etwas zu früh, also stehe ich wieder auf.

BL: *„Ich möchte, dass die beiden erzählen, was ihnen passiert ist, und bitte dich, dich nicht einzumischen.“*

Bub: *„Ja, aber ich war Zeuge!“*

BL: *„Ich brauche keine Zeugen, wir sind hier weder bei der Polizei noch bei Gericht. Die beiden können ganz gut alleine erzählen, was los war. Im übrigen bitte ich euch, zurück in eure Gruppen zu gehen, es gibt hier nichts mehr zu sehen.“*

Sehr langsam nur gehen die Kinder weg. Es erscheint mir notwendig, Walter zuerst zu Wort kommen zu lassen, daher spreche ich ihn direkt an.

BL: *„Walter, erzähl mir, warum du so böse geworden bist. Was ist dir denn passiert?“*

W: *„Dauernd ärgert mich der Trottel!“*

BL: *„Du bist sehr wütend auf Thomas.“*

W: *„Ja. Er hat meine Kappe in den Dreck geschmissen!“*

Er presst die Worte förmlich aus seinem Mund.

Thomas beginnt beinahe zu schreien:

T: *„Und du hast mir ins Wadel getreten!“*

W: *„Du hast meine Kappe dreckig gemacht! Die ist neu. Meine Mutter wird schreien, wenn sie die dreckige Kappe sehen wird. Du kannst mir eine neue kaufen!“*

Walter schreit nun auch.

T: *„Ich hab sie gar nicht dreckig gemacht. Die ist dir selber runtergefallen, wie du mich angegangen bist! Selber schuld.“*

BL: *„Moment, Moment, so schnell wie ihr erzählt, kann ich gar nicht mitkommen, wer wem was getan hat. Also: Walter, du ärgerst dich, weil deine Kappe schmutzig ist und deine Mutti schimpfen könnte, weil die Kappe neu ist. Schau, sie ist zwar schmutzig, aber wenn der Schmutz getrocknet ist, können wir versuchen, den Schmutz wegzubürsten. Leg die Mütze auf den Heizkörper, so trocknet sie schneller, dann können wir das leicht wieder in Ordnung bringen.“*

Walter trägt seine Mütze zum Heizkörper.

W: *„Aber wenn die hin ist, dann kaufst mir eine neue“*, zischt er beim Wegtragen Thomas zu. Er kehrt zurück, ich biete beiden etwas entfernt von einander auf zwei Garderobebänken Plätze an – und setze mich dazwischen.

BL: *„Thomas sagt, er hätte die Mütze nicht in den Dreck geworfen. Er sagt, sie wäre dir selbst runtergefallen, als du auf ihn losgegangen bist.“*

T: *„Ja, ich habe ihn abgewehrt, da habe ich ihn auch irgendwie beim Kopf abgewehrt. Aber er ist ja mit dem Kopf voraus auf mich zugekommen. Glaubst du, ich lass mich noch einmal treten? Da ist die Mütze runtergefallen, aber ich hab sie ihm nicht absichtlich vom Kopf gerissen und weggeworfen. Ich …“*

Ich unterbreche ihn.

BL: *„Wart, bevor du weitersprichst. Walter, was sagst du zu dem, was Thomas gerade gesagt hat? Wie war das aus deiner Sicht?“*

W: *„Ja, ich bin auf ihn losgegangen. Aber er hat ja schon vorher meine neue Kappe auf den Boden geworfen!“*

Thomas springt auf.

T. *„Das stimmt überhaupt nicht! Du lügst ja!“*

Walter springt auch auf.

W: *„Freilich hast du sie vorher schon runtergeworfen. Ich hab's genau gesehen.“*

Die beiden wollen erneut aufeinander losstürzen.

BL: *„Moment, das musst du mir erzählen. Walter, wann vorher ist deine Mütze schon einmal am Boden gelegen? Erzähle, wie das war, dann kann Thomas sagen, ob er sich daran erinnert.“*

W: *„Ich bin in den Garten gegangen und hab die neue Mütze aufgehabt. Dann bin ich bei der Sandkiste gesessen* *und da hast du mir von hinten die Mütze heruntergeschubst und sie ist in den Sand gefallen.“*

T: *„Das war ich nicht. Und überhaupt, warum sollte ich deine Mütze herunterwerfen?“*

W: *„Ich hab's aber genau gesehen!“*

BL: *„Walter, du sagst, du bist bei der Sandkiste gesessen. Was hast du denn da gemacht?“*

W: *„Ich hab mit dem Auto im Sand gespielt.“*

BL: *„Du sagst, beim Spielen mit dem Auto hat dir jemand von hinten die Mütze vom Kopf heruntergeworfen. Woher weißt du so genau, dass das der Thomas war? Du sagst, jemand hätte sie dir von hinten heruntergeworfen. Wie konntest du denn sehen, wer hinter dir war?“*

W: *„Doch, ich hab es aber gesehen, weil als ich mich umgedreht habe, hab ich noch den blauen Ärmel gesehen. Da, der Thomas hat einen blauen Pullover an. Und dann ist er dort gestanden mit den anderen und sie haben alle hergeschaut und über mich gelacht.“*

T: *„Jetzt reicht's mir aber. Du träumst ja. Ich hab dich gar nicht gesehen. Ich hab dir überhaupt nichts getan. Du kommst auf einmal her zu mir und fliegst mich an und jetzt soll ich dasitzen und hab überhaupt nichts getan. Ich geh jetzt. Mach mit deiner Kappe was du willst, aber den Tritt kriegst du noch zurück!“*

Thomas macht Anstalten wegzugehen.

BL: *„Ich möchte dich bitten, dass du noch da bleibst, damit wir die Sache aufklären können. Außerdem habe ich Bedenken, dass du, wenn wir jetzt nicht darüber reden, weiter wütend auf Walter bist und ihm bei der nächsten Gelegenheit vielleicht etwas tust. Bitte, setz dich noch ein bisschen nieder.“*

Thomas setzt sich.

BL: *„Ich möchte noch einmal wiederholen, was Walter gesagt hat. Walter, du meinst, Thomas hätte dir die Mütze runtergeworfen. Das glaubst du, weil du einen blauen Ärmel gesehen hast, als du dich umgedreht hast. Hast du beim Umdrehen wirklich Thomas gesehen?“*

Walter zögert.

BL: *„Denk gut nach. Hast du Thomas wirklich gesehen oder nur einen blauen Ärmel?“*

W. *„Nur den blauen Ärmel.“*

BL: *„Aha. Es könnte also jedes Kind, das einen blauen Ärmel hat, in Frage kommen?“*

W: *„Ja, aber die haben dann alle hergeschaut und haben über mich gelacht.“*

BL: *„Thomas, kannst du dich daran erinnern, dass du mit jemandem in der Nähe der Sandkiste gestanden bist und dass ihr gelacht habt?“*

T. *„Ja, klar erinnere ich mich. Wir haben dem Günther einen Bären aufgebunden und ihm gesagt, dass seine Horterzieherin uns gesagt hat, dass er sich bei ihr melden muss. Und er ist zu ihr hingegangen und hat sich gemeldet. Da ist er schön darauf reingefallen. Er ist neben ihr stehengeblieben und hat kein Wort gesagt und sie hat nichts gewusst und hat auch nichts gesagt. Da ist er neben ihr bei der Sandkiste gestanden und keiner hat was gesagt. Der würde jetzt noch dort stehen, wenn wir ihm nicht gesagt hätten, dass ...“*

Ich unterbreche wieder.

BL: *„Ihr habt also gelacht, weil ihr ein Kind aus eurer Gruppe reingelegt habt?“*

T: *„Ja.“*

BL: *„Und was ist mit Walter? Habt ihr über Walter auch gelacht?“*

T: *„Den hab ich überhaupt nicht gesehen, bis er auf mich zugerannt ist und mich getreten hat. Dann ist er noch einmal auf mich los und da hab ich ihn abgewehrt, da ist dann die Kappe auf den Boden gefallen. Da ist er noch wütender geworden. Dann hab ich ihn in den Schwitzkasten genommen und wir sind so bis in die Garderobe gekommen. Und dann warst du eh schon da.“*

BL: *„Hast du das gehört, Walter? Die Buben haben nicht über dich gelacht. Sie haben schon gelacht. Sie haben tatsächlich jemanden ausgelacht. Das hast du ganz richtig erkannt. Aber sie haben nicht dich ausgelacht.“*

W: *„Und wer hat dann meine Mütze heruntergeworfen?“*

BL: *„Das weiß ich nicht.“*

T: *„Kann ich jetzt gehen?“*

BL: *„Bevor du gehst, ist mir noch eines wichtig: Walter, bist du jetzt sicher, dass es Thomas nicht war?“*

W: *„Ja.“*

BL: *„Bist du noch zornig auf Thomas?“*

W: *„Nein.“*

BL: *„Thomas, du siehst, dass es sich um ein Missverständnis gehandelt hat. Irgendwer hat Walter geärgert. Seine Mütze, die neu ist, wurde schmutzig. Er hatte Bedenken, dass seine Mutti schimpfen könnte, und ist darüber noch wütender geworden. Unglücklicherweise hast du zur gleichen Zeit jemanden anderen geärgert und das passierte ganz in der Nähe von Walter. Das konnte Walter nicht wissen. Genauso wenig, wie du wissen konntest, was dem Walter passiert ist. Es tut mir Leid, dass dir weh getan worden ist, als Walter dich getreten hat. Bist du jetzt noch sehr ärgerlich auf Walter?“*

T: *„Es geht.“*

BL: *„Du hast früher gedroht, du würdest ihm den Tritt noch heimzahlen. Ich frage mich, was sein wird, wenn ich euch jetzt dann in den Garten zurückschicke. Wirst du die nächste Gelegenheit nützen, um es ihm heimzah-*

len? Dann müsste ich nämlich die ganze Zeit neben Walter bleiben, um ihn zu beschützen."

T: *„Nein, ich werde ihm nichts heimzahlen."*

BL: *„Das finde ich gut. Walter und ich werden uns jetzt noch überlegen, was er tun könnte, falls ihm so etwas Ähnliches noch einmal passiert. Bevor du jetzt gehst: Möchtet ihr beiden euch noch etwas sagen?"*

Kurzes Schweigen.

Walter hebt den Kopf und sagt recht leise: *„Ich war so wütend. Aber ich wollte dir nicht wirklich weh tun. Tut mir Leid!"*

T: *„O.K. Vergiss es."* Dann läuft er zurück in den Garten.

Auch Walter und ich gehen in den Garten. Wir überlegen, was er in dieser Situation anders tun hätte können. Es fallen uns aber nur wenige Möglichkeiten ein:

- schneller schauen, wer der „Verursacher" war (Walter)
- eine neue Mütze nicht in den Hort mitnehmen (Walter)
- eine neue Mütze in den Hort, aber nicht in den Garten mitnehmen (ich)
- die Mütze einmal abzuputzen probieren und prüfen, wie groß der Schaden wirklich ist (beide)
- eine Horterzieherin um Hilfe bitten (ich)

Als ich den letzten Punkt nenne, sagt Walter: „Ich bin kein Petzer."

BL: *„Das ist nicht petzen, das ist Hilfe holen."*

W: *„Wenn ich zu dir oder einer anderen Horterzieherin gehe und sage, dass jemand meine Mütze in den Sand geworfen hat, dann sagst du sicher, dass ich meine Mütze abputzen soll. Und wenn ich das nicht schaffe, schimpft meine Mutti trotzdem."*

BL: *„Wenn du zu mir oder zu einer anderen Horterzieherin kommst, können wir dir beim Abputzen helfen, falls du es nicht alleine schaffst. Außerdem kannst du erzählen, dass du dich geärgert hast. Wir könnten auch gemeinsam schauen, welches Kind das verursacht hat. Wir könnten gemeinsam fragen, warum dir jemand die Mütze vom Kopf stoßen wollte."*

W: *„Aber wenn die Mütze nicht sauber wird, hilft das auch nichts. Dann donnert's zu Hause trotzdem."*

BL: *„Du machst dir große Sorgen, dass du Ärger mit deiner Mutter bekommst?"*

W: *„Ja."*

BL: *„Weißt du was, wir schauen jetzt, ob die Mütze schon trocken ist, und dann versuchen wir sie sauber zu bekommen."*

W: *„Und wenn das nicht geht?"*

BL: *„Dann kommst du mit deiner Mama beim Abholen zu mir und ich erzähle deiner Mama, dass du nichts dafür kannst, dass die Mütze schmutzig geworden ist. Wäre dir das recht?"*

W: *„Ja, das wäre besser."*

Die Mütze wird tatsächlich nicht ganz sauber. Als die Mutter am Abend kommt, ist sie anfangs wirklich verärgert, als sie die Mütze sieht, und macht Walter deswegen Vorwürfe. Ich erkläre ihr, dass Walter eigentlich nichts dafür kann. Auch Walters Bedenken um ihre Reaktion teile ich ihr mit und dass ich mich aus diesem Grund angeboten hätte, ihr die Geschichte zu erzählen. Daraufhin wirkt sie etwas versöhnlicher. Im weiteren Verlauf des Gesprächs, bei dem Walter nicht anwesend ist, weil ich ihn einstweilen in seine Gruppe zurückgeschickt habe, erzählt sie, dass ihr Arbeitsplatz gefährdet ist und dass sie sparen muss, weil sie nicht weiß, wie sie nur mit dem Gehalt des Ehemannes über die Runden kommen wird. Wenn sie Walter etwas Neues kauft, dann gibt sie ihm den Auftrag, sehr gut darauf aufzupassen, da er vielleicht längere Zeit nichts Neues mehr bekommen wird, wenn sie keine Arbeit mehr hat. Ich erwähne nochmals, dass ich sehr wohl den Eindruck gehabt hätte, dass es Walter wichtig sei, den Auftrag der Mutter ernst zu nehmen. Fremdverschulden, ob mutwillig oder unabsichtlich, hätte aber dazu geführt, dass er in arge Bedrängnis gekommen sei. Sie überlegt im Gespräch, künftig nicht mehr solchen Druck auf ihn auszuüben und weniger Gespräche neben ihm über ihren drohenden Arbeitsplatzverlust zu führen. Noch sei es ja nicht so weit.

5.3. Kooperation

Aus der Akzeptanz der eigenen Gefühle heraus entwickelt sich die Bereitschaft, auf die Gefühle anderer Menschen einzugehen. Das Herstellen von Kontakten, Zulassen von Begegnungen, Aufeinander-Zugehen und Aufrechterhalten von Beziehungen sind Fertigkeiten, die die Kinder einüben müssen, damit sie miteinander zu einer konstruktiven Auseinandersetzung kommen können. **Helfer-Spiele** haben neben den genannten Fertigkeiten zum Ziel, Verständnis für die Bedürfnisse anderer zu wecken, sich gegenseitig Hilfe anzubieten und die Zusammenarbeit der Kinder zu fördern.

Fuchs und Hase

Anleitung: Ein Spieler ist der Fuchs, alle übrigen Mitspieler sind Hasen. Der Fuchs will einen Hasen fangen, der sich dadurch retten kann, dass er sich mit einem anderen Hasen zusammenstellt und ihn umarmt. Nach einer gewissen Zeit (z. B. zählt der Fuchs bis 15) muss sich das Hasenpaar aber wieder trennen. Um die Hasenfreunde zu retten, können mutige Hasen sich nahe zum Fuchs wagen, um ihn von den beiden wegzulocken. Allzu weit vor dem Fuchs wegzulaufen ist gar nicht notwendig, wenn die Hasen untereinander darauf achten, wer gerade Hilfe benötigt. Hat der Fuchs einen Hasen erwischt, wird dieser der neue Fuchs und er selbst zum Hasen.

Variante: Drei Hasen müssen sich umarmen, um sich zu retten/vier Hasen müssen sich umarmen usw.

Gemeinsame Überlegungen: Was hat dir an diesem Spiel Spaß gemacht, was war nicht so lustig? Welches Gefühl hattest du, als keine Rettung in Sicht war? Wodurch hast du versucht, Hilfe zu bekommen? Worauf mussten die Retter besonders achten?

Virus

Anleitung: Ein Kind ist das Virus, alle anderen sind die weißen Blutkörperchen. Wenn das Virus ein weißes Blutkörperchen berührt, erstarrt es auf der Stelle. Die weißen Blutkörperchen sind dem Virus aber nicht hilflos ausgesetzt: Wenn zwei freie weiße Blutkörperchen ein erstarrtes in ihre Mitte nehmen, mit ihren Armen einen geschlossenen Kreis um es herum bilden und *„Kampf dem Virus"* rufen, erwecken sie es wieder zum Leben und es ist jetzt stärker als vorher. Die befreiten weißen Blutkörperchen sind nun nämlich immun, sobald sich zwei von ihnen an den Händen fassen. Die weißen Blutkörperchen können das Virus besiegen, wenn vier befreite weiße Blutkörperchen es schaffen, das Virus zu umzingeln und dabei *„gesund, gesund"* zu rufen.

Dreieckfangen

Anleitung: Die Kinder bilden Vierergruppen. Drei Kinder nehmen sich an den Händen und bilden ein Dreieck. Das vierte Kind ist der Fänger. Ein Kind aus dem Dreieck wird bestimmt, das der Fänger am Rücken berühren muss, damit es als gefangen gilt. Die beiden übrigen Triomitglieder versuchen den Fänger daran zu hindern. Das Spiel ist aus, wenn der Fänger das Kind berühren konnte oder ihm dies drei Minuten lang nicht gelungen ist. Dann werden alle Rollen neu verteilt.

Gemeinsame Überlegungen: In welcher Rolle hast du dich am wohlsten gefühlt und warum? Welche Rolle war dir weniger angenehm und warum?

Eisscholle

Material: mehrere Bogen Packpapier oder Zeitungspapier

Anleitung: Alle Kinder sind Pinguine und stehen auf einer Eisscholle (Packpapier). Der Spielleiter erzählt, dass die Scholle in wärmere Gewässer kommt und zu schmelzen beginnt, d. h. die Eisscholle wird kleiner, der Spielleiter verkleinert die Scholle, indem er einen Streifen vom Papier abreißt. Je wärmer das Gewässer wird, desto kleiner wird die Scholle. Die Pinguine müssen enger zusammenrücken, sie müssen sich halten und helfen, damit noch alle auf der Eisscholle Platz haben. Sobald ein Pinguin von der Scholle tritt, ist das Spiel beendet.

Schnelle Hilfe

Anleitung: Die Kinder teilen sich in drei ca. gleich große Gruppen auf und gehen durcheinander herum. Sobald der Spielleiter eine Gruppe aufruft, bleiben die Mitglieder dieser Gruppe stehen, beginnen zu schreien, theatralisch um Hilfe zu rufen oder sonst irgendwie auf sich aufmerksam zu machen, bevor sie sich zu Boden fallen lassen. Die Mitglieder der anderen beiden Gruppen versuchen, jeweils so schnell wie möglich einem Zusammensackenden zu Hilfe zu eilen, um ihn noch vor dem Fallen aufzufangen oder zu stützen. Für wen die Hilfe zu spät kam, dem wird wieder auf die Füße geholfen, damit die nächste Runde gespielt werden kann.

Gemeinsame Überlegungen: Durch welche Art des Auf-dich-Aufmerksammachens wurdest du am öftesten gerettet? Auf welche Art von Hilferufen hast du am schnellsten reagiert?

Badegruber: Spiele zum Problemlösen Bd. 1 enthält eine umfangreiche Sammlung verschiedener „Helfer-Spiele".

5.4. Angstbewältigung

Angstbewältigung

Aus Angst ist einem oft „die Kehle zugeschnürt", Angst ist „beklemmend" oder „lähmt". Angst kann zu unkontrolliertem und panischem Verhalten führen, durch das man die Übersicht verliert. Wenn Kinder erfahren, dass Angsthaben erlaubt ist und nicht verdrängt zu werden braucht, können sie über Angstgefühle bewusster sprechen. Erst dadurch wird es möglich, mit ihnen verschiedene Bewältigungsmöglichkeiten zu erarbeiten.

Material: Packpapier, Stifte

Anleitung: *„Überlegt, wovor ihr schon einmal Angst hattet oder wovor ihr Angst habt. Alle, die dieses Gefühl schon hatten, wissen wahrscheinlich sehr gut, wie es sich anfühlt und wie es sich auf den Körper auswirkt. Notiert euch bitte eine Angstsituation auf einem Blatt und schreibt dazu, wie sich Angst auf euren Körper auswirkt und wie euer Körper reagiert, wenn ihr Angst habt."*

„Wie sich Angst anfühlt und auf den Körper auswirkt" steht als Titel auf einem Plakat, auf dem der Gruppenleiter die Aussagen der Kinder mitschreibt.

Gemeinsame Überlegungen: Habe ich durch die Aussagen der anderen Kinder etwas über Körperreaktionen erfahren, die ich zwar auch schon hatte, die mir aber nicht so bewusst waren? Wenn ja, welche?

Weiterführung:

Material: Packpapier, Klebstoff, Scheren, Thesenblatt für jedes Kind, Stifte

„Thesenblatt":

Nur kleine Kinder haben Angst.	Gescheite Menschen haben keine Angst.
Wer Angst hat, ist feig.	Angst vergeht von alleine.
Wenn man erwachsen ist, hat man keine Angst.	Das beste Mittel gegen Angst ist, nicht an die Angst zu denken.
Es gibt kein Mittel gegen Angst.	Angst haben und sich fürchten ist das gleiche Gefühl.
Männer haben keine Angst.	Man ist nicht dumm, nur weil man manchmal Angst hat.
Wenn man Angst hat, ist man vorsichtig.	Wer Angst hat, kann nicht klar denken.

Anleitung: Jedes Kind zerschneidet sein Blatt in einzelne Karten. Es sortiert sie, je nachdem, ob es den Aussagen zustimmt oder nicht, in zwei Stapel. Anschließend setzen sich die Kinder in Vierergruppen zusammen, jedes Kind legt zuerst alle Karten auf, denen es zustimmt. Die Kinder vergleichen die Karten und können sich gegenseitig Fragen stellen. Dann werden die Karten auf einem Blatt aufgeklebt.

Nun werden die Karten mit jenen Aussagen aufgelegt, die die Kinder für nicht richtig empfinden. Es wird verglichen, ob es Sätze gibt, denen alle vier Kinder nicht zustimmen, mit diesen wird begonnen. Reihum sagt jedes Kind, warum es glaubt, dass die Aussage falsch ist. Wenn zum Beispiel der Satz *„Nur kleine Kinder haben Angst"* von allen abgelehnt wird, sucht man nach Gegenbeispielen. Ein Kind sagt vielleicht: *„Mein großer Bruder hatte Angst vor einer Prüfung"* oder *„Meine Mutter hat Angst, dass sie gekündigt wird"* oder *„Mein Opa sagt, dass er Angst hat, noch einmal einen Krieg erleben zu müssen"* oder *„Ich habe Angst vor dem Zahnarztbesuch"* usw. Der Gruppenleiter stellt die Frage: *„Wie müsste der Satz lauten, damit ihr ihm zustimmen könnt?"* Die Kinder versuchen einen Satz zu formulieren, den alle akzeptieren können, kleben die Satzkarte auf ein eigenes Blatt, schreiben den neuen Satz dazu und unterschreiben das Blatt. Für das oben genannte Beispiel könnte der Satz eventuell lauten: *„Jeder Mensch hat ab und zu Angst."* Wenn man sich nicht auf eine gemeinsame Formulierung einigen kann, schreibt jeder seinen neuen Satz neben seiner Karte auf und unterschreibt nur alleine.

Beispiel:

Diesen Sätzen können wir zustimmen:

Wer Angst hat, kann nicht klar denken
Man ist nicht dumm, nur weil man manchmal Angst hat.

So muss der Satz lauten, damit wir ihm zustimmen können:

Nur kleine ~~Kinder haben~~ Angst.	Jeder Mensch hat ab und zu Angst. *Berni, Sandra, Mario, Grete*
Wer Angst ~~hat, ist feig~~.	Wer Angst hat, ist nicht feig. *Mario*
Wer Angst ~~hat, ist feig~~.	Angst hat mit Feigheit nichts zu tun. *Berni, Sandra, Grete*

Gemeinsame Überlegungen: Was an dieser Übung war für dich schwierig, was war leicht und warum war es so? Hast du über Angst etwas Neues erfahren? Wenn ja, was?

Weiterführung:

Material: Packpapier, Stifte

Anleitung: Um der Angst auf den Grund gehen zu können, ist es notwendig, sich klar zu werden, wovor man Angst hat. Wenn sich Kinder vorerst scheuen, über ihre persönlichen Ängste zu sprechen, kann man als Gruppenleiter eine allgemeine Frage voranstellen: *„Wovor kann man Angst haben? Wovor haben manche Kinder Angst? Wovor habt ihr manchmal Angst?"* Die Aussagen werden auf einem Plakat gesammelt. Dann schließen sich die Kinder zu Vierergruppen zusammen, suchen ein Beispiel vom Plakat aus und überlegen, was man tun könnte, um diese Angst zu bewältigen oder um mit dieser Angst fertig zu werden. Alle Vorschläge werden von den Kindern aufgeschrieben und anschließend der gesamten Gruppe vorgelesen. Danach werden die Ideen diskutiert und eventuell durch neue, in der Diskussion entstandene Möglichkeiten oder Mittel ergänzt.

Gemeinsame Überlegungen: Was an diesem Auftrag war für dich schwierig, was war leicht und warum? Welche Vorschläge könntest du selbst einmal ausprobieren? Was möchtest du am liebsten tun, wenn du Angst hast? Wovor hast du in dieser Gruppe Angst? Was passiert, wenn du über diese Angst sprichst?

Erfahrung: Aus solchen Diskussionen heraus haben wir mit den Kindern zur Frage: *„Was kann ich tun, wenn mir hier in der Gruppe etwas Unangenehmes passiert und ich nicht weiß, wie es weitergehen soll?"* sogenannte „Anti-Panik-Regeln" erstellt, die in erster Linie der Gefahr von Fluchttendenzen entgegenwirken helfen sollten.

Literatur:

Portmann: Mut tut gut.
Friedrich/Friebel: Trau dich doch!
du Bois: Kinderängste.
Day: Schließe deine Augen und stell dir einmal vor ...
Solter: Wüten, toben, traurig sein.
Vopel: Ausflüge im Lotussitz.
Teml: Komm mit zum Regenbogen.
Hielscher: Du und ich – ihr und wir.
Jegge: Angst macht krumm.
Zullinger: Die Angst unserer Kinder.

5.5. Ärger/Wut/Aggression

Wohin mit der Wut?

Durch die folgenden Arbeitsaufträge soll der Prozess des Wütendwerdens mit den Kindern sichtbar in ein 3-Schritt-Verfahren zerlegt werden. Dadurch ergeben sich auch drei Phasen, in denen Möglichkeiten wahrgenommen werden können, um den Prozess zu unterbrechen.

Material: Packpapier, Stifte, Schreibsachen

Anleitung

1.

Die Kinder bekommen den Auftrag, sich zu überlegen, was sie in der Gruppe wütend machen kann und warum sie wütend werden. Jedes Kind hat fünf Minuten Zeit, sich dazu Notizen zu machen. Während dieser Zeit wird nicht gesprochen, damit jeder in Ruhe nachdenken kann. Anschließend bilden sich Vierergruppen, in denen jedes Kind einige Minuten lang erzählt, was es sich aufgeschrieben hat. Ein Kind aus jeder dieser Kleingruppen wird ausgewählt, die Antworten seiner Gruppe in kurzer Form der gesamten Gruppe zu berichten. Diese Berichte schreibt der Gruppenleiter auf einem Plakat mit dem Titel: „Was mich hier in der Gruppe wütend macht … warum ich hier wütend werde …“ mit.

Gemeinsame Überlegungen: Gibt es „Auslöser“, die von mehreren Kindern genannt wurden? Welche sind das? Über welchen der genannten „Auslöser“ gerätst du auch außerhalb dieser Gruppe in Wut?

2.

Kinder können erstaunlich gut beschreiben, was sich in ihnen abspielt, wenn sie wütend werden. Der unter Punkt 1 beschriebene Ablauf wiederholt sich für alle weiteren Arbeitsaufträge, diesmal zur Frage: „Wie die Wut in mir entsteht …“. Der Gruppenleiter fordert die Kinder auf, ihre Körperreaktionen, ihr Denken und Fühlen zu beschreiben.

Gemeinsame Überlegungen: Welche deiner beschriebenen Körperreaktionen haben auch andere Kinder genannt? Welche Ähnlichkeiten konntest du sonst noch entdecken? Welche Fragen hast du an die anderen Kinder?

3.

In dieser Einheit überlegen sich die Kinder: „Wie ich hier in der Gruppe reagiere, wenn ich wütend bin …“.

Gemeinsame Überlegungen: Wenn du dich außerhalb dieser Gruppe über denselben oder einen ähnlichen Grund ärgerst, reagierst du dann gleich oder anders? Warum ist das so? Was ist die Folge deiner Reaktionen? Bist du mit den Folgen zufrieden oder unzufrieden? Warum?

Weiterführung

Ein Beispiel wird ausgewählt und als **Rollenspiel** vorgespielt. Zwischen den drei Phasen wird beim Spielen jeweils kurz unterbrochen, damit die Zuschauer den Ablauf Auslöser – Körperreaktion/Denken/Fühlen – Handlung/Reaktion bewusster mitverfolgen können. Um das Denken und Fühlen besser ausdrücken zu können, stellen sich zwei Kinder hinter den Darsteller und sagen, was er sich gerade denkt und was er fühlt.
Zum Beispiel:

1. Ich spiele gerade, da wird mein Nachname verspottet: Hermann Parze, Hermann Warze!

2. Mein Bauch ist angespannt, und das Gefühl vom Bauch steigt in meinen Kopf. Meine Hände drücke ich zu Fäusten zusammen und ich denke mir: Das kriegst du zurück!

3. Ich springe auf und stürze mich auf ihn. Dann boxe ich ihn.

Anhand des konkreten Rollenspiel-Beispiels werden die Kinder aufgefordert zu überlegen, wie sie in jeder der drei Phasen anders reagieren könnten, wenn …
1. … sie etwas oder jemand ärgert,
2. … sie merken, dass sie wütend werden,
3. … sie sehr wütend sind.

Der Gruppenleiter sammelt alle Vorschläge auf einem Plakat. Wenn die veränderten Reaktionsweisen in einem neuen Rollenspiel ausprobiert werden, kann man beobachten, wie die anderen Darsteller auf die neue Handlungsweise reagieren.

Gemeinsame Überlegungen: Was hat die veränderte Reaktion deiner Meinung nach bewirkt? Was hast du durch dieses Rollenspiel für deinen Umgang mit anderen Kindern erfahren?

Hinweis: Thomas Gordon (1994) spricht von der Wut als „Nachfolgegefühl“ auf ein „Grundgefühl“. Dieses

Grundgefühl kann Enttäuschung, Schrecken, Kränkung, Verlegenheit, Eifersucht, Einsamkeit, Unzufriedenheit, Angst usw. sein. Wenn die Kinder nun angeregt werden, über das unangenehme Grundgefühl einer Situation, in der sie wütend wurden, nachzudenken und das Grundgefühl auch anzusprechen, könnte dies behilflich sein, das Nachfolgegefühl besser unter Kontrolle zu halten und sich bewusster darüber zu werden, was in einem vorgeht. Im Falle des oben angeführten Beispiels könnte das Kind sagen, dass es sich verletzt oder gekränkt fühlt, wenn sein Nachname verunstaltet oder in andere Wörter umgereimt wird. In weiterer Folge könnte es mitteilen, dass es sich darüber ärgert; eine (eventuell übliche) handgreifliche Auseinandersetzung könnte so aber vermieden werden.

Weiterführung:
Aus den speziellen Situationen kann eine allgemeine Sammlung von Möglichkeiten erstellt werden, wie man Wut wieder „loswerden“ kann. „Wohin mit der Wut?“ könnte das Thema dieses Plakates lauten.

Entstehende Wut „ankündigen“

Die folgenden Anleitungen (Geduldsfaden, Nebelhorn, Gefühlsbarometer) beziehen sich auf den Zustand zwischen Auslöser und Reaktion auf den Auslöser, also dem „Hochsteigen“ und Sich-Entwickeln der Wut. Um in dieser Phase einen Zwischenschritt einlegen zu können, bedarf es der bewussten Wahrnehmung dieses Zustandes. Allein diese Eigenbeobachtung ist eine beachtliche Leistung.
Das Einlegen des Zwischenschrittes hat aber noch weitere Qualitäten:

- Das entstehende Gefühl wird bewusst wahrgenommen.
- Durch einen Satz wie z. B. *„Ich merke, wie ich wütend werde“* drückt das Kind nicht nur den Zustand aus, durch das Aussprechen ist der erste Schritt zum Abbau der Wut gesetzt.
- Die zwischengelagerte Handlung durchzuführen hilft auch, die Wut abzubauen.
- Die Zeit, die für diesen Zwischenschritt verwendet wird, kann der Kontrahent bzw. Reizauslöser verwenden, um einzulenken oder abzuschwächen, oder
- kann von anderen Gruppenmitgliedern oder dem Gruppenleiter genützt werden, um vermittelnd einzugreifen.

Geduldsfaden

Material: Holzstange, Zwirnsfäden; kleine Glocke oder etwas anderes, das Geräusche erzeugt

Anleitung: *„Mir reißt der Geduldsfaden!“* ist in diesem Fall wörtlich zu nehmen. Wer sich zu ärgern beginnt oder wütend wird, geht zu seinem Geduldsfaden, der im Raum eventuell an einer Holzstange befestigt ist, und reißt ihn ab.
Vorher wird diese Handlung durch ein Geräusch angekündigt.

Nebelhorn

Material: ein Geräusch oder Ton erzeugendes Instrument, zum Beispiel eine Klingel, Glocke, Hupe usw.

Anleitung: Das Nebelhorn warnt vor Gefahr, gibt eine hörbare Orientierungshilfe ab. Genau in diesem Sinn soll das Instrument auch wirken und eingesetzt werden.

Stimmungs- oder Gefühlsbarometer

Für das Ausdrücken der eigenen Stimmung können verschiedene Barometer-Arten hergestellt werden:

1.

Material: Magnetplatte, Magnete, weiße Klebeetiketten, selbstklebende Klarsichtfolie, wasserfeste Stifte, weißer Karton, Klebstoff, Schere

Herstellung: Alle gesammelten Gefühlsbezeichnungen werden auf die Klebeetiketten geschrieben, nach Gefühlsgruppen geordnet auf die Magnetplatte geklebt und zum Schutz mit Klarsichtfolie überzogen. Jedes Kind gestaltet aus einem kleinen Kartonstück eine Namenskarte und klebt sie auf einen Magneten.

Anleitung: Ein gemeinsames Barometer dient allen Kindern zum Ausdruck ihrer individuellen Gefühle. Je nachdem, in welcher Stimmung sich die Kinder befinden, heften sie ihre Magnetnamen auf das betreffende Stimmungsfeld.

2.

Material: kopierte Blätter mit den Gefühlsbegriffen, Kluppen, Karton, Schere, Klebstoff

Herstellung: Alle gesammelten Gefühlsbezeichnungen werden nach Gefühlsgruppen geordnet auf ein Blatt geschrieben, das Blatt wird für jedes Kind auf farbige Blätter kopiert. Auf die Kluppe wird eine aus Karton ausgeschnittene Pfeilspitze geklebt, darauf wird „So fühle ich mich im Moment" geschrieben. Die Barometerblätter werden aufgehängt oder aufgestellt (vgl. Seite 25).

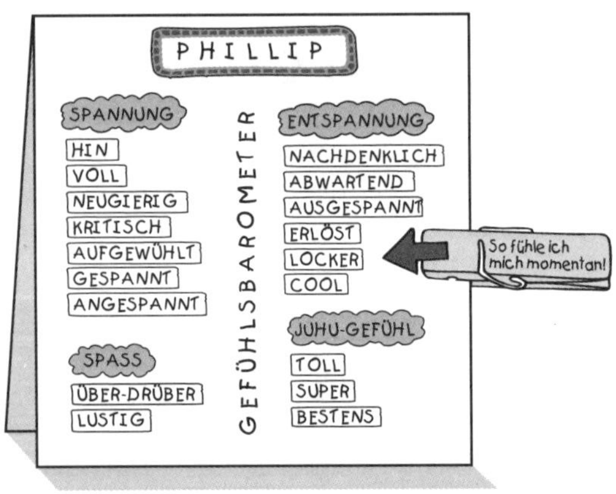

Anleitung: Jedes Kind hat sein eigenes Barometer, auf dem es mit der Kluppe anzeigt, wie es sich gerade fühlt.

3.

Material: Fotos mit verschiedenen Gesichtsausdrücken, entweder aus einer Zeitung, von einem Mimikspiel oder Fotos, auf denen die Kinder der Gruppe selbst unterschiedliche Gefühle darstellen; Kluppen, Karton, selbstklebende Klarsichtfolie, Schere, Klebstoff

Herstellung: Die Fotos werden auf einer großen Kartonplatte am Rand herum aufgeklebt, die ganze Seite wird zum Schutz mit Klarsichtfolie überzogen, jedes Kind schreibt seinen Namen auf eine eigene Kluppe.

Anleitung: Es gibt ein gemeinsames Barometer für die ganze Gruppe. Jedes Kind steckt seine Kluppe auf das Gesichtsfoto, durch das seine momentane Gefühlslage ausgedrückt wird.

4.

Material: Karton, Farb- oder Filzstifte, Splint, Schere, wasserfeste Stifte, Lineal

Herstellung: Aus Karton wird ein großer Kreis ausgeschnitten, der mit dem Lineal in so viele Teile geteilt wird, als Gefühlsbegriffe vorhanden sind. Dann malt jedes Kind die einzelnen Felder in den Farben an, die es den unterschiedlichen Stimmungen zuordnet. Zusätzlich werden die Felder mit den Gefühlsbezeichnungen beschriftet. Dann wird ein Zeiger ausgeschnitten, auf den „So fühle ich mich im Moment“ geschrieben wird. Der Zeiger wird mit dem Splint in der Kartonmitte befestigt, die Gefühlsuhr kann aufgehängt werden.

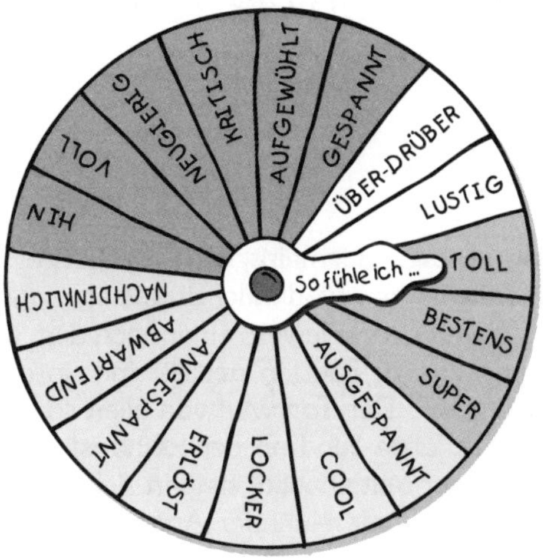

Anleitung: Jedes Kind stellt auf seiner Gefühlsuhr seine persönliche momentane Stimmungslage ein.

5.

Material: Tonpapier, Stifte

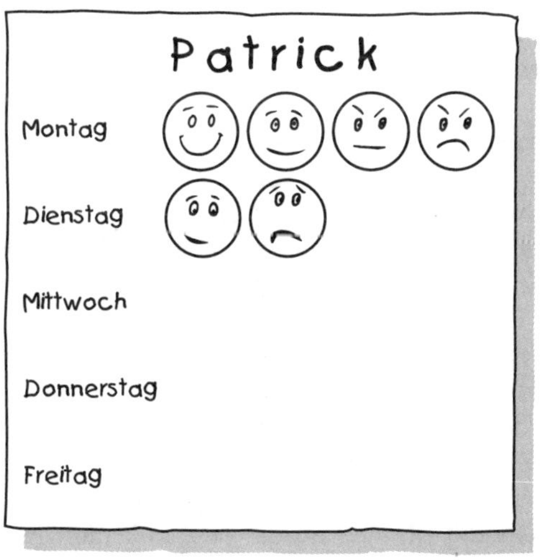

Herstellung: Am oberen Ende eines Tonpapiers gestaltet jedes Kind seinen Vornamen aus. Darunter schreibt es die Wochentage für einen Monat auf. Das Plakat wird für jedes Kind aufgehängt.

Anleitung: Veränderungen der Gefühlslage werden mittels Smily-Gefühlsausdruck aufgezeichnet. So können die Stimmungsänderungen eines Tages und im Weiteren eines Monats mit- und zurückverfolgt und über einen längeren Zeitraum miteinander verglichen werden.

6.

Material: Karton, Schere, Stifte, Kluppen

Herstellung: Unterschiedliche Gefühle werden auf einem Kartonstreifen mittels gezeichneter Smilies dargestellt, auf deren Ausdrucksbedeutung sich die Gruppe geeinigt hat. Auf jede Kluppe wird ein Pfeil aus Karton geklebt.

Anleitung: Jedes Kind besitzt ein eigenes Barometer, auf dem es seine Gefühlslage für die anderen darstellen kann.

Wenn ich wütend bin ...

Material: für jedes Kind ein kopiertes Blatt, Packpapier, Stifte

Anleitung: Jedes Kind füllt für sich ein Blatt aus, dann setzen sich die Kinder in Vierergruppen zusammen, lesen sich ihre Blätter vor, beschreiben ihre Aussagen näher und stellen sich gegenseitig Fragen. Ein Kind der Gruppe liest anschließend alle Blätter vor, der Gruppenleiter schreibt auf einem Plakat mit.

Wenn ich wütend bin, würde ich am liebsten . . . . Meistens tue ich stattdessen Folgendes: . . . .

Gemeinsame Überlegungen: Fällt es dir schwer, deinen Ärger zu zeigen? Warum? Wann versuchst du, deinen Ärger zu unterdrücken? Warum? Was tust du stattdessen? Wie fühlst du dich, wenn du deinen Ärger richtig losgeworden bist? Hast du jemanden, auf den du sehr wütend warst, schon einmal direkt gesagt, dass du dich über ihn ärgerst? Wie hast du das gemacht? bzw. Was hat dich davon abgehalten?

Wenn ich andere ärgere ...

Material: kopierte Blätter, Packpapier, Stifte

Anleitung: Der Ablauf gestaltet sich gleich wie in der vorigen Einheit.

Wenn ich hier in der Gruppe jemanden ärgern will, dann mache ich Folgendes: . . . .
Ich bringe . . . . auf die Palme, wenn ich . . . .

Gemeinsame Überlegungen: Wen in dieser Gruppe ärgerst du besonders häufig? Warum? Wie fühlst du dich, wenn andere auf dich ärgerlich sind? Welchem Kind gegenüber ist es für dich schwierig, den Ärger, den es auf dich hat, auszuhalten? Warum?

5.6. Schrei-Spiele zum Abbauen von Spannungen

Vo-ga

Anleitung: Dieser „Gemeinschafts-Kraftschrei" dürfte von einer italienischen Pfadfindergruppe stammen.
Im Kreis stehend streckt jeweils einer nach dem anderen beide Hände, die zu Fäusten geballt sind, in die Mitte und ruft laut *„vo"*. Der Ton wird von allen so lange gehalten, bis das letzte Kind an der Reihe ist. Wenn alle ihre Hände in der Mitte haben, steigert sich der Ton, alle Kinder versuchen untereinander Augenkontakt zu halten. Wenn sich in der Mitte durch das Schreien sehr viel Energie aufgebaut hat, greift man mit den Händen nach dieser imaginären Kraft und beendet den Schrei gemeinsam, indem man die Hände zurück zum Körper „reißt" und dabei *„ga"* ruft.

Gemeinsame Überlegungen: Wie hast du dich vor dem Schreien gefühlt? Wie fühlst du dich jetzt? Gab es etwas, das dir an diesem gemeinsamen Schreien schwierig vorkam? Was war das?

Erfahrung: (Vgl. Projektbeschreibung/Gefühle verbalisieren/„Schreien", Seite 18f.)
Immer wieder kommt es vor, dass sich ein Kind nicht an die ausgemachten Spielregeln hält. In diesem Fall hat sich die Frage bewährt, wer von den Kindern als nächstes die Funktion des Spielleiters übernehmen will. Wenn dieses Kind sich dafür meldet, übergebe ich ihm spätestens in der zweiten Runde das Oberkommando (nicht sofort deswegen, um das Nicht-Einhalten der Spielregeln nicht zu verstärken). Sobald es aus der veränderten Sicht agiert, versteht es ohne lange Erklärungen, warum es notwendig ist, sich an die ausgemachten Regeln zu

halten. Aber auch wenn sich das Kind nicht meldet, ist der Spielleiter für die nächste Spielrunde von seiner Funktion befreit und kann sich dadurch diesem Kind mehr widmen. Interessant finde ich die Beobachtung, dass Kinder die Spielregeln viel eher einhalten, wenn eine/r der „ihrigen" das Kommando über hat.

Aus dieser Beobachtung heraus habe ich im Laufe der Zeit auch ohne „Grund" angefangen, die Spielleitung an Kinder zu übergeben, was zum Ergebnis hatte, dass sich die Kinder untereinander viel besser zu organisieren begannen und ich manchmal „überflüssig" zu sein schien.

„Der schnelle Schrei"

Anleitung: Die Kinder stehen im Kreis, jeder denkt sich eine Art zu schreien oder brüllen aus. Dann beginnt das erste Kind, indem es mit seinem Schrei das linke Kind anschreit. Den gleichen Schrei gibt dieses Kind an das nächste weiter usw., bis der Schrei wieder zum ersten Kind zurückkommt und von ihm abschließend noch einmal geschrien wird. Das nächste Kind schreit nun auf seine Weise das links von ihm stehende Kind an usw. Dann kommt der Schrei des dritten Kindes dran, macht die Runde und so fort, bis alle Kinder einmal ihren Schrei weitergeben konnten.

Hinweis: Um den Spielcharakter zu verstärken, kann der Spielleiter die Zeit stoppen, die der Schrei benötigt, um einmal im Kreis herumzukommen.

Varianten:

1.
Jedes Kind kann jederzeit beliebig die Richtung wechseln, d. h., wenn es angeschrien wurde, gibt es den Schrei nicht an das nächste Kind weiter, sondern dem vorigen Kind zurück.

2.
Zwei Kinder beginnen gleichzeitig einen Schrei in verschiedene Richtungen weiterzugeben.

3.
Die Schreie werden durch wilde Gesten unterstützt.

Gemeinsame Überlegungen: Wie fühlst du dich nach dem Schreien? Wie hast du dich vor dem Schrei-Spiel gefühlt?

4.
Jedes Kind überlegt sich ein Wort, das es oft verwendet, wenn es sehr wütend ist, z. B. „Blödsinn", „Scheibenkleister", „blöder Kerl" usw. Dieses Wort wird nun dem nächsten weitergegeben, so wird jeder einmal angeschrien und schreit selbst jemanden an.

Hinweis: Es ist sicherlich besser, Wut aus sich herauszulassen, als sie zu unterdrücken und „hinunterzuschlucken". Diese Schrei-Einheit sollte nicht als Spiel angekündigt werden, damit sich Kinder, die einander mit Schimpfwörtern anschreien, in ihrem Handeln nicht bestärkt fühlen. Bei den anschließenden gemeinsamen Überlegungen wird nach Möglichkeiten gesucht, wie Wut und Ärger in „akzeptabler" Form (für die Gruppe und den Gruppenleiter) abgebaut bzw. kanalisiert werden können.

Gemeinsame Überlegungen: Welches Gefühl hattest du, als du mit einem Wut- oder Schimpfwort angeschrien wurdest? Welche Wörter fandest du besonders verletzend? Warum?

Weiterführung: Da Schimpfen eine überaus befreiende Wirkung haben kann, könnte der Gruppenleiter anbieten, ein Gruppen-Schimpfwort-ABC zu erstellen, in das nicht die üblich gebräuchlichen Schimpfwörter, sondern von den Kindern erfundene Wörter eingetragen werden. Dabei können auch Nonsenswörter gebildet werden.
Z. B.:

A nbeißer, Anhirnsl
B uttertreter, Bliedl
C hampignon, Clixclax
D ösi, Dusi
usw.

5.7. Wut und Aggressionen abbauen

Vgl. „Mögliche Strategien zur Überwindung von Wutanfällen", Seite 18

Wut entsteht, weil etwas oder jemand verhindert, dass sich eine Erwartung oder ein Wunsch erfüllt/dass ein Ziel erreicht oder ein Bedürfnis befriedigt wird.

Wutzettel

Material: alte Zeitungen, Schreibpapier, Stifte

Anleitung: Die Zeitungen werden auf einem eigens dafür vorgesehenen Platz in aufgeblätterter Form auf einen großen Stapel übereinander gelegt. Um zu vermeiden, dass Kinder in ihrem ersten Impuls von Ärger, Kränkung oder Wut auf andere Kinder losgehen, könnte es behilflich sein, ihnen anzubieten, Papier von diesem Papierstapel zu zerknüllen oder zu zerreißen und erst dann zusammenzuknüllen. Wer seine Empfindungen auch sprachlich loswerden möchte, kann seine wütenden Worte am Schreibpapier niederschreiben, in das Zeitungspapier einwickeln, zusammendrehen und wegwerfen.

Wutsackerl

Material: dünne Papiersäcke, wie man sie zum Beispiel in Bäckereien verwendet

Anleitung: Der Ärger wird in den Sack geschrien, der nebenbei aufgeblasen wird. Dann wird der Sack mit lautem Knall mithilfe der flachen Hand zerklatscht. Der Sack wird zerknüllt und weggeworfen.

Kritzeltisch

Material: weißes Packpapier, Klebestreifen, ein alter Tisch, Ölkreiden oder Farbstifte

Anleitung: Ein Tisch wird mit einem Bogen Packpapier „überzogen" und festgeklebt. Wer wütend oder verärgert ist, kann auf dem Papier seine Wut mit Farben ausdrücken. Mit beiden Händen gleichzeitig zu „kritzeln" kann sehr befreiend auf die Kinder wirken. Das bekritzelte Papier bleibt entweder am Tisch und wird einmal von einem anderen Kind übermalt oder es wird heruntergenommen und zerknüllt.

Trommeln

Material: verschiedene Trommeln, Matten oder Stücke von Holzstämmen

Anleitung: Je eher das Kind seinen ganzen Körper am Trommeln auf den oben angeführten Materialien beteiligt, desto besser kann sich die Spannung lösen und die Wut abgebaut werden.

Gruppenstimmung ausdrücken

1.

Material: ein persönlicher Gegenstand eines jeden Gruppenmitgliedes

Anleitung: Die Kinder stehen im Kreis, der Gruppenleiter markiert mit einem Gegenstand die Kreismitte und stellt der Gruppe eine Frage, zum Beispiel *„Wie wohl fühlt ihr euch im Moment in der Gruppe? Der Weg zwischen euch und dem Mittelpunkt ist eine Skala, je näher ihr euren Gegenstand zur Mitte legt, desto wohler fühlt ihr euch. Je näher ihr den Gegenstand vor euch auflegt, desto weniger wohl fühlt ihr euch. Überlegt kurz und legt dann, möglichst zur gleichen Zeit, eure Gegenstände auf den Boden."*
Das Boden-Bild wird einige Zeit betrachtet, dann kann der Gruppenleiter die besonders hervorstechenden Innen- oder Außenpositionen fragen, ob sie erläutern möchten, warum sie sich so positioniert haben. Ob die Kinder darauf antworten möchten, bleibt ihnen überlassen. Auf keinen Fall sollten sie zu einer Antwort gezwungen werden.

Hinweis: Das möglichst gleichzeitige Auflegen der Gegenstände ist deshalb wichtig, weil sonst ein gewisser „Gruppendruck" entstehen könnte, d. h. es könnten sich Kinder gezwungen fühlen, sich der Mehrheit der Gruppe anzuschließen.

Gemeinsame Überlegungen: Wie würdest du die Gruppenstimmung bezeichnen? Was müsste geschehen, damit sich deine Stimmung verbessert? Was kannst du selbst dazu beitragen? Was könnten die anderen Kinder dazu beitragen?

2.

Material:
Packpapier, Stifte

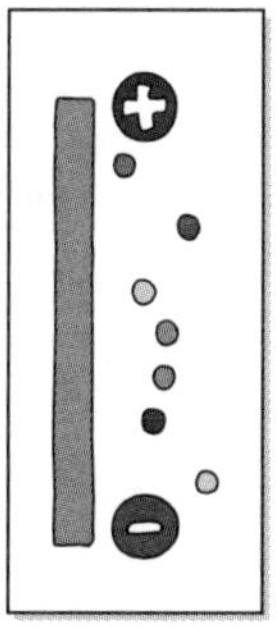

Anleitung: Der Gruppenleiter zeichnet auf einem Plakat eine große Skala auf. Oben steht ein „+", am unteren Ende ein „–". Er stellt den Kindern eine Frage, zum Beispiel *„Wie schwer war diese Übung für euch?"* Die Kinder überlegen kurz und markieren ihre Position mittels eines Punktes, den sie am Plakat aufmalen.
Geschlossene Fragen an die Gruppe (mit Ja/Nein-Antworten) können mittels dieser Methode von der gesamten Gruppe beantwortet werden.

Gemeinsame Überlegungen: Gleich wie bei Nr. 1.

5.8. Friedensbotschaften

Nach großem Ärger oder Konflikten fällt manchen Kindern der Rückweg in die Gemeinschaft nicht leicht. Umgekehrt ist es für die Gruppe auch nicht einfach, einen Außenstehenden wieder in das Gruppengeschehen aufzunehmen und einzubinden. Wenn der Gruppenleiter diese Beobachtung thematisiert, kann jedes Kind selbst überlegen, was ihm helfen könnte, den Wiedereinstieg zu erleichtern. Die individuellen Vorschläge werden gesammelt und je nachBedarf angewendet.

Brieftaube/Flug-Botschaft/ Taxi-Sonderfahrt

Material: Vogel, Adler, Schmetterling, Flugzeug aus Papier gefaltet oder ausgeschnitten, Spielzeugauto, Schreibsachen, Stifte, Klebeetiketten

Anleitung: Es geht darum, eine Friedensbotschaft zu transportieren. Ob diese durch einen Papierflieger geschickt oder durch ein ferngesteuertes Auto chauffiert wird, ist nebensächlich.
Es gibt zwei Arten von Botschaften: die des Außenstehenden an die Gruppe und umgekehrt. Diese Mitteilungen wurden in gemeinsamen Gesprächen von den Kindern für sich selbst und für andere formuliert und auf Klebeetiketten geschrieben. So kann nach Bedarf eine Etikette auf ein Transportobjekt direkt aufgeklebt und verschickt werden. Leere Etiketten geben die Möglichkeit, situationsangepasste Sätze aufzuschreiben.

Wie komme ich an dich heran? oder Sesam-öffne-dich-Wörter

Material: Schreibpapier, Stifte

Anleitung: Wenn sich Kinder untereinander so zerstreiten oder so wütend aufeinander sind, dass kein Gespräch mehr möglich ist, kann es hilfreich sein, diese Wahrnehmung in ruhigen Momenten anzusprechen. Dabei kann jedes Kind überlegen, auf welche Art der Kontaktaufnahme es im „Notfall" reagieren würde, damit ein Gespräch zustande kommen kann. Die Vorschläge werden in einem kurzen Rollenspiel ausprobiert. Zum Beispiel: Fritz und Camilla haben Folgendes beschlossen: Sie legt ihre Hand um seine Schulter und sagt: *„Komm, reden wir wieder"*, er hat sich ausgedacht, ihre Hand zu nehmen und zu sagen: *„Ich muss dir was Wichtiges sagen."* Nachdem sie die beiden Sätze ausprobiert haben, schreiben sie sie auf und unterschreiben die Abmachung.

Streitvermeidungswürfel

In Situationen, in denen entschieden werden muss, wer zum Beispiel welche Tätigkeit übernimmt oder wer mit einer Tätigkeit beginnen soll, greifen Kinder immer wieder zu Hilfsmitteln, um die Entscheidungsfindung zu erleichtern. Ein unter Kindern sehr beliebtes Hilfsmittel ist das Auszählen mit Auszählreimen oder das Ausknobeln. Das Ergebnis dieser ritualisierten Vorgehensweisen wird in den meisten Fällen widerspruchslos von allen Beteiligten anerkannt. Ziel und Zweck des Streitvermeidungswürfels ist es, Entscheidungen zu erwürfeln und somit Streit vermeiden zu helfen.

Material: Holzwürfel, wasserfeste Stifte, Klarsichtlack oder Würfel aus Karton, Stifte, Klebeetiketten

Herstellung: Die Holzwürfel werden zuerst lackiert und nach dem Trocknen mit dem wasserfesten Stift in unterschiedlicher Weise beschriftet. Zum Beispiel:

ich	ich	ja
ich	du	ja
ich	wir	ja
du	ich	nein
du	du	nein
du	wir	nein

Die Kartonwürfel bleiben zuerst unbeschriftet, sie können je nach Bedarf auch mit Namen versehen werden und vor dem nächsten Gebrauch mit Klebeetiketten überklebt werden.

Anleitung: Wer zum Streitvermeidungswürfel greift, muss auch die Spielregel akzeptieren, dass die Antwort des ersten Wurfes akzeptiert wird. Es können Antworten auf verschiedene Arten von Fragen erwürfelt werden: in welcher Reihenfolge die Kinder eine Tätigkeit zu erledigen haben, wer eine Aufgabe übernehmen oder ausführen soll, es können aber auch „Ja-Nein"-Entscheidungsfragen gestellt werden. Zum Beispiel: *„Wer räumt anschließend auf?"*, *„Wer darf mit dem Spiel beginnen?"*, *„Darf ich heute neben meinem Freund sitzen?"* usw.

Hinweis: Auf den sparsamen Einsatz des Würfels achten, damit seine „Besonderheit" nicht so schnell verloren geht.

Literatur für Spiele zum Abbau von Aggressionen:

Portmann: Spiele zum Umgang mit Aggressionen.
Olivier: Wohin mit den Aggressionen.
Badegruber: Spiele zum Problemlösen. Band 1 und 2.
Fluegelman: Die neuen Spiele. Band 1 und 2.

Hinweise für Literatur zum Weiterlesen:

Parens: Kindliche Aggressionen.
Büttner: Wut im Bauch.
Haug-Schnabel: Aggressionen im Kindergarten.
Dutschmann: Aggressivität bei Kindern und Jugendlichen.
Petermann: Training mit aggressiven Kindern.
Schulmagazin Österreich: Streit und Versöhnung im Klassenzimmer.

leere Zeile für den Titel des jeweiligen Gedichtes

leere Zeile für den Titel des jeweiligen Gedichtes

Wie bin ich?

Traurig bin ich, wenn ....

Schüchtern bin ich, wenn ....

Fröhlich bin ich, wenn ....

Enttäuscht bin ich, wenn ....

Ängstlich bin ich, wenn ....

Verzweifelt bin ich, wenn ....

Eifersüchtig bin ich, wenn ....

Neidig bin ich, wenn ....

Glücklich bin ich, wenn ....

Wütend bin ich, wenn ....

Neugierig bin ich, wenn ....

Entspannt bin ich, wenn ....

Misstrauisch bin ich, wenn ....

Geborgen fühle ich mich, wenn ....

Gedemütigt fühle ich mich, wenn ....

Einsam fühle ich mich, wenn ....

Schuldig fühle ich mich, wenn ....

Ekel empfinde ich, wenn ....

Ruhig fühle ich mich, wenn ....

Name: ______________________________

Überschrift: ______________________________

	sehr						**überhaupt nicht**
höflich	•	•	•	**0**	•	•	•
glücklich	•	•	•	**0**	•	•	•
zufrieden	•	•	•	**0**	•	•	•
egoistisch	•	•	•	**0**	•	•	•
rücksichtsvoll	•	•	•	**0**	•	•	•
fröhlich	•	•	•	**0**	•	•	•
fleißig	•	•	•	**0**	•	•	•
sportlich	•	•	•	**0**	•	•	•
mutig	•	•	•	**0**	•	•	•
witzig	•	•	•	**0**	•	•	•
verständnisvoll	•	•	•	**0**	•	•	•
	•	•	•	**0**	•	•	•
	•	•	•	**0**	•	•	•
	•	•	•	**0**	•	•	•
	•	•	•	**0**	•	•	•
	•	•	•	**0**	•	•	•
	•	•	•	**0**	•	•	•

Beobachtungsbogen

Notiere oder zeichne auf,

was das Kind tut:	mit wem es spricht:	mit wem es spielt:	seine Stimmung:

Was mir sonst noch auffällt:

Meiner Meinung nach magst du ...

Verfasser:

Meiner Meinung nach kannst du ...

Verfasser:

Meiner Meinung nach bist du ...

Verfasser:

Was hast du zu deinem letzten Geburtstag geschenkt bekommen?	Wie heißt das Gedicht, das du zuletzt gelernt hast?
Was ist deine Lieblingsfarbe?	Welche Sportart interessiert dich am meisten?
Welches Unterrichtsfach magst du am liebsten?	Welchen Sport betreibst du selbst am liebsten?
Was macht dich ärgerlich?	Welche Haustiere hast du?
In welchem Land würdest du am liebsten deine Ferien verbringen?	Mit wem aus dieser Gruppe würdest du am liebsten ins Kino gehen?
Was macht dich traurig?	Was macht dir Angst?
Wie viele Geschwister hast du?	Warst du schon einmal verliebt?
Was stimmt dich fröhlich?	Welche Musik hörst du am liebsten?
Wer ist dein größtes Vorbild?	Wie ist der Vorname deiner Mutter?
Was ist deine Lieblingsspeise?	Welches Buch liest du gerade?
Welche Sprache würdest du am liebsten sprechen können?	Mit wem aus dieser Gruppe würdest du am liebsten zu einer Party gehen?
Was war in der Schule bis jetzt deine schlechteste Note?	Wen aus dieser Gruppe hättest du am liebsten als Bruder oder Schwester?
Seit wie vielen Jahren kannst du Ski fahren?	Was bringt dich zum Lachen?

Du bist bei einer Schulfreundin zu Besuch, deren Mutter sehr streng ist. Durch eine unachtsame Bewegung wirft deine Freundin eine kostbare Vase vom Tisch. Deine Freundin beginnt zu weinen, du sammelst die Scherben ein, da kommt die Mutter deiner Freundin ins Zimmer. Was tust du und was sagst du?

In einem Kaufhaus wirst du irrtümlich für einen Ladendieb gehalten. Man holt den Hausdetektiv und der stellt dich vor allen Anwesenden zur Rede. Was sagst du?

Du gehst in die Bäckerei, um dir etwas zu kaufen. Die Verkäuferin nimmt von dir keine Notiz und fragt nur die Erwachsenen nach ihren Wünschen. Was tust du und was sagst du?

In der Mathematikschularbeit bemerkst du, dass dein Lehrer, vor dem alle Kinder sehr großen Respekt haben, ein richtiges Beispiel als falsch bewertet hat. Durch den Punkteabzug hast du eine schlechtere Note bekommen. Was tust du und was sagst du?

Im Park beobachtest du, wie drei größere Kinder einen kleinen Buben in ihre Mitte nehmen und hin und her schubsen. Es sieht nicht so aus, als ob die vier miteinander spielen würden. Was tust du und was sagst du?

In einem Buchgeschäft an der Kasse siehst du, wie ein anderes Kind eine Zeitschrift heimlich unter seiner Jacke versteckt. Was tust du und was sagst du?

Du bist alleine zu Hause. Da läutet es an der Tür und jemand sagt, er müsse einen wichtigen Brief für deinen Vater abgeben. Was tust du und was sagst du?

Du sitzt nach einem anstrengenden Schultag im überfüllten Autobus. Da kommt eine ältere, aber sehr rüstig aussehende Frau zu dir und fordert dich auf, ihr deinen Sitzplatz zur Verfügung zu stellen. Was tust du und was sagst du?

Du kommst zu einer Gruppe von Kindern dazu, einer davon begrüßt dich mit „Hallo, Dicker!“ Was tust du und was sagst du?

Deine kleine Schwester zerreißt dir absichtlich das neue Poster deiner Lieblingspopgruppe. Was tust du und was sagst du?

Deinem kleinen Bruder fällt unabsichtlich deine Lieblings-CD aus der Hand. Als du sie spielen willst, bemerkst du, dass sie kaputt geworden ist. Was tust du und was sagst du?

Deine Großmutter bittet dich, für sie einkaufen zu gehen. An der Kasse bemerkst du, dass du zu wenig Geld mitbekommen hast. Was tust du und was sagst du?

Du kaufst dir einen neuen Pullover. Beim Bezahlen bemerkst du, dass dir die Verkäuferin einen höheren Preis verrechnet hat, als auf dem Preisschild im Schaufenster angeschrieben war. Was tust du und was sagst du?

Du fragst deine Freundin, ob sie dich am Nachmittag besuchen will. Sie antwortet, dass sie viel zu lernen hat und nicht kommen kann. Du gehst also alleine ins Kino. Beim Eingang siehst du aber deine Freundin, wie sie gerade mit einem anderen Mädchen ins Kino kommt. Was tust du und was sagst du?

Du hast das Geld für den Schulausflug zu Hause vergessen. Dein Lehrer sammelt gerade von den anderen Kindern das Geld ab. Gleich bist du an der Reihe. Was tust du und was sagst du?

Du bist bei deinem Freund zu Besuch und ihr seid allein zu Hause. Dein Freund fragt dich, ob du mit ihm einen besonders blutrünstigen Horrorfilm anschauen möchtest. Du weißt, dass du dich nach solchen Filmen fürchtest. Was tust du und was sagst du?

Auf dem Spielplatz spielen mehrere Kinder ein Spiel, das ihnen viel Spaß zu machen scheint. Einige der Kinder kennst du, daher gehst du auf die Gruppe zu, weil du gerne mitspielen möchtest. Aber niemand beachtet dich. Was tust du und was sagst du?

Du sitzt vor dem Fernseher und schaust dir deine Lieblingssendung an. Da kommt dein Vater ins Zimmer und schaltet auf ein anderes Programm um. Was tust du und was sagst du?

Deine Familie und du sitzen beim Essen. Da sagt dein Bruder zu dir: „Das Essen ist zu wenig gesalzen. Geh und hol den Salzstreuer!“ Was tust du und was sagst du?

Du willst deiner Freundin zum Geburtstag deren Lieblings-CD kaufen. Gerade als du die CD aus dem Regal nehmen möchtest, schnappt dir jemand das letzte Stück vor der Nase weg. Was tust du und was sagst du?

In der Mathematikstunde wurden gerade neue Rechnungen durchgenommen, die du aber nicht verstanden hast. Da holt dich der Lehrer an die Tafel und sagt, du sollst das nächste Beispiel rechnen. Was tust du und was sagst du?

A oder B?

Ich schätze, du entscheidest dich für:		So habe ich mich entschieden:	
A	**B**	**A**	**B**
A	**B**	**A**	**B**
A	**B**	**A**	**B**
A	**B**	**A**	**B**
A	**B**	**A**	**B**
A	**B**	**A**	**B**
A	**B**	**A**	**B**
A	**B**	**A**	**B**
A	**B**	**A**	**B**
A	**B**	**A**	**B**
A	**B**	**A**	**B**
A	**B**	**A**	**B**

A oder B?

Ich schätze, du entscheidest dich für:		So habe ich mich entschieden:	
A	**B**	**A**	**B**
A	**B**	**A**	**B**
A	**B**	**A**	**B**
A	**B**	**A**	**B**
A	**B**	**A**	**B**
A	**B**	**A**	**B**
A	**B**	**A**	**B**
A	**B**	**A**	**B**
A	**B**	**A**	**B**
A	**B**	**A**	**B**
A	**B**	**A**	**B**
A	**B**	**A**	**B**

fröhlich

ängstlich

traurig

wütend

glücklich

unsicher

enttäuscht

böse

erfreut

nutzlos

verzweifelt

hinterlistig

lustig

besorgt

unglücklich

schadenfroh
rachelustig

verliebt
verlegen
zweifelnd
hämisch
überrascht
erschrocken
gelangweilt
grimmig

Beobachterkarte			
Name des Beobachters:		**Datum:**	
Name des beobachteten Kindes	In welcher Situation befindet sich das beobachtete Kind gerade, was tut es?	Meine Vermutung über die Gefühlslage aufgrund seines Gesichtsausdruckes	Aussage des beobachteten Kindes

Mein Bild von dir, mein Bild von mir	
Ich glaube, du fühlst dich im Moment so:	**So fühle ich mich im Moment:**

jubelnd, weil etwas gelungen ist, weil man gewonnen hat	auf sich aufmerksam machend
hochnäsig, schnippisch	wertschätzend, wenn man jemanden wegen seiner Leistung bewundert
wenn man enttäuscht ist, weil etwas nicht geklappt hat	fragend, wenn man nicht verstanden hat, worum es geht
ärgerlich	verneinend
staunend	ängstlich
unsicher, wenn man nicht weiß, ob etwas so richtig ist	wenn man sich weh getan hat (ohne „au“ zu sagen)
wenn man etwas witzig findet	wenn man über etwas sehr traurig ist

 Situationen, in denen ich mich glücklich fühle:	 Situationen, in denen ich mich schuldig fühle:
 Situationen, in denen ich wie im „7. Himmel“ schwebe:	 Situationen, in denen ich mich traurig fühle:
 Situationen, in denen ich ein ärgerliches Gefühl habe:	 Situationen, in denen ich mich ängstlich fühle:
 Situationen, in denen ich aus lauter Wut losbrüllen könnte (und es [manchmal] auch tue):	 Situationen, in denen ich mich einsam fühle:
 Situationen, in denen ich mich entspannt fühle:	 Situationen, in denen ich mich geborgen fühle:
 Situationen, in denen ich neidig bin:	 Situationen, in denen ich beleidigt bin:
 Situationen, in denen ich mich unverstanden fühle:	 Situationen, in denen ich mich „über-drüber“ fühle:
 Situationen, in denen ich eifersüchtig bin:	 Situationen, in denen ich mich sorge:
 Situationen, in denen ich ein mulmiges Gefühl habe:	 Situationen, in denen ich mich selbstsicher fühle:

Sage ich immer, was ich denke?

Das denke ich mir, wenn ich traurig bin

Das sage ich, wenn ich traurig bin

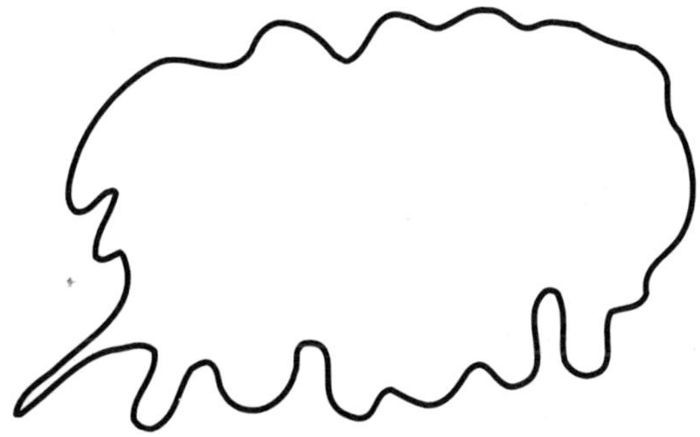

Das denke ich mir, wenn ich fröhlich bin

Das sage ich, wenn ich fröhlich bin

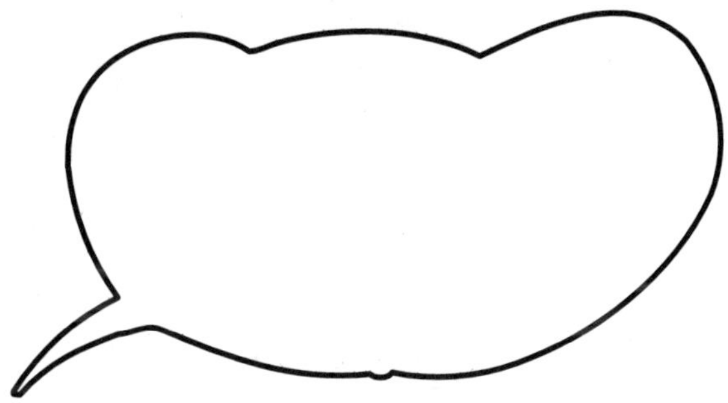

Das denke ich mir, wenn ich beleidigt bin

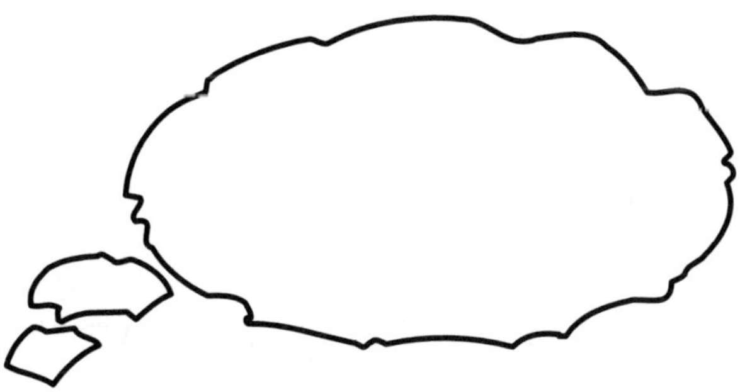

Das sage ich, wenn ich beleidigt bin

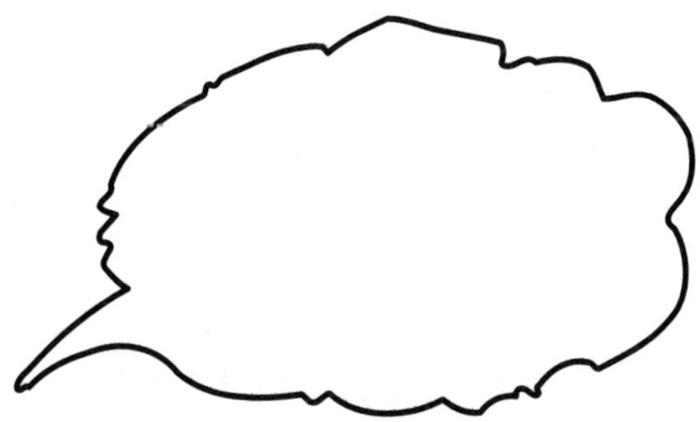

Sage ich immer, was ich denke?

Das denke ich mir, wenn ich wütend bin

Das sage ich, wenn ich wütend bin

Das denke ich mir, wenn ich ängstlich bin

Das sage ich, wenn ich ängstlich bin

Das denke ich mir, wenn ich verwirrt bin

Das sage ich, wenn ich verwirrt bin

Stell dir vor, du spielst gerade mit zwei Kindern, als ein Kind, das du gerne magst, zu dir kommt und sagt: „Wenn du mich nicht mitspielen lässt, bin ich nicht mehr dein Freund!“ Was			
fühlst du?	denkst du?	sagst du?	tust du?
Frage ein anderes Kind, was es in so einer Situation			
fühlt:	denkt:	sagt:	tut:

Was			
fühlst du?	denkst du?	sagst du?	tust du?
Frage ein anderes Kind, was es in so einer Situation			
fühlt:	denkt:	sagt:	tut:

müde	zufrieden	schüchtern
gelangweilt	cool	ängstlich
traurig	zornig	beleidigt
durstig	satt	abweisend
angeekelt	schuldbewusst	mutlos
enttäuscht	hilflos	stark
verlegen	verzückt	zweifelnd

Sprechtempo: langsam	Sprechtempo: schnell	Sprechtempo: sehr schnell
Lautstärke: flüstern	Lautstärke: normal laut	Lautstärke: sehr laut
Tonfall: ärgerlich	Tonfall: witzig	Tonfall: traurig
Sprach-Rhythmus: 1. Silbe von jedem Wort betonen	Sprach-Rhythmus: letzte Silbe von je-dem Wort betonen	Sprach-Rhythmus: jedes Wort „fragend“
Tonhöhe: tief	Tonhöhe: hoch	Tonhöhe: schrill
undeutlich	sehr deutlich	nach jedem Wort eine Pause

Spiele den Satz singend vor!	Spiele den Satz lachend vor!	Spiele den Satz weinend vor!
Spiele den Satz wütend vor!	Spiele den Satz verzweifelt vor!	Spiele den Satz flüsternd vor!
Spiele den Satz empört vor!	Spiele den Satz ironisch vor!	Spiele den Satz abschätzig vor!
Spiele den Satz jubilierend vor!	Spiele den Satz geziert vor!	Spiele den Satz als Geheimnisausplauderei vor!

„Warum kommst du erst jetzt?“ – „Ich konnte nicht früher kommen.“	„Die Suppe ist angebrannt.“ – „Das ist nicht mein Problem.“
„Das musste ja so kommen!“ – „Ja, ich weiß.“	„Warum ärgerst du dich denn?“ – „Ich ärgere mich doch gar nicht.“
„Willst du mich heiraten?“ – „Ja, ich will.“	„Wir werden zu spät kommen.“ – „Das geht sich locker aus.“
„Hör mir jetzt einmal zu!“ – „Warum denn?“	„Mir schlottern jetzt noch die Knie!“ – „Na so was!“
„Was, du?“ – „Ja, ich.“	„Ich möchte das nicht machen!“ – „Das ist ja ganz was Neues!“

Bravo! (ironisch)	Mit dir kann man nicht spielen!	Ich finde es nicht gut, was du gemacht hast!	Ich mag nicht mit dir spielen, wenn du dich nicht an die Spielregeln hältst.
Sei still!	Du mit deinen Ausreden!	Ich fühle mich gestört, wenn du so laut sprichst!	Es fällt mir schwer, deine Begründung anzunehmen!
Du bist unfair!	Du bist unmöglich!	Ich finde es nicht in Ordnung, wenn du dich nicht an die Spielregeln hältst!	Ich ärgere mich über die Art, wie du mit mir redest!
Du räumst nie auf!	Mit dir kann man einfach nicht reden!	Ich ärgere mich, wenn ich alles alleine aufräumen muss.	Ich weiß nicht, ob ich jetzt mit dir noch weiter über dieses Thema sprechen möchte!
Immer drängst du dich vor!	Lass das!	Ich bin unzufrieden, weil ich auch einmal der Erste sein möchte!	Ich möchte nicht, dass du meine Sachen benützt, ohne mich vorher zu fragen!

Literatur

Arbeitsmaterialien, Bilder- und Geschichtenbücher

Aliki: Sag's, tu's - aber freundlich. ars edition, München 1993

Aliki: Gefühle sind wie Farben. Beltz Verlag, Weinheim und Basel 1992, 5. Aufl.

Badegruber, Bernd: Geschichten zum Problemlösen. Veritas, Linz 1996, 5. Aufl.

Badegruber, Bernd: Spiele zum Problemlösen. Band 1, Seite 84 - 101; Veritas, Linz 1995, 3. Aufl.

Badegruber, Bernd: Spiele zum Problemlösen. Band 2, Seite 87 - 100; Veritas, Linz 1994, 2. Aufl.

Becker, Antoinette: Und was wird aus uns? Eine Familie geht auseinander. Ravensburger Buchverlag 1991

Bömer / Fahrenhorst / Rist: Sinne erschließen die Umwelt. Verlag an der Ruhr, Mühlheim 1995

Brett, Doris: anna zähmt die monster. Therapeutische Geschichten für Kinder. Verlag Iskopress, Salzhausen 1994, 2. Aufl.

Day, Jennifer: Schließe deine Augen und stell dir einmal vor ... Wie Kinder durch Visualisieren ihr Selbstvertrauen stärken und Probleme lösen. Kösel Verlag, München 1996

Donnelly, Elfie: Ich-hab-dich-lieb-Geschichten. Ravensburger Buchverlag 1995, 5. Aufl.

Enders, Ursula / Wolters, Dorothee: Eigensinn. Ein Bilderbuch über die eigenen Sinne und Gefühle. anrich verlag, Weinheim und Basel 1994

Enders, Ursula / Wolters, Dorothee: Schön blöd. Ein Bilderbuch über schöne und blöde Gefühle. anrich verlag, Weinheim und Basel 1994

Enders, Ursula u. a.: Auf Wieder-Wiedersehen. Ein Bilderbuch über Trennung und Wiedersehen. anrich verlag, Weinheim und Basel 1994

Fischbach, Wolfgang: Das achte Weltwunder. Beltz Verlag, Weinheim und Basel o. J.

Fluegelman, Andrew: Die neuen Spiele. Band 1. Ahorn Verlag, 1979

Fluegelman, Andrew: Die neuen Spiele. Band 2. Ahorn Verlag, 1982

Gsella M. & W.: Wir fallen aus der Rolle. Rollenspiele Karteibox. Ökotopia Verlag, Münster 1992

Harranth, Wolf (Hrsg.): Ich glaub, ich hab dich lieb. Jugend und Volk, Wien 1987

Hielscher, Hans: Du und ich - ihr und wir. Konkrete Arbeitshilfen für die soziale Erziehung. Agentur Dieck, Heinsberg 1987

Jullien, Magdalena Guirao: Eine Geschichte zum Fürchten. Lappan Verlag, Oldenburg 1996

Maar, Paul: Frühling, Spiele, Herbst und Lieder. Ravensburger Buchverlag 1987

Mai, Manfred: Mutmach-Geschichten. Ravensburger Buchverlag 1987

Manz, Hans: Lieber heute als morgen. Beltz Verlag, Weinheim und Basel1988

Martinez, Maria: Die Nacht. Picus Verlag, Wien 1993, 2. Aufl.

McBratney, Sam / Jeram, Anita: Weißt du eigentlich, wie lieb ich dich hab? Verlag Sauerländer, Aarau 1996, 8. Aufl.

Merz, Christine: Was Kinder bewegt. Verlag Herder, Freiburg 1994

Modler, Jutta (Hrsg.): Frieden fängt zu Hause an. Geschichten zum Lesen und Weiterdenken. Herder, Wien 1986, 2. Aufl.

Moost, Nele: Alles meins! Oder 10 Tricks, wie man alles kriegen kann. Esslinger Verlag, Pforzheim 1996

Nöstlinger, Christine: Anna und die Wut. Jugend und Volk, Wien 1995, 5. Aufl.

Olivier, Jean-Claude: Wohin mit den Aggressionen. Raufen und Spielen nach Regeln. Veritas, Linz 1995

Ortner, Gerlinde: Märchen, die den Kindern helfen. Geschichten gegen Angst und Aggression. Orac Verlag, Wien 1988,

Ortner, Gerlinde: Neue Märchen, die den Kindern helfen. Geschichten über Streit, Angst und Unsicherheit. Orac Verlag, Wien 1994

Ostheeren, Ingrid: Martin hat keine Angst mehr. Nord-Süd Verlag, Zürich 1993

Pausewang, Gudrun: Frieden kommt nicht von allein. Geschichten um Frieden und Freundschaft. Ravensburg 1982

Pestum, Jo (Hrsg.): Der Feuerkopf. Geschichten vom Anderssein. Ellermann Verlag, München 1994

Pfister, Marcus: Der Regenbogenfisch. Nord-Süd Verlag, Zürich und Hamburg 1992, 3. Aufl.

Portmann, Rosemarie (Hrsg.): Mut tut gut! Geschichten, Lieder und Gedichte vom Muthaben und Mutmachen. Arena, Würzburg 1994

Portmann, Rosemarie: Spiele zum Umgang mit Aggressionen. Don Bosco, München 1996, 2. Aufl.

Reichling, Ursula / Wolters, Dorothee: Hallo, wie geht es dir? Verlag an der Ruhr, Mülheim 1994

Resch, Barbara: Anderswo ist überall. Jungbrunnen, Wien, München 1991, 3. Aufl.

Resch, Barbara: Ein Elefant mit rosaroten Ohren. Jungbrunnen, Wien 1993, 7. Aufl.

Sacré, Marie-José / Mylo, Ingrid: Der magische Schal. bohem press, Zürich 1989, 3. Aufl.

Sacré, Marie-José / Strnad, Jindra: Der schüchterne Drache. bohem press, Zürich 1993, 8. Aufl.

Schulmagazin Österreich: Streit und Versöhnung im Klassenzimmer. Heft 1-96/97, Veritas, Linz

Schwindt, Barbara: Ende gut ...? Otto Maier Verlag, Ravensburg 1977

Schwindt, Barbara: Wie mag das wohl weitergehen? 20 Geschichten zum Erzählen und Vorlesen. Otto Maier Verlag, Ravensburg 1987

Sendak, Maurice: Wo die wilden Kerle wohnen. Diogenes, Zürich 1967

Silverstein, Shel: Ein Licht unterm Dach. Middelhauve, Köln 1988

Silverstein, Shel: Wo der Gehweg endet. Middelhauve, Köln 1987

Stein-Fischer, Evelyne: Geschichten vom MUT-Haben und MUT-Brauchen. Jugend und Volk, Wien 1987, 3. Aufl.

Stein-Fischer, Evelyne: Geschichten vom Wünschen und Träumen. Herder, Wien 1989

Stein-Fischer, Evelyne: Komm, sei wieder gut! Jugend und Volk, Wien 1992

Stein-Fischer, Evelyne: Neue Geschichten vom Liebhaben. Herder, Wien 1988

Steiner, Franz und Renate: Die Sinne. Veritas, Linz 1996, 4. Aufl.

Teml, Helga und Hubert: Komm mit zum Regenbogen. Phantasiereisen für Kinder und Jugendliche. Veritas, Linz 1995, 5. Aufl.

Tidholm, Anna-Clara / Widerberg, Siv: Heut schlafe ich bei Frederik. Ravensburger Buchverlag, Ravensburg 1993

Vahle, Fredrik: Der Himmel fiel aus allen Wolken. Beltz, Weinheim und Basel 1994

Vahle, Fredrik: Fischbrötchen beim Friseur. Middelhauve, Köln 1993

Vahle, Fredrik: Mäusepfiff und Himmelsblau. Middelhauve, München 1987

Vopel, Klaus: Ausflüge im Lotussitz. Kinder ohne Stress, Band 5, ISKO-Press, Hamburg 1989

Zavrel, Stepan: Der letzte Baum. bohem press, Zürich 1991, 5. Aufl.

Bildermaterialien für Situationskarten, Rollenspiele, Körpersprache

Bilder und Bildergeschichten. Schubi

Gesichtsausdrücke. 64 Groß- und Kleinportraits. Nathan

Papa Moll. Geschichtenkiste. Schubi Material

Photos langage. 105 Bilderkarten. Nathan

Raconte ... 55 Bildergeschichten. Schubi Material

Und dann? 25 Bildergeschichten. Schubi Material

Vater und Sohn. Bildergeschichten, Band 1, Ravensburger Taschenbuch, Band 20

Vater und Sohn. Bildergeschichten, Band 2, Ravensburger Taschenbuch, Band 409

Vater und Sohn. Bildergeschichten, Band 3, Ravensburger Taschenbuch, Band 721

What would you do? Learning development aids, 97

Wortschatz in Bildern 1 und 2, Schubi Material

Theorie und Grundlagen

Antons, Klaus: Praxis der Gruppendynamik. Hogrefe-Verlag, Göttingen 1996, 6. Aufl.

Biddulph, Steve: Das Geheimnis glücklicher Kinder. Beust Verlag, Feber 1996, 5. Aufl.

Birkenbihl, Vera: Kommunikationstraining. Mvg-verlag, München 1994, 15. Aufl.

Birkenbihl, Vera: Signale des Körpers. Mvg-verlag, München 1995, 10. Aufl.

Blohm, Wolfgang: Kribbeln im Bauch. Gefühle als Wegweiser. Hypmus-Verlag, 1993

Boldt, Renate / Krahl, Gisela (Hrsg.): Mädchen dürfen stark sein Jungen dürfen schwach sein. Rowohlt Taschenbuch, Reinbek 1990

Bömer, Fahrenhorst, Rist: Sinne erschließen die Umwelt. Verlag an der Ruhr, Mühlheim 1995

Bönsch, Manfred: Grundlegung sozialer Lernprozesse heute. Verhaltenssicherheit und Demokratiefähigkeit. Beltz, Weinheim und Basel 1994

Böschemeyer, Heide-Marie / Vopel, Klaus: Kommunikation im ersten Schuljahr. ISKO-Press, Hamburg 1985, 3. Aufl.

Böttger, Gudrun: Mädchenarbeit. Ein Tag zum Thema Selbst- und Fremdbild. In: Pädagogik 47. Jg., Heft 11/1995

Böttger, Gudrun: Von Teddys, Tabak und anderen Gefühlen. In: Pädagogik 46. Jg., Heft 4/1994, S. 6-9.

Böttger, Gudrun: Zur Einführung in die Serie: Konflikte mit Jugendlichen lösen. In: Pädagogik 47. Jg., Heft 6/1995

Brenner, Inge u.a.: Das pädagogische Rollenspiel in der betrieblichen Praxis. Windmühle, Hamburg 1996

Bröder, Monika: Gesprächsführung im Kindergarten. Herder, Freiburg 1993

Burow / Quitmann / Rubeau: Gestaltpädagogik in der Praxis. Otto Müller Verlag, Salzburg 1987

Büttner, Christian: Wut im Bauch. Gewalt im Alltag von Kindern und Jugendlichen. Beltz, Weinheim und Basel 1994

Büttner, Eckard: Wir drehen einen blutrünstigen Film. Oder: Von der Phantasie zur Realität. In: Pädagogik 47. Jg., Heft 6/1995, S. 45-49.

Dobson, James: Die Macht der Gefühle. Editions Trobisch, Kehl 1988, 3. Aufl.

du Bois, Reinmar: Kinderängste. Erkennen – verstehen – helfen. C.H. Beck´sche Verlagsbuchhandlung, München 1995

DU-Fachzeitschrift f. d. Arbeit in Hort und Heim: Aggressivität. 2.Jg., Heft 1/1989

DU-Fachzeitschrift f. d. Arbeit in Hort und Heim: Angst. 1.Jg., Heft 2/1988

DU-Fachzeitschrift f. d. Arbeit in Hort und Heim: Kommunikation. 3. Jg., Heft 4/1990

Dutschmann, Andreas: Aggressivität bei Kindern und Jugendlichen. Steuerung hoch erregten Verhaltens. dgvt-Verlag, Tübingen 1995

Endre, Wolfgang u.a.: Werkstatt: Lernen. Beltz, Weinheim und Basel 1994

Faller / Kerntke / Wackmann: Konflikte selber lösen. Verlag an der Ruhr, Mühlheim 1996

Friedrich, Hedi: Beziehungen zu Kindern gestalten. Einsichten und Übungen für den Alltag. Herder, Freiburg 1995

Friedrich, Sabine / Friebel, Volker: Trau dich doch! Wie Kinder Schüchternheit und Angst überwinden. Rowohlt, Reinbek 1996

Fritz, Jürgen: Methoden des sozialen Lernens. Juventa, München 1993, 3. erg. Aufl.

Gaylin, Willard: Gefühle. Unsere lebenswichtigen Signale. Econ, Düsseldorf 1991

Gordon, Thomas: Die neue Familienkonferenz. Kinder erziehen ohne zu strafen. Heyne, München 1993

Gordon, Thomas: Die neue Familienkonferenz. Wie Konflikte mit Kindern gelöst werden. Heyne, München 1996, 11. Aufl.

Harnisch, Günter: Erziehung der Gefühle. Neue-Deutsche-Schule-Verlagsgesellschaft, Essen 1984

Harris, Paul: Das Kind und die Gefühle. Wie sich das Verständnis für die anderen Menschen entwickelt. Verlag Hans Huber, Bern 1992

Haug-Schnabel, Gabriele: Aggressionen im Kindergarten. Verständnis und Bewältigung. Herder, Freiburg 1996

Hegele, Irmintraut (Hrsg.): Lernziel: Freie Arbeit. Beltz, Weinheim und Basel 1993, 3. Aufl.

Heiko, Ernst: Gute Laune, schlechte Laune. In: Psychologie heute, 8/96

Jegge, Jürg: Angst macht krumm. Rowohlt Sachbuch 7765, Reinbek 1983

Kipling, R.: Kim. München 1990

Klippert, Heinz: Kommunikations-Training. Beltz, Weinheim und Basel 1996, 2. Aufl.

Knödler, Uwe / Hennig, Claudius: Problemschüler - Problemfamilien. Beltz, Psychologie Verlags Union, Weinheim und Basel 1995

Korte, Jochen: Sozialverhalten ändern! Aber wie? Ideen und Vorschläge zur Förderung sozialen Verhaltens an Schulen. Beltz, Weinheim und Basel 1996

Krenz, Armin: Kinderfragen gehen tiefer. Herder, Freiburg 1995

Lang, Marion: Wer bin ich? Was will ich? Was kann ich? Selbstwertgefühl und Anerkennung in der Gruppe finden. In: Pädagogik 47. Jg., Heft 10/1995, S. 44-47.

Langmaack, Barbara / Braune-Krickau, Michael: Wie die Gruppe laufen lernt. Beltz, Psychologie Verlags Union, Weinheim und Basel 1995, 5. Aufl.

Langmaack, Barbara: Themenzentrierte Interaktion. Beltz, Psychologie Verlags Union, Weinheim und Basel 1994

Lask, Bryan: Verhaltensstörungen bei Kindern. Orac, Wien 1987

Leupold, Eva Maria: Handbuch der Gesprächsführung. Herder, Freiburg 1995

Meßner, Monika / Stadter, Ernst Andreas: Kinder lernen leben. Beziehungslernen in der Grundschule. Ehrenwirt, München 1995

Molcho, Samy: Körpersprache. Mosaik Verlag, München 1983

Motamedi, Susanne: Körpersprache - schwere Sprache. In: Psychologie heute, 10/1996

Mühlan, Eberhard / Schröter, Andreas: Total fertig oder voll gut drauf? Helfen Sie Ihrem Kind, mit seinen Gefühlen klar zu kommen. Verlag Klaus Gerth, Asslar 1996

Parens, Henri: Kindliche Aggressionen. Wie wir Grenzen setzen und den konstruktiven Umgang mit Gefühlen unterstützen können. Kösel, München 1995

Petermann, Franz (Hrsg.): Verhaltenstherapie mit Kindern. Röttger Verlag, München 1993

Petermann, Franz u. Ulrike: Training mit aggressiven Kindern. Psychologie Verlags Union, Weinheim und Basel 1991, 5. Aufl.

Pfender, Ursula: Konflikte sind Leben. Wie Jugendprobleme ihren Platz in der Klasse finden. In: Pädagogik 47. Jg., Heft 7-8/1995, S. 75-79.

Prekop, Jirina / Schweizer, Christel: Kinder sind Gäste, die nach dem Weg fragen. Kösel, München 1996, 10. Aufl.

Reich, Angelika: Alle sind sie ganze Kerle! Jugendarbeit in der Schule. In: Pädagogik 47. Jg., Heft 12/1995, S. 50-54.

Rico, Gabriele: Garantiert schreiben lernen. Rowohlt, Reinbek 1991

Riemann, Fritz: Grundformen der Angst. Ernst Reinhardt Verlag, München, Basel 1996

Rogers, Carl: Die nicht-direktive Beratung. Fischer, Frankfurt a. M. 1995, 8. Aufl.

Rückle, Horst: Körpersprache. Falken, Niedernhausen 1996, Nachaufl.

Satir, Virginia: Selbstwert und Kommunikation. Pfeiffer, München 1993, 11. Aufl.

Schepping, Johanna: Verhaltensauffälligkeiten im Kindergarten und Hort. Auer, Donauwörth 1991, 7. Aufl.

Schmidt-Atzert, Lothar: Lehrbuch der Emotionspsychologie. Kohlhammer, Stuttgart 1996

Schubert, Bettina: „Schlampe ... - und da bin ich dann ausgerastet." Zum Umgang mit alltäglicher Gewalt. In: Pädagogik 47. Jg., Heft 9/1995, S. 40-45.

Schulmagazin Österreich: Streit und Versöhnung im Klassenzimmer. Heft 1-96/97, Veritas

Schultz von Thun, Friedemann / Thomann, Christoph: Klärungshilfe. Rowohlt, Reinbek 1988

Schultz von Thun, Friedemann: Miteinander reden. Band 1. Störungen und Klärungen. Rowohlt, Reinbek 1981

Schultz von Thun, Friedemann: Miteinander reden. Band 2. Stile, Werte und Persönlichkeitsentwicklung. Rowohlt, Reinbek 1989

Schwäbisch, Lutz / Siems, Martin: Anleitung zum sozialen Lernen für Paare, Gruppen und Erzieher. Kommunikations- u. Verhaltenstraining. Rowohlt, Reinbek 1995

Smalley, Gary / Trent, John: Die Wortbild Methode. Wie Sie Gefühle so ausdrücken können, dass jeder Sie versteht. Francke, Marburg an der Lahn 1991

Solter, Aletha: Wüten, toben, traurig sein. Starke Gefühle bei Kindern. Kösel, München 1994

Stadter, Ernst Andreas: Wenn du wüsstest, was ich fühle ... Einführung in die Beziehungstherapie. Herder, Freiburg 1992

Stavemann, Harlich: Emotionale Turbulenzen. Beltz, Psychologie Verlags Union, Weinheim und Basel 1995

Szenisches Lernen. In: ide, Zeitschrift f. d. Deutschunterricht in Wissenschaft u. Schule, 19. Jg., Heft 1/1995

Sozialpädagogische Impulse: Konflikte. 2. Jg., Heft 2/1992

Textor, Martin (Hrsg.): Problemkinder? Auffällige Kinder in Kindergarten und Hort. Beltz, Weinheim und Basel 1996

Ulich, Dieter: Das Gefühl. Eine Einführung in die Emotionspsychologie. Psychologie Verlags Union, Weinheim und Basel 1995

Van Ments, Morry: Rollenspiel: effektiv. Ehrenwirth, München 1985

Vester, Frederic: Denken, Lernen, Vergessen. dtv, München 1978

Vopel, Klaus: Handbuch für Gruppenleiter. ISKO-Press, Hamburg 1988, 5. Aufl.

Vopel, Klaus: Interaktionsspiele für Kinder. Teil 1-4, ISKO-Press Hamburg 1989

Vopel, Klaus: Störungen, Krisen, Blockaden. ISKO-Press, Salzhausen 1996

Waibl, Eva Maria: Erziehung zum Selbstwert. Auer, Donauwörth 1994

Watzlawick, Paul: Menschliche Kommunikation. Verlag Hans Huber, Bern 1990, 8. Aufl.

Wege aus der Gewalt. In: ide, Zeitschrift f. d. Deutschunterricht in Wissenschaft u. Schule, 18. Jg., Heft 1/1994

Zimmer, Katharina: Versteh mich doch bitte! Über die alltäglichen Missverständnisse zwischen Kindern und Erwachsenen. Kösel, München 1992

Zimmer, Renate: Handbuch der Sinneswahrnehmung. Herder, Freiburg 1995

Zoller, Eva: Die kleinen Philosophen. Orell Füssli, Zürich 1991

Zullinger, H.: Die Angst unserer Kinder. Fischer, Frankfurt am Main 1974, 7. Aufl.

Bildnachweis

Alle Fotos von Barbara Lichtenegger, Klagenfurt